ERNST-MICHAEL KRANICH

# Pflanze und Kosmos

ERNST-MICHAEL KRANICH

# PFLANZE UND KOSMOS

## Grundlinien einer kosmologischen Botanik

VERLAG FREIES GEISTESLEBEN

Neuausgabe (3., aktualisierte und erweiterte Auflage) 1997
Verlag Freies Geistesleben
Landhausstr. 82, 70190 Stuttgart

ISBN 3-7725-1680-7

Die erste (und zweite) Auflage erschienen 1976 (bzw. 1979)
als Band 33 in der Reihe «Menschenkunde und Erziehung»
unter dem Titel *Die Formensprache der Pflanze.*


Schutzumschlag unter Verwendung des Bildes
«Zypressenweg unter dem Sternenhimmel»
von van Gogh, © AKG Berlin

Druck: WB-Druck, Rieden

# INHALT

# ZUR NEUAUFLAGE

Für die 3. Auflage dieses Buches war eine gründliche Überarbeitung und in einem nicht geringen Umfang eine Neufassung des Textes erforderlich. Das hat mehrere Gründe. Seit der ersten Auflage vor zwanzig Jahren hat sich unser Wissen über die Planeten unseres Sonnensystems außerordentlich erweitert. Durch die Weltraumforschung haben wir Kenntnisse über die materielle Beschaffenheit der Planeten, über die dynamischen Prozesse in ihren Atmosphären, über ihre Monde, Magnetosphären usw. gewonnen, die es möglich machen, von jedem Planeten ein viel konkreteres Bild zu erarbeiten. Bei der ersten und zweiten Auflage wurden ausschließlich die Rhythmen der Planeten und ihr Zusammenhang als kosmischer Organismus berücksichtigt. Dieses Bild konnte nun zum Teil wesentlich erweitert werden. Dabei war es nötig, im Gegensatz zu den üblichen modernen Darstellungen, die die astrophysikalischen Tatsachen detailliert schildern, in diesen Tatsachen übergreifende Gesetzmäßigkeiten aufzusuchen. Auf diese Weise lernt man den Charakter des einzelnen Planeten und seine Stellung im Ganzen des Planetensystems konkreter kennen, als das bisher möglich war. Damit wurde die Grundlage für eine kosmologische Betrachtung der Pflanzen breiter und differenzierter. So wurde es aber unumgänglich, das Kapitel «Die Urpflanze und ihr kosmisches Urbild» weitgehend neu zu schreiben und dabei auch einige Ungenauigkeiten bzw. Unklarheiten der bisherigen Fassung zu beseitigen.

Ein zweiter Grund ist folgender. Im Laufe vieler Jahre habe ich die verschiedenen Gruppen der Pflanzenwelt im Sinne der Goetheschen Erkenntnismethode durchgearbeitet, um den unbefriedigenden Zustand der Systematik zu überwinden. Die botanische Systematik ist im wesentlichen eine Beschreibung der verschiedenen Pflanzengruppen, die weder den Gestaltzusammenhang der einzelnen Pflanzenformen noch den Zusammenhang der Pflanzengruppen untereinander aufzeigt. Wenn man sich im Sinne von Goethes «Metamorphose der Pflanzen» eine lebendige Anschauung von dem in allen höheren Pflanzen wirkenden Bildungsgesetz, dem Typus, erarbeitet, erfaßt man das einheitliche Wesen in diesen Pflanzen. Von hier aus kann man verfolgen, wie es sich in den einzelnen Familien nach verschiedenen Richtungen spezialisiert. Die einzelnen Pflanzengruppen werden dann als spezielle Ausgestaltungen des Typus verständlich. Das wollte ich in einem gesonderten Werk darstellen. Da dies in den nächsten Jahren wohl kaum möglich ist, habe ich das Kapitel über die ein- und zweikeimblättrigen Pflanzen unter diesem Gesichtspunkt neu geschrieben, ebenso einige Kapitel, die den Pflanzenfamilien gewidmet sind. Zu den in der ersten und zweiten Auflage behandelten Pflanzenfamilien wurden außerdem drei weitere hinzugefügt (Kreuzblütler, Schmetterlingsblütler, Lippenblütler).

So liegt der ganzen Darstellung jetzt konsequenter als bisher die Methode einer goetheanistischen Botanik zugrunde. Sie wird aber in die Dimension der kosmologischen Betrachtung erweitert. Dabei stößt man auf das Kernproblem der modernen kosmobiologischen Forschung: der Frage nach einer Methode, die den Zusammenhang zwischen den Vorgängen im Kosmos und denen der irdischen Lebenswelt verständlich macht. Vor wenigen Jahren hat sich van Mansvelt zu diesem Problem in folgender Weise geäußert: «a main problem is that we miss a clear concept of causalities linking the cycles of the solarsystem and its continuously changing constellation to the variety of processes in the biosphere.

The question is whether this kind of research demands a revision of our usual concept of causality or, in other words, whether the usual concept effectively prevents or even prohibits the continuation of this kind of research.» – «Ein Hauptproblem besteht darin, daß uns eine klare Vorstellung von Kausalitätsbeziehungen, die die Zyklen des Sonnensystems und seine fortwährend wechselnden Konstellationen mit der Mannigfaltigkeit der Prozesse in der Biosphäre verbinden, fehlt. Die Frage ist, ob diese Forschungsrichtung eine Revision unseres gewohnten Kausalitätsbegriffes verlangt oder, mit anderen Worten, ob der übliche Begriff die Fortführung dieser Forschung nachhaltig behindert oder sogar unmöglich macht.» (Van Mansvelt 1990, S. 6). Wir haben den Zusammenhang zwischen Kosmos und Pflanzenwelt nicht nach dem Modell physikalischer Kausalität, das van Mansvelt in Frage stellt, gesucht, sondern nach einer anderen Methode, die wir als Übereinstimmung der Bilder bezeichnet haben (siehe Seite 28). Diese Methode wurde nun mit größerer Konsequenz als in den vorangehenden Auflagen gehandhabt. Hat man erkannt, daß ein Bildungsprozeß im Typus Ausdruck einer bestimmten planetarischen Gesetzmäßigkeit ist, dann kann man verfolgen, wie sich der Typus zu einer spezifischen Pflanzenform ausgestaltet, wenn diese Gesetzmäßigkeit in der Pflanzenbildung verstärkt zur Geltung kommt. Die Gesetze der planetarischen Welt werden also nicht äußerlich mit den Pflanzenformen verglichen und auf diesem Wege Analogien gesucht. Unsere Methode beruht vielmehr darauf, daß aus den planetarischen Gesetzmäßigkeiten die Pflanzenformen entwickelt werden. Dadurch lernt man die planetarische Gesetzmäßigkeit in den Bildungen der Pflanzenwelt «sehen». Die Erscheinungen der Pflanzenwelt werden transparent, sie werden Bild der Planeten und ihrer gegenseitigen Beziehungen. Insofern liegt den Aussagen dieses Buches eine imaginative Erkenntnismethode zugrunde. Und der Leser muß die Mühe auf sich nehmen, dieses nachschaffende Erkennen auszubilden, wenn er zu einer wirklichen Einsicht in den Zusammenhang von Pflanzenwelt und planetarischem Kosmos gelangen will.

Bei den starken Veränderungen gegenüber der bisherigen Form dieses Buches erscheint es berechtigt, den bisherigen Titel «Formensprache der Pflanze» durch einen neuen zu ersetzen, der unmittelbarer auf den Inhalt hinweist.

*Stuttgart 1997* *Ernst-Michael Kranich*

*Ein Teil der Zeichnungen wurde von Uli Winkler angefertigt. Sie sind jeweils durch U. W. gekennzeichnet.*

# DIE FRAGESTELLUNG

In der Erforschung des Lebendigen hat sich am Beginn unseres Jahrhunderts eine bedeutsame Wende vollzogen. Die großen Leistungen des vergangenen Jahrhunderts liegen vor allem in der Untersuchung der Gestalt. Anatomie und vergleichende Morphologie hatten eine Blütezeit, von der an den Hochschulen heute kaum noch etwas zu bemerken ist. Das Interesse der Wissenschaft hat sich von der äußeren Form der Organe den Lebensvorgängen und dem Verhalten zugewendet. Gegenüber der Beschreibung und der vergleichenden Betrachtung der Formen sucht man heute tiefer in das Lebendige einzudringen, indem man seiner Entwicklung und den einheitlichen physiologischen Prozessen und Gesetzen nachforscht.

Ähnlich wie die Morphologie vor Jahrzehnten steht die Physiologie heute an Grenzen. Die Fülle der von ihr entdeckten Tatsachen bezieht sich auf das, was man an Gesetzmäßigkeiten dadurch findet, daß man die Lebens- und Gestaltungsvorgänge durch Stoffe und Kräfte (Licht, Wärme usw.) beeinflußt. Nach einem Wort des Physiologen E. Bünning ist die «physiologische Forschung ... bewußt einseitig» (Bünning 1953, S. 2). Das Leben ist nicht nur jenes komplizierte Zusammenwirken von Stoffen und Kräften, das der Physiologe mit seinen Arbeitsmethoden verfolgt. – Die eine Grenze ergibt sich aus dem Nebeneinander von Morphologie und Physiologie. In den Pflanzen und Tieren sind die Formen der Organe und ihr Leben eine Einheit. Diese Einheit ist durch die verschiedenen Betrachtungs- und Untersuchungsmethoden künstlich in zwei Disziplinen auseinandergetrennt. Man überbrückt die Kluft nicht, indem man die Ergebnisse beider Disziplinen z.B. in einer «Physiologischen Morphologie» zusammenfaßt, so instruktiv und anregend ein solches Unternehmen auch sein mag. Die Physiologie scheitert am Problem der Gestalt wie im vergangenen Jahrhundert die Anatomie und die Morphologie an der Frage nach den Lebensvorgängen.

Seit dem Ende der zwanziger Jahre hat die Physiologie durch die Rhythmusforschung eine wichtige Ausweitung erfahren. Angeregt durch die Untersuchungen von Bünning und Kleinhoonte über rhythmisch verlaufende Blattbewegungen wandten sich immer mehr Forscher dem rätselhaften Gebiet rhythmisch verlaufender Lebensvorgänge zu. Man fand, daß bei den Pflanzen nicht nur die Bewegung von Blättern und Blütenblättern, sondern auch Wachstum, Zellteilung, Fortpflanzung und viele Stoffwechselvorgänge von Rhythmen verschiedener Länge bestimmt sind – und zwar auch dann noch, wenn äußere Sonnen- und Mondeinwirkung ausgeschaltet sind. Mit dem Physiologen Pfeffer betrachtete man diese Rhythmen als endogen; man setzte voraus, daß ihre Verursachung in der Pflanze selbst liege. Das Suchen nach der «physiologischen Uhr» hat viele Tatsachen ans Licht gebracht. Man fand, daß wohl alle Lebensvorgänge von Rhythmen durchsetzt sind und viele von ihnen einer inneren Eigenrhythmik folgen. Die physiologische Uhr blieb allerdings unauffindbar. Das hat Bünning selbst in einem außerordentlich kenntnisreichen Überblick dargestellt (Bünning 1963).

In der Rhythmusforschung stößt die Physiologie an eine andere Grenze. Rhythmus ist eine Grunderscheinung des Lebendigen. Atmung, Assimilation, Zellteilung usw. sind bedeutsame Einzelprozesse. Sie alle werden von den periodischen Schwankungen des Rhythmus einheitlich durchdrungen. Zunächst entdeckte und beschrieb man das Phänomen. Der Rhythmus selbst, sein Wesen, blieb ein unaufgeklärtes Rätsel.

Auf den unbefriedigenden Zustand der Rhythmusforschung hat

vor mehreren Jahren der amerikanische Physiologe F. A. Brown hingewiesen. In seinem Aufsatz «Why is so little known about the biological clock» – Warum wissen wir so wenig über die physiologische Uhr? (Brown 1974; siehe auch Cumming 1990) kündigt sich eine Wende in der Betrachtungsart an. Brown weist nach, daß es keinen zwingenden Grund gibt, die Ursache des Rhythmus etwa in den Pflanzen selbst zu suchen. Eine ganze Forschergeneration habe durch die Hypothese von der endogenen Ursache ihren Blick in die falsche Richtung gelenkt. Brown und andere Forscher verweisen auf ein Kräftefeld, in dem Pflanzen, Tiere und Menschen leben: auf das elektromagnetische Feld der Erde und auf dessen rhythmische Schwankungen. Man kann jedoch bei diesem nicht stehenbleiben, da es nicht für sich isoliert ist, sondern in seinen Schwankungen von der kosmischen Umgebung beeinflußt wird und insofern in einen größeren kosmischen Rahmen eingegliedert ist.

So bahnt sich von der Rhythmusforschung her ein Verständnis des Lebendigen an, das die bisherige Einengung der Betrachtung überwindet. Wie tief die Rhythmen mit dem Leben zusammenhängen, haben jene Untersuchungen erwiesen, bei denen die Unterdrückung bestimmter Rhythmen nicht nur zu einer Störung der Lebensvorgänge, sondern auch der Gestaltbildung führte. Durch die Betrachtung der Rhythmen kann man hoffen, die Einheit des Lebendigen zu erfassen, die die Gestaltbildung und die Lebensvorgänge umgreift. Hierbei ist es allerdings notwendig, nach der ersten Befangenheit (endogene Ursache) nicht in eine zweite (elektromagnetisches Erdfeld) zu geraten, sondern das Gebiet der kosmischen Rhythmen einzubeziehen.

Schon in den vierziger Jahren hat J. Schultz einen Zusammenhang zwischen der Samen- und Fruchtbildung bei Bäumen und dem zwölfjährigen Jupiterrhythmus entdeckt.[1] Bei der Rotbuche treten die Jahre reicher Fruchtbildung im Zusammenhang mit bestimmten Stellungen des Jupiter im Tierkreis auf.

Einige Jahrzehnte später fand L. Edwards einen Zusammenhang

zwischen Laubbäumen und bestimmten Planeten. Er konnte durch subtile Messungen feststellen, daß sich das Gefüge der Baumknospen im Zusammenhang mit der Mondbewegung rhythmisch verändert. Es wird bei Konjunktion und Opposition des Mondes mit dem «regierenden» Planeten etwas lockerer, dann wieder fester (Edwards 1986).

Weit zahlreicher sind die Untersuchungen, die auf einen Zusammenhang des Pflanzenwachstums mit den Rhythmen des Mondes hindeuten. G. W. Schmidt konnte in einem mehr als zehn Jahre dauernden Versuch an der Entwicklung verschiedener Laubbäume feststellen, daß die Keimfähigkeit, das Wurzelwachstum und die Entwicklung des Stammes besser waren, wenn die Aussaat bei Opposition des Mondes mit dem Planeten stattfand, der der betreffenden Baumart zuzuordnen ist, als bei Konjunktion (Schmidt 1984). Nach M. Thun weisen die Aussaatzeiten und die folgende Entwicklung der verschiedenen Pflanzenorgane (Wurzel, Blatt, Blüte, Frucht) auf eine differenzierte Beziehung zum Gang des Mondes durch den Tierkreis hin (s. Thun/Heinze 1973). Durch die methodisch sorgfältig durchgeführten und ausgewerteten Anbauversuche von H. Spieß (1994) konnten diese Befunde allerdings nicht bestätigt werden. Spieß fand dagegen statistisch gesicherte Zusammenhänge zwischen der Entwicklung einiger Kulturpflanzen und dem synodischen, tropischen und anomalistischen Mondrhythmus. Schon am Anfang der siebziger Jahre hatte G. Abrami das rhythmische Wachstum einiger Pflanzen, das dem synodischen Mondrhythmus entspricht nachgewiesen (Abrami 1972). Wenige Jahre später fand E. Graviou bei Sämlingen der Sonnenblume eine Korrelation zwischen dem Wurzelwachstum und dem synodischen Mondrhythmus (Graviou 1978). Und bereits in den 20er und 30er Jahren konnten E. und L. Kolisko zeigen, daß das Wachstum bei zunehmendem Mond intensiver ist als bei abnehmendem Mond und die Keimung bei Vollmond besser und rascher verläuft als bei Neumond (L. Kolisko 1929 und 1933, E. und L. Kolisko 1953). Weitere Hinweise auf

Mondrythmen bei Blütenpflanzen findet man bei K.-P. Endres und W. Schad (1997, S. 112f. und S. 154ff.).

Neben diesen empirischen Untersuchungen gibt es auch einige mehr theoretisch orientierte Arbeiten. In den zwanziger und dreißiger Jahren hat A. Usteri den Versuch unternommen, die Blütenpflanzen in ihrer Gestalt bis hin zu den einzelnen Familien mit der Planetenwelt in eine Beziehung zu bringen (Usteri 1923 und 1936). Die Gesichtspunkte für die Verknüpfung beider Weltgebiete sind uneinheitlich. Vor allem fehlt die Berücksichtigung der astronomischen Tatsachen – und damit eine sichere Grundlage. Später hat J. Schultz als Astronom ein engeres Gebiet genauer bearbeitet: den Zusammenhang der Blattstellungen (der Braun-Schimperschen Hauptreihe) mit den Rhythmen des Mondes, der Sonne und der Planeten (Schultz 1949). Er hat für einige Blattstellungen die Entsprechung mit den Bewegungsrhythmen der Planeten überzeugend aufgewiesen. Zum Teil stößt die Deutung auf Schwierigkeiten. Ein Grund liegt in der Tatsache, daß die Blattstellungen zu wenig aus dem Zusammenhang der ganzen Pflanzenwelt behandelt werden und die botanische gegenüber der astronomischen Seite etwas zurücktritt.[2] Auf ähnliche Probleme stößt man bei W. Bühler. Er sucht nach einem einheitlichen, die planetarische Welt durchwirkenden Prinzip und meint, dieses in der Proportion des goldenen Schnittes gefunden zu haben. Bei der Betrachtung des Mars muß er aber feststellen, daß es nicht durchgängig gültig ist. Und bei dem Versuch, die Blattstellungen kosmologisch zu deuten, kommt er an die gleichen Grenzen wie J. Schultz (Bühler 1996).

Es ist erforderlich, auf der einen Seite die ganze Pflanze in ihrer Bildung, auf der anderen Seite die Planetenwelt in ihren Rhythmen und ihren Ordnungen zu betrachten, um im Überschauen beider Gebiete Beziehungen und Übereinstimmungen auffinden zu können. Diese Aufgabe haben wir uns mit der vorliegenden Arbeit gestellt. Sie möchte ein Verstehen der Pflanzen aus dem Zusammenhang der Natur begründen, zu der auch der Kosmos gehört.

Unsere Untersuchungen bauen auf der Vorarbeit anderer auf. Zunächst ist das Buch *Rhythmen der Sterne* von J. Schultz zu nennen (Schultz 1963). Das Verständnis der Planetenwelt, das dieses Werk vermittelt, bildet eine wichtige Grundlage für die vorliegende Arbeit. Wesentliche Anregungen verdanke ich dem durch mehrere Jahre gehenden Austausch mit meinem verstorbenen holländischen Kollegen Fr. Julius. Sein Buch *Metamorphose*, das zu den bedeutenden Leistungen im geistigen Durchdringen des Typus und seiner verschiedenen Ausgestaltungen gehört, enthält ein kurzes Kapitel über den «Pflanzenwuchs als Abbild kosmischer Geschehnisse» (Julius 1969, S. 61 ff.). Hier stehen botanisches und astronomisches Anschauen nahezu gleichwertig nebeneinander. Dies führt zu Beurteilungen, die zum großen Teil mit dem übereinstimmen, was hier (S. 110ff.) über die Wuchsformen dargestellt wird.

Die wissenschaftstheoretischen Grundlagen für diese Arbeit verdanke ich vor allem den erkenntnistheoretischen Schriften Rudolf Steiners. Aus den Untersuchungen R. Steiners über den menschlichen Erkenntnisprozeß ergibt sich, daß das Erkennen die Aufgabe hat, einen Gegenstand dadurch verständlich zu machen, daß er durch das Denken in den Zusammenhang hineingestellt wird, aus dem ihn die räumlich-zeitliche Begrenztheit unseres Wahrnehmens herausgesondert hat (Steiner 1978, S. 95 f.). Hieraus ergibt sich die Frage nach dem Wirklichkeitsgebiet, zu dem die Pflanzenwelt gehört. R. Steiner selbst hat verschiedentlich in meist kürzeren Ausführungen dargestellt, daß man die Pflanzen im Zusammenhang mit der Sonne und den Planeten unseres Sonnensystems betrachten müsse, um Aufschluß über die in der Pflanzenwelt herrschenden Gestaltungsgesetze zu gewinnen. Auch dort, wo R. Steiner auf spezielle Beziehungen wie die zwischen spiraliger Blattstellung und den Bahnen der Planeten hindeutet, handelt es sich mehr um den Hinweis auf eine neue Forschungsrichtung als um detaillierte Einzelaussagen.[3] Es geht darum, den Blick wieder dem Ganzen der Natur zuzuwenden und die willkürliche Einengung des Bewußtseins auf die unmittelbar vor den Sinnen liegenden Phänomene zu überwinden. Für meine Untersuchungen war insbesondere eine knappe Darstellung R. Steiners über den Zusammenhang von Pflanzengestalt und Sonnensystem aus dem Jahre 1924 förderlich. Ohne diese wäre der Weg zu mancher Einsicht noch mühevoller gewesen.[4]

Dieses Buch möchte einen Beitrag zu einer sinnvollen Fortentwicklung der naturwissenschaftlichen Weltbetrachtung leisten. Seit einigen Jahren wird interdisziplinäre Forschung gefordert, weil man erlebt, daß man sich gegenüber der immer mehr im Detail getriebenen Spezialforschung nur durch das Zusammenschauen des auf verschiedenen Gebieten Gewonnenen der Realität nähern kann. Man muß aber auch die für solches Zusammenschauen notwendigen Prinzipien finden. Für die Naturforschung liegt ein solches Prinzip in dem Einbeziehen der Rhythmen in die naturwissenschaftliche Weltbetrachtung. Rudolf Steiner vertrat die Auffassung, daß hier sogar der entscheidende Ansatz für die künftige Naturwissenschaft liege (Steiner 1983, S. 295).

# ZUR METHODE

In der Botanik wie in den anderen Wissenschaftsgebieten, die es in irgendeiner Weise mit Lebensphänomenen zu tun haben, herrscht eine Diskrepanz zwischen der Fülle der Tatsachen, die durch mehrere Forschergenerationen bekannt geworden sind, und der geistigen Durchdringung der Tatsachenzusammenhänge. Vielfach ist die Aufmerksamkeit so auf das Detail oder auf die Interpretationsmodelle gelenkt, daß diese Zusammenhänge nicht einmal ernsthaft gesucht werden. Für jeden aber, in dem die an der Natur selbst entstehenden Fragen nicht erdrückt wurden, sind schon die allereinfachsten und naheliegendsten Probleme ungelöst. So treten uns an den verschiedenen Pflanzen die Sprosse, die Blätter und Blüten in jeweils besonderen Formen entgegen. Diese sind wohl bei vielen Pflanzenarten bis in morphologische und anatomische Einzelheiten beschrieben; man kennt auch schließlich den Einfluß bestimmter Substanzen, etwa der Phytohormone, auf die Beschleunigung oder die Hemmung ihrer Entwicklung und Entfaltung. Wie hängt aber bei einer Rose oder bei einem Ahorn die besondere Form des Sproßsystems mit der der Blätter, der Blütenstände und Blüten und der der Früchte zusammen? Auf eine solche Frage findet man keine Antwort. Sie wird auch nicht ernsthaft aufgeworfen – es sei denn, um sie sofort als ein Problem der Abstammungslehre zu klassifizieren. Dort wird dann die Pflanzenform von einer anderen abgeleitet, die aber ebenso rätselhaft ist. Das heißt: das Problem wird nicht gelöst, sondern nur verlagert und vergrößert. – Wir sehen überall in der Natur, wie an den Pflanzen die Formen in einem bestimmten Zusammenhang in Erscheinung treten, sind aber zunächst nicht in der Lage, verstehend in diesen Zusammenhang einzudringen.

Dabei verfügen wir über einen eigenartigen Formensinn. Ohne daß wir zunächst Gründe dafür angeben können, erscheint es widersinnig, uns einen Rosenstrauch mit Lilienblüten oder Narzissenblüten an den Trieben einer Distel vorzustellen. Das Unbehagen, das uns bei solchen Kombinationen befällt, ist nicht nur der Ausdruck einer Gewöhnung an bestimmte Gestalten. Halbbewußt regt sich in unserem Gefühl eine Art Verständnis dafür, ob die Formen in einem inneren Zusammenhang stehen oder nicht. Es geht uns da nicht anders als bei der Betrachtung eines Gemäldes, an dem wir die künstlerische Geschlossenheit empfinden, bevor wir sie uns begrifflich bewußt machen. Dieses nicht zur Klarheit wissenschaftlicher Formulierung gediehene Verständnis für die in den Pflanzen liegenden Bildungsgesetze ist eine wichtige Anlage für das tiefere Eindringen in die Natur. Es war bereits in der bisherigen Forschung von großer Bedeutung. Nur durch diesen Formensinn kann man die größere oder geringere Ähnlichkeit zwischen verschiedenen Pflanzen feststellen. Die ganze Pflanzensystematik beruht auf der Anwendung dieser eigenartigen Fähigkeit. Ohne sie könnte man nicht feststellen, welche Pflanzen etwa der Rose oder dem Hahnenfuß ähnlicher sind. Der Formensinn ist das wichtigste geistige Werkzeug des Morphologen und des Systematikers.

Aber auch der Genetiker, der Vererbungsforscher, baut auf ihn. Von Vererbung kann er ja nur sprechen, wenn er sorgfältig verfolgt, wie in der Folge der Generationen z.B. bestimmte Gestalteigentümlichkeiten bewahrt bleiben. Seine Deutungen basieren auf dieser durch den Formensinn vermittelten Grundlage. Das gilt schließlich auch für die gesamte Abstammungslehre. Diese untersucht die in den Erdschichten entstandenen Abdrücke früherer Lebewesen auf ihre größere oder geringere Ähnlichkeit. Sie interpretiert die in den Erdschichten aufeinanderfolgenden Reihen ähnlicher Formen dann als Abstammungszusammenhang.

Es ist wichtig, diese fundamentale Bedeutung der Gestaltauffassung für die wissenschaftliche Theorienbildung klar zu durchschauen. Man ist heute vielfach geneigt, die Gestalt von Pflanzen genetisch, ökologisch und im Sinne der Evolutionstheorie zu deuten. Das ist aber nur begrenzt richtig. Alle diese Deutungen sind zunächst mit einer Hypothek belastet. Das ist der gegenwärtige, recht unbefriedigende Zustand des Gestaltverstehens. Verdeckt man sich das Unvermögen, den Gestaltzusammenhang geistig zu erfassen, so kommt man zu der Auffassung, es sei letzten Endes mehr oder weniger zufällig, in welcher Form sich die einzelnen Organe einer Pflanze ausbilden. Man hält die Pflanze dann für eine bloße Addition gemeinsam auftretender Merkmale und deutet die Gestalt in der Genetik und Abstammungslehre auch im Sinne einer solchen Merkmalkombination. Hätte man dagegen ein Verständnis erarbeitet, aus dem hervorginge, daß die besondere Gestaltung von Sproß, Blättern, Blüten usw. auf einer alle Einzelheiten durchziehenden Bildungsgesetzmäßigkeit beruht, so würden alle derartigen Deutungen in sich zusammenfallen. Die Genetik, die Physiologie und die Abstammungslehre müßten ihre Anschauungen an einer Auffassung orientieren, die die Pflanze als eine die einzelnen Organe durchdringende geistige Gesamtheit kennengelernt hat. Solange die Frage nach dem Gestaltzusammenhang nicht entschiedener als bisher aufgeworfen und beantwortet wird, müssen viele gerade auch grundsätzliche Aussagen als vorläufig angesehen werden.

So kommt dem Verstehen der Pflanzengestalt eine für die gesamte botanische Begriffsbildung zentrale Bedeutung zu. Es gibt aus der neuesten Zeit eine Reihe von Arbeiten, die an einzelnen Beispielen auf den Gestaltzusammenhang innerhalb einzelner Pflanzen und engerer Pflanzengruppen hinweisen.[5] Um aber im ganzen Umfang des Gestaltproblems weiterzukommen, müssen zwei Fragen in Angriff genommen werden. Die erste Frage betrifft die geistigen Bedingungen des Gestaltverstehens, die zweite den Typus als den von Goethe aufgedeckten umfassenden Gestaltzusammenhang.

Die Frage nach den Bedingungen des Gestaltverstehens ist mit einer anderen verknüpft. Man muß sich zunächst bewußt machen, wodurch der gegenwärtige Stand der Morphologie als der Wissenschaft von der Gestalt bedingt ist. Die Morphologie gewinnt ihre Ergebnisse dadurch, daß sie den Blick vom Naturzusammenhang wegwendet. Zunächst löst der Morphologe die Pflanzen aus ihrer Umgebung heraus, in der und aus der sie sich entwickelt haben. Für seine Beschreibung ist es weitgehend gleichgültig, ob es eine Frühjahrs- oder Sommerpflanze, ob es eine Art des Gebirges oder der Ebene ist. Die Morphologie beginnt also damit, daß sie von dem besonderen Verwobensein der Pflanze mit der Natur absieht. Diese Einengung des Bewußtseins auf die isolierten Pflanzenformen führt gegenüber der lebendig in der Natur sich entwickelnden Pflanze in eine Abstraktion. Auf diese Weise ist man zu detaillierten Beschreibungen der einzelnen Organe bzw. Organsysteme gekommen. Man entwickelte eine Morphologie des Sproßsystems, der Blütenstände, der Wurzel usw. Das führte notwendigerweise in eine doppelte Abstraktion. Um von dieser wieder zur Natur zu gelangen, muß man den Blick auf die Zusammenhänge lenken, aus denen man die Einzelheiten herausgetrennt hat.

Es ist also gegenüber dieser von der Naturwirklichkeit wegführenden Betrachtung das zusammenschauende, synthetische Verstehen zu entwickeln. Damit ist nicht vergleichende Morphologie im üblichen Sinne gemeint. Diese hat wohl viele wichtige Einsichten geliefert; sie bewegt sich aber doch fast ausschließlich im Bereich der isolierten Organsysteme.

Dennoch kann man an ihr für die umfassendere Aufgabe, die hier gemeint ist, einige wichtige methodische Prinzipien ablesen. Um die Beziehung zwischen verschieden gebildeten Organen, etwa zwischen einer Hahnenfuß- und einer Akeleiblüte erfassen zu können, darf man nicht nur die Besonderheit der Gestalten beachten. Man muß das Verhältnis der Gestalten zueinander ins Auge fassen, d. h. man muß sich von der Fixierung auf die eine oder die andere Form lösen und den Übergang der einen in die andere verfolgen. Man geht *vom statischen Wahrnehmungsbild zum beweglichen Vorstellungsbild* über. Beim gewöhnlichen Ähnlichkeitserleben, d. h. bei der Betätigung des Formensinnes, spielt sich dieses bewegliche Vorstellen ab, ohne daß man es bewußt handhabt. Man bringt es aus diesem halbbewußten Zustand zur vollen Bewußtheit, wenn man im Vorstellen die eine Form willkürlich in die andere verwandelt. Dabei kann man – und das ist das Entscheidende – die Gesetzmäßigkeit dieser Umwandlung erfassen.

Mit diesem beweglichen Vorstellen dringt die Morphologie in den Zusammenhang recht verschieden aussehender Organe ein, z. B. in den von Blättern und Dornen, in den von Blütenblättern und Staubgefäßen oder in den von Fiederblättchen und Ranken. Man betrachtet hierbei nicht nur die fertigen Gestalten, sondern ihr Entstehen aus einer anderen Gestalt. Durch das bewegliche Vorstellen, d. h. durch den ins Bewußtsein gehobenen Formensinn, gelangt man vom Gewordenen einer Gestalt zu ihrem Werden. In diesem Bereich des Entstehens offenbart sich dann auch ihr Charakter, ihre Bildungsgesetzmäßigkeit.

Man kann dieses Vorstellen nun aber auch auf alle Bildungen, auf die ganze Gestalt der Pflanzen ausdehnen. Dazu muß man sich dann allerdings etwas von der üblichen Terminologie freimachen. Diese ist nämlich voll von äußerlichen Analogien (handförmig, gefiedert usw.) ohne jeden Erkenntnisgehalt. Sie dient wohl der eindeutigen Bezeichnung, hat aber keinen Bezug zu den Wachstums- und Bildungsvorgängen der Pflanze. Um nicht bei allgemeinen Aussagen stehenzubleiben, sei an einem Beispiel aufgewiesen, wie man durch das bewegliche Vorstellen in den inneren Zusammenhang einer Pflanzengestalt eindringen kann.

So bildet der Spitzahorn als Baum im Freistand eine schöne,

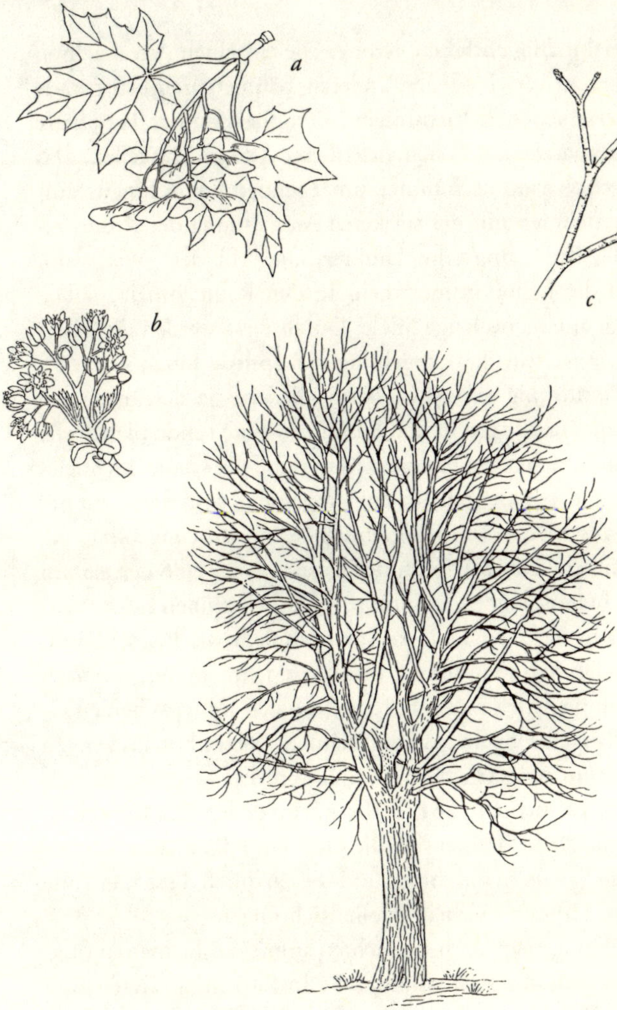


*Spitzahorn (Acer platanoides). Unbelaubter Baum; a. Endstück eines Zweiges mit zwei gegenüberständigen Blättern und unreifen Früchten und b. aufblühender Doldenrispe; c. Aststück mit der gabelförmigen Verzweigung. (Großenteils aus Harwerth).*

ziemlich gleichmäßig entfaltete Krone. Die einzelnen Äste wachsen im Gegensatz zu verschiedenen anderen Bäumen ziemlich gerade nach den verschiedenen Richtungen. Besonders an der Peripherie kann man beobachten, daß sich viele dieser Äste gabelig teilen. Das heißt: die recht harmonisch in den umgebenden Raum hinausdringenden Äste nehmen mit der stärkeren Ausdehnung der Krone zunehmend die Beziehung zum Umkreis auf. Mit dem Wachstum gliedert sich die Krone immer mehr in den Raum hinein. – Die Blätter haben auffallend lange Stiele. Durch diese werden die Blattflächen relativ weit in die Umgebung der Sprosse hinausgetragen. Mit ihrer handförmig gelappten Form gliedern sie sich hier nach verschiedenen Richtungen in den Raum ein. Eine runde Blattfläche wäre dagegen in sich abgeschlossen. Man sieht: die Länge des Stieles (Hinaustragen der Blattfläche in die Umgebung) und die Form der Blattfläche (allseitiges Sich-in-Beziehung-Setzen zur Umgebung) gehören zusammen. Die Blattbildung insgesamt hat eine der ganzen Baumform entsprechende Gestaltung. – Die gelbgrünen Blüten entwickeln sich in lockeren Doldenrispen (ähnlich wie beim Holunder); sie wenden sich so in ihrer Gesamtheit dem Umkreis zu. Nach der Bestäubung entstehen die Früchte, die sich mit den beiden eigentümlich langen Flügeln stark ausdehnen. Dieses Hinausdringen in den Luftraum steigert sich noch: Die Früchte zerteilen sich als sogenannte Spaltfrüchte in zwei Hälften, von denen jede für sich zu Boden wirbelt. Dabei drehen sich die Flügel um das dickere Mittelstück, das den Samen in sich birgt, und weisen durch diese kreisende Bewegung im Hinunterwirbeln in alle Richtungen.

Welche Bildung man auch betrachtet, immer stößt man auf das gleiche Bildungsgesetz: das harmonische In-Beziehung-Treten zum umgebenden Raum und das gleichmäßige Sich-Eingliedern in diesen. Man muß allerdings die Formen so betrachten, daß man sie nicht nur registriert, sondern mit dem beweglichen Vorstellen im Anschauen nachgestaltet. Dann dringt man bewußt in die Gestaltungsgebärden ein und bemerkt, wie ein einheitliches Bildungsgesetz im Wachstum des ganzen Baumes wirkt. Während man zunächst in der Wahrnehmung nur empfindet, daß der Baum eine einheitliche Gestalt ist, erfaßt man nun, worauf die Einheit oder Ganzheit dieses Baumes beruht. Was die Morphologie in einzelne Organe auflöst, schließt sich in dieser Betrachtung wieder zusammen. Man erreicht, was B. Gut in seiner sorgfältig abklärenden Arbeit «Zur Theorie der Gestalterkenntnis» die «selbstbesonnene strukturierte Gestalt-Erkenntnis» genannt hat (Gut 1990, S. 92). – Weite Teile unserer Arbeit dienen der Erhellung dieser in den höheren Pflanzen wirkenden Bildungsgesetze durch diese Form der Gestalt-Erkenntnis.

Nun gibt es darüber hinaus in den einzelnen Pflanzenarten und Gattungen eine übergreifende Gesetzmäßigkeit, auf die die zweite Frage abzielt: den allgemeinen Typus der Blütenpflanzen. Die Blütenpflanzen entwickeln sich alle, so wie Goethe das in seiner «Metamorphose der Pflanzen» geschildert hat, in einer strengen Folge der zeitlich nacheinander sich bildenden Organe. Über das, was dieser Typus sei, gibt es eine Reihe recht unterschiedlicher Auffassungen. Goethe selbst hat ihn als die in allen Pflanzen gestaltend tätige Urpflanze gesehen. Diese war für ihn eine unmittelbar erlebbare, die Pflanzenbildung durchziehende geistige Wirklichkeit, die man «mit Augen» wahrnehmen kann.

Für die meisten der sich auf Goethe berufenden idealistischen Morphologen ist die Urpflanze nach der Formulierung des Botanikers W. Troll das «allgemeine Bauschema» der höheren Pflanzen. Dieses Bauschema wird wie in der Logik der Oberbegriff beschrieben: als ein Gebilde, dem sich «sämtliche Samenpflanzen ... unterordnen» (Troll 1959, S. 20). Dieses Bauschema erscheint als ein durch Verallgemeinerung und Abstraktion aus der konkreten Anschauung gewonnenes Gedankengebilde. Eine derartige Interpretation verkennt Goethes Anschauung, für die die Urpflanze kein neben der Wahrnehmung vorhandenes Gedankenschema, sondern eine in den Pflanzen anwesende Wirklichkeit ist.[6]

Diejenigen Forscher, die den Typus gegenüber den konkreten Pflanzen als dünnes Begriffsgebilde empfinden, sprechen ihm jede wesenhafte Wirklichkeit ab. Sie suchen mit einer «Neuen Morphologie» in der von ihnen als real erlebten Ebene der wahrnehmbaren Pflanzen den «realhistorischen Vorgang» der Pflanzenentstehung. Der Typus ist ihnen eine höchst suspekte Fiktion. Sie wollen die typologischen Ableitungen der idealistischen Morphologie durch Ahnenlinien ersetzen. Dabei übersehen sie allerdings, daß ihre Zusammenschau von verschiedenen Formen zu Ahnenlinien zunächst nur in ihren Gedanken existiert. Sie verdecken sich die Tatsache, daß auch sie «idealistisch» verfahren, indem sie das gedanklich Erfaßte sofort «realhistorisch» interpretieren. Es wird ohne Bedenken von Farngewächsen, Nacktsamern und Bedecktsamern, also von Typen gesprochen.[7] In der Erkenntnispraxis läßt sich nicht vermeiden, daß man in der Anschauung zugleich auch übergreifende Gestaltzusammenhänge erfaßt.

Dennoch ist die Kritik der «Neuen Morphologie» an der idealistischen alten in gewisser Hinsicht berechtigt. So wie diese von dem Typus oder von der Urpflanze spricht, handelt es sich in der Tat um ein recht wenig reales Gebilde. Wie sollen sich von diesem die konkreten Pflanzen ableiten? Für Goethe war eine solche Frage gegenstandslos. Seine Morphologie bewegte sich nicht in dem Dualismus von äußerer Anschauung und ideeller Deduktion. Durch die Fähigkeit geistig lebendigen Vorstellens erfaßte er mit der äußeren Anschauung der Pflanzen in diesen zugleich auch den Typus.

Doch auch hier bleibt eine wichtige Frage offen. Worauf müssen wir dieses «Urbild» zurückführen, wenn es in der Pflanzenwelt immer nur in speziellen Ausprägungen erscheint? Oder anders gewendet: Wo ist dieses Urbild als solches zu finden? Da es im irdischen Bereich zwar in allen Pflanzen wirkt, nie aber als solches rein in Erscheinung tritt, muß man den Blick über den irdischen Raum hinaus ausweiten.

Wir sehen uns veranlaßt, die Aufmerksamkeit in die der Genetik entgegengesetzte Richtung zu lenken. Diese sucht die wirkende Realität im Kleinsten, im genetischen Code des molekularen Bereiches. Diese Orientierung verliert in dem Augenblick viel von ihrer Bedeutung, in dem man sieht, wie die Einheit der einzelnen Pflanze nicht in den molekularen Strukturen, sondern in dem alles Wachstum durchziehenden Bildungsgesetz, also nicht stofflich, sondern geistig zu suchen ist.

Nun weist die Pflanze immer selbst schon über die Grenze ihrer Gestalt hinaus. Sie ist mit ihren Lebens- und Wachstumsprozessen in einem noch höheren Maße als das Tier ein Glied ihrer Umgebung. Sie wurzelt im Erdboden und saugt aus ihm die Feuchtigkeit; durch jedes Blatt steht sie in einem ständigen Substanzaustausch mit der Atmosphäre; und aus der kosmischen Umgebung der Erde fließen ihr von der Sonne die das Leben, das Wachstum und die Gestaltung anregenden Kräfte zu. Im folgenden wird diese kosmische Umgebung mit in die Pflanzenbetrachtung einbezogen, um in ihr das Urbild aufzusuchen. Das wird den Inhalt des ersten größeren Kapitels ausmachen.

Weil das ein heute noch ungewöhnliches Vorgehen ist, erscheint es zweckmäßig, etwas zur Methode dieser Betrachtung vom Grundsätzlichen her zu sagen. Wenn man auf irgendeinem Gebiet nach Erklärung einer Erscheinung sucht, muß man den Blick in den Umkreis dieser Erscheinung wenden. Dort sucht man den Tatsachenzusammenhang auf, aus dem sie hervorgeht, wie z. B. ein Schatten aus dem Zusammenwirken einer Lichtquelle mit einem undurchsichtigen Körper. Ebenso versteht man in der Chemie einen Stoff, wenn man verfolgt, wie er aus bestimmten anderen Stoffen hervorgeht. Eine Erscheinung begreift man immer aus dem Zusammentreffen bestimmter anderer Erscheinungen. Solange man diese und die Form ihres Zusammentreffens nicht kennt, bleibt die fragliche Erscheinung rätselhaft.

Die Erscheinung der Pflanze liegt nun wesentlich im Entstehen von Gestalten, in Wachstumsbewegungen. Hier wirken verschiedene Weltbereiche zusammen: vor allem die Stoffe, in denen die Gestalten sich ausprägen, und die Bildungsgesetze, in denen der Typus wirkt. Die Seite der Stoffe bleibt in den folgenden Kapiteln weitgehend unbeachtet. Der Typus als der in den Wachstumsbewegungen sich offenbarende Bereich wird im Zusammenhang mit den Erscheinungen unseres Planetensystems betrachtet. Auch dort finden wir Bewegungen, nur daß diese sich nicht in stofflichen Formen fixieren.

Wie kann man aber hoffen, einen Zusammenhang zwischen der Pflanzenbildung und den Bewegungsverhältnissen und anderen Gesetzmäßigkeiten der Planeten zu finden? Wir werden keinen Zusammenhang nach dem Muster äußerer Verursachung, also im Sinne physikalischer Begriffsbildung schildern. Es gibt aber eine andere Form, in der sich Beziehungen und Zusammenhänge aussprechen. Wir wollen diese die *Übereinstimmung der Bilder* nennen. Diese ist schon in der physikalischen Ebene, z. B. in der Optik, von Bedeutung. Man kann sich von den Bewegungen der Sonne und denen der Planeten, von den Verhältnissen dieser Bewegungen zueinander und von den hier herrschenden Vorgängen und Gesetzmäßigkeiten deutliche Bilder erarbeiten. Dabei gibt man dem eigenen Vorstellungs- und Gedankenleben eine Ordnung, die den Vorgängen in der Planetenwelt entspricht. Und in der gleichen Weise verschafft man sich durch das bewegliche, nachgestaltende Vorstellen auch Anschauungen von den Bildungen des Typus.

Betreibt man beides mit der nötigen Sorgfalt, dann kommt man zu einer wichtigen Entdeckung: Die Bilder, die man auf dem einen Gebiet gewinnt, entsprechen in ihrer Gebärde, ihrer Dynamik und ihrer Gesetzmäßigkeit denen des anderen Gebietes. Lediglich in der Dauer der Bewegungsvorgänge gibt es bisweilen Differenzen.

Ein solches Hinschauen auf das Übereinstimmen von Bildern ist bei der Betrachtung des Pflanzenreiches kein ungewöhnliches Verhalten. Im Gegenteil: Wir üben es immer aus, wenn wir zwei Pflanzen als zur selben Art, Gattung oder Familie gehörig erkennen.

Insofern liegt es allem Bemühen zugrunde, das Ordnung im Bereich der vielfältigen Pflanzengestalten sucht. Bei der Urpflanze kommt dieses Suchen zunächst an eine Grenze; denn es gibt im irdischen Bereich keine zweite Erscheinung, mit der man sie so in Beziehung bringen kann wie die eine Rose mit der anderen. Das liegt eben daran, daß die Urpflanze nicht in der gleichen Weise in der Wahrnehmung auftritt wie die Rose, sondern als allgemeines Bildungsgesetz in der Rose wirkt und durch sie gleichsam hindurchscheint wie auch durch den Hahnenfuß und die Sonnenblume. Wendet man die Betrachtungsweise, die man beim Wiedererkennen einer Pflanzenart immer betätigt, gegenüber der Urpflanze an, so findet man das entsprechende Bild in Bewegungen und Rhythmen des Planetensystems.

Das wird der Gang der folgenden Untersuchungen erweisen müssen. Wir werden dabei im Sinne der eben geschilderten Methode jeweils so vorgehen, daß sich die Beziehungen zwischen Pflanzenbildung und Planetenwelt für den sorgfältigen Leser aus dem Zusammenschauen beider gleichsam von selbst ergeben. Es geht uns nicht darum, eine neue Theorie zu liefern, sondern *die Anschauung* dadurch zu *erhellen*, daß man lernt, die Natur nicht bloß mit der unentwickelten Vorstellungskraft zu betrachten. Indem man zunächst sein Vorstellen und Denken mit den Tatsachen der Planetenwelt durchdringt, arbeitet man an der Entwicklung des eigenen Vorstellens und Denkens. Und das entwickelte menschliche Geistesvermögen gelangt ganz naturgemäß dazu, in den Pflanzen den Widerschein des Kosmos zu erleben.

# DIE URPFLANZE UND IHR KOSMISCHES URBILD

## *Der Zentralsproß*

Das Wachstum der Blütenpflanzen weist deutlich auf diejenigen Bereiche hin, in denen wir die Tatsachen zu suchen haben, die ihrer Gestaltung zugrunde liegen. Wenn sich der Sproß entwickelt, wenn an ihm ein Blatt nach dem anderen entsteht und sich schließlich die Blüten bilden, so geht diese ganze Entwicklung wesentlich von der Umgebung aus. Der Laie stellt sich dieses Wachstum bisweilen als eine von unten nach oben verlaufende Ausweitung und Differenzierung vor. Das ist nur zum Teil richtig. Von unten steigt aus der Wurzel eine Flüssigkeitsströmung durch den Sproß in die Blätter. In diese verdichtet sich hier in komplizierten Vorgängen aus der umgebenden Atmosphäre das als Gas völlig lichtdurchlässige und bewegliche Kohlendioxid. Und in diese Vorgänge wirkt als bildende Kraft das Licht der Sonne hinein. Alle Stoffe, in denen sich die Pflanze ausgestaltet, sind letzten Endes das Resultat dieser aus dem Umkreis sich vollziehenden Substanzbildung. Wachstum und Gestaltung der höheren Pflanze sind also Vorgänge, die unmittelbar mit dem Erdumkreis der Atmosphäre und mit der Sonne, dem Zentralgestirn unseres Planetensystems, im Zusammenhang stehen. Die Pflanze ist in ihrem Werden mit diesen Bereichen real verwoben.

In der Gestalt der Blütenpflanze findet man deutliche Hinweise auf diesen Zusammenhang mit dem kosmischen Umkreis. An der Blütenpflanze muß man zunächst zwei Bereiche unterscheiden: diejenigen Organe, die sich über der Erdoberfläche in der Atmosphäre und den vom Kosmos zuströmenden Kräften des Lichtes und der Wärme entwickeln, und diejenigen, durch die die Pflanze mit der Erde und der Feuchtigkeit des Bodens verbunden ist. Die oberirdische Pflanze wird in ihrer gesamten Bildung von dem Haupt- oder Zentralsproß bestimmt; denn aus ihm gliedern sich alle übrigen Organe wie die Blätter und Seitensprosse, aber auch die Blüten mit ihren Kelchblättern, Blütenblättern und Staubgefäßen heraus. Sucht man einen Schlüssel für das Verständnis der oberirdischen Pflanzengestalt, so muß man von diesem Zentralorgan und dessen Verhältnis zu den übrigen Organen ausgehen. Dabei ist es zweckmäßig, an erster Stelle die Kräuter zu betrachten. Denn bei ihnen tritt die Pflanzengestalt mit ihren einzelnen Bildungen dadurch am überschaubarsten hervor, daß sich die Sprosse bis zu den Blüten, Früchten und Samen in einem Jahr voll entwickeln. Die Sträucher und Bäume werden in ihren Bildungsgesetzen erst verständlich, wenn man sie als besondere Umgestaltungen der in den Kräutern vorhandenen Verhältnisse betrachtet.

Der Zentralsproß der Kräuter zeigt in seiner Bildung einen deutlichen Zusammenhang mit der Sonne. Besonders im Frühjahr und Frühsommer kann man an offenen Standorten bei vielen Arten verfolgen, wie er sich mit seiner obersten, noch wachstumsfähigen Region zur Sonne wendet und vom Morgen bis zum Abend der Sonnenbewegung folgt (sogenannte Solstitialbewegung). Besonders bei jungen Trieben besteht zwischen der obersten, ganz zarten Region, der Embryonal- und Determinationszone des sogenannten Vegetationskegels, in der die Blattanlagen entstehen, eine innere Beziehung zur Sonne.[8] Von hier – bei älteren Pflanzen zum Teil auch von den obersten Blättern – geht die Hinwendung zur Sonne, der sogenannte Phototropismus aus. Nun kann die zarte Sproßspitze nur dadurch zur Sonne in Beziehung treten, daß in ihrem Leben etwas wirkt, was mit der Sonne verwandt ist. Insofern ist der Sproßvegetationskegel eine Repräsentanz der Sonne im Pflanzenleben. Das sogenannte Apikalmeristem des Vegetationskegels ist «die eigentliche Quelle aller anderen Zellen des Sprosses» (Esau 1969, S. 71). Durch Experimente weiß man, daß aus dem isolierten Apikalmeristem ganze Pflanzen entstehen können. Hier also ist der Ursprung der Pflanzenbildung. Und hier entsteht fortwährend aus der inneren Beziehung zur Sonne die Anlage des Pflanzenstengels.

Schon weniger als ein Millimeter unter der zarten Sproßspitze beginnt ein anderer Prozeß, das sogenannte Streckungswachstum, bei dem die Zellen des bildungsfähigen Gewebes um ein Vielfaches größer werden. Dieses Streckungswachstum verläuft rhythmisch. Am Tage unter dem Einfluß des Sonnenlichtes ist es in der Regel schwächer als in der Nacht. Es dauert normalerweise zwei bis drei Tage. Während dieser Zeit entstehen unter anderem die ersten Gefäße, durch die das Wasser aus dem Boden nach oben steigt, und die ersten statischen Festigungselemente. So kommt die aus der Beziehung zur Sonne entstandene Anlage des Stengels unter den Einfluß von Wirkungen, die von der Erde ausgehen. Im Verlauf des Streckungswachstums gliedert sich der Stengel beim Entstehen des Festigungsgewebes in die irdischen Kräfte der Schwere ein. Diese drängen als sogenannter negativer Gravitropismus im wachsenden Stengel nach oben und bewirken schließlich die vertikale Orientierung des Sprosses. So ist das Streckungswachstum in der Nacht, wenn der Einfluß der Sonne erloschen ist und die Pflanzenbildung ganz unter dem Einfluß der Erde steht, am intensivsten. Schließlich erlischt im Stengel das Wachstum, indem die Prozesse der Verdichtung und Verhärtung ganz vorherrschend werden.

In dieser Weise entsteht der Stengel aus dem lebendigen Ineinandergreifen gegensätzlicher Weltkräfte: Seine Anlage bildet sich aus der Beziehung zur Sonne; diese Anlage wird aber durch die von der Erde ausgehenden Kräfte zum Stengel. Selbst in dieser zweiten Phase wirken irdische und kosmische Einflüsse zusammen. Denn die Ausdifferenzierung des Festigungsgewebes, durch die sich der Stengel in die Kräfte der Gravitation hineinstellt, geschieht am Tage, wenn das Licht das Wachstum hemmt. Die hemmende Wirkung des Lichtes kann so stark sein, daß Pflanzen wie die Dattelpalme überhaupt nur in der Dunkelheit der Nacht wachsen.[9] Wenn sich der Sproß ganz im Dunklen entwickelt wie bisweilen die Kartoffelschößlinge, dann kommt es zum sogenannten Etiolement. Die Internodien werden bei den Dikotyledonen übermäßig lang. Die Blätter dagegen werden nicht größer als Schuppen. Die Sprosse bleiben bleich, sie wirken kraftlos und sind im Innern anatomisch kaum differenziert. Es ist Wachstum weitgehend ohne Gestaltung. – So lernt man konkret die gestaltende und strukturierende Macht, die sogenannten morphogenetischen Wirkungen des Lichtes kennen. Formbildung bedeutet immer Hemmung des bloßen Wachsens.

Der Stengel ist in der Pflanze also jene Bildung, in der die Erde mit ihren Kräften sich mit denen der Sonne vereinigt. An der Spitze überwiegen die Kräfte der Sonne, unten, wo der Stengel in seiner vertikalen Orientierung von der Gravitationsrichtung beherrscht wird und erstarrt, die Kräfte der Erde.

Dieser Prozeß der Stengelbildung, in dem die Kräfte der Erde einen so bestimmenden Einfluß haben, gilt zunächst nur für den beblätterten Sproß. Beim Übergang zum Blühen wird der Blütenstand bisweilen durch eine intensive Streckung des Stengels weit über die Region der Blätter emporgehoben; bei einer Reihe von Pflanzen kommt es nach dem Blühen zu einer zweiten Streckung, durch die der Fruchtstand noch weiter in die Höhe und in den Umkreis gelangt. Hier ist das Streckungswachstum nicht auf die von der Erde ausgehenden Kräfte zurückzuführen; es geht von der Blütenbildung aus, das heißt von Prozessen, durch die die Pflanze in eine starke Verbindung mit dem Kosmos kommt (siehe Seite 55f.).

Man kann verfolgen, wie die Kräfte der Erde unter dem Einfluß der zunehmenden Sonnenwirkung vom Frühling bis zum Hochsommer in der Stengelbildung immer stärker nach oben drängen und die Pflanzen sich immer intensiver in der durchlichteten und durchwärmten Atmosphäre entfalten. Bei den frühesten Kräutern werden die Sprosse nur kurz. Beim Krokus erreichen sie nicht einmal die Erdoberfläche. Zum Teil bleiben sie noch weitgehend in dem knospenartigen Zustand der Zwiebel (Schneeglöckchen, Blaustern) oder bilden aus einer Knolle aufsteigend einen kurzen Trieb wie der Winterling. Bei Huflattich und Buschwindröschen wächst der Hauptsproß in der Erde als Rhizom; aus diesem dringen lediglich kurze Blütensprosse in den Bereich des Lichtes hinauf. – Etwas später im Jahr entfalten sich dann die Sprosse stärker. Bei den Schlüsselblumen und dem Löwenzahn bleiben die Blätter noch in Rosetten am Erdboden. Beim Wiesenschaumkraut z. B. trägt dann aber der Hauptsproß auch die Blätter über die grundständige Rosette nach oben und gewinnt so seine typische Gestalt. Erst vom Mai an kommt der Sproß in unseren Gegenden zu seiner vollen Entfaltung wie etwa in den Gattungen des Hahnenfußes, der Nelkenwurz, des Storchschnabels oder der Graslilie. Schließlich tritt im Hochsommer eine weitere Steigerung ein, so bei den Doldengewächsen, den Gräsern, dem Weidenröschen und vielen anderen, sehr verschiedenartigen Pflanzen.

In fast allen Familien kann man in der Aufeinanderfolge der Arten zum Hochsommer hin diese zunehmende Entwicklung des Hauptsprosses verfolgen. Besonders eindringlich tritt sie bei den Hahnenfußgewächsen in Erscheinung. Hier blühen die einzelnen Arten bzw. Gattungen zwischen Februar, als dem Beginn der Vegetationsperiode, und Juli als deren Höhepunkt in folgender Reihe auf: Winterling – Küchenschelle und Buschwindröschen – Hahnenfuß (viele Arten ab Mai) – Rittersporn – Eisenhut. In der Familie der Liliengewächse z. B. folgen aufeinander: Blaustern und Gelbstern – Milchstern – Maiglöckchen und Salomonssiegel – Bären-lauch – Graslilie und Feuerlilie – gelbe Taglilie und weißer Germer im Höhepunkt des Jahres – kurz danach Türkenbundlilie – und beim Abklingen der Sonnenwirkung im Herbst (bis November) die Herbstzeitlose, bei der der Sproß während der abwärtssteigenden Bewegung der Sonne ganz unterdrückt bleibt. Er entfaltet sich erst im nächsten Frühjahr mit dem erneuten Höhersteigen der Sonne zusammen mit den Blättern.

So ist die Entfaltung der Vegetation im Jahreslauf Ausdruck davon, daß die Sonne über einen immer längeren Zeitraum und durch ihr Höhersteigen vor allem auch zunehmend intensiver in der Pflanzenbildung wirkt. Es gibt wohl keine eindrucksvollere Demonstration dafür, daß der Hauptsproß das in die äußere Form übergegangene Bild der Sonne in ihrer Beziehung zu den Kräften der Erde und der Sonnenwirkung im Jahreslauf ist.

Diese Beziehung zwischen Sonnengang und Entwicklung des Hauptsprosses tritt nur dann hervor, wenn man die Sonne in ihrem Verhältnis zur Erde betrachtet. Für die irdischen Lebensverhältnisse kommen die Vorgänge im Kosmos nur in der Form in Betracht, in der sie sich auf der Erde spiegeln, d. h. wie sie von der Erde aus erscheinen. Man muß deshalb streng von den Phänomenen ausgehen. Aus diesem Grunde scheidet für uns das heliozentrische Weltbild weitgehend aus. Dieses ist nicht Phänomen; es ist anhand von Phänomenen unter bestimmten Annahmen konstruiert. Von der Erde aus ist nichts von einer im Zentrum der Planetenwelt befindlichen Sonne und von elliptischen Planetenbahnen am Himmel zu sehen. Für die irdische Pflanzenwelt hat der von der Erde aus erscheinende Kosmos eine Bedeutung, nicht das Gedankenbild im Bewußtsein des Menschen. Soweit zwischen der Pflanzenwelt und den Vorgängen im planetarischen Bereich Zusammenhänge bestehen, kann man diese nicht heliozentrisch, sondern muß sie geozentrisch entschlüsseln.

Das ergibt sich auch aus der Betrachtung der Pflanze. Denn in der Stengelbildung manifestiert sich konkret die Beziehung zwischen Sonne und Erde. Von dieser Beziehung werden wir in der weiteren Betrachtung ausgehen. Sie ist die sichere Grundlage und der Schlüssel für das weitere Verstehen. Aus der zarten Anlage des Zentralsprosses gehen die anderen Organe der Pflanze in unterschiedlicher Weise hervor und stehen dann zum Stengel in verschiedener Weise in Beziehung. Diese Verhältnisse werden wir genauer betrachten. Zunächst ist es aber notwendig, auf die kosmische Umgebung der Sonne einzugehen; denn so wie die sonnenverwandte Anlage des Sprosses das Bildungszentrum der Pflanze darstellt, ist die Sonne das beherrschende und insofern zentrale Gestirn eines weiten Weltbereiches, unseres Planetensystems.[10]

## *Die rhythmische Ordnung im Planetensystem*

Das Planetensystem ist nicht eine mehr oder weniger beliebige Anhäufung von Himmelskörpern um die Sonne, sondern eine Art von Organismus, in dem eine Vielfalt von Wechselbeziehungen herrscht. Auf den ganzheitlichen Charakter unseres Planetensystems weist schon die Titius-Bodesche Reihe hin.[11] Die Wechselbeziehungen treten aber vor allem dann zutage, wenn man die Rhythmen der Bewegungsumläufe und die hier herrschenden Bewegungsintensitäten vergleicht.

Vom geozentrischen Standpunkt aus muß auch der Mond mit in die Betrachtung einbezogen werden; denn er ist in bezug auf die Erde neben der Sonne die bedeutendste Himmelserscheinung. Seine Natur manifestiert sich zunächst dadurch, daß er das Licht der Sonne in seinen Phasen zur Erde spiegelt. Der Rhythmus dieses Vorganges, d. h. die Zeitdauer von Neumond zu Neumond (synodischer Mondumlauf) mit 29,53 Tagen hat eine besondere Stellung im planetarischen Bereich. Diese 29 ½ Tage sind etwas weniger als der zwölfte Teil des Jahres (30,44 Tage). Von einer Konjunktion mit dem Mond bis zur nächsten durchwandert die Sonne also nicht ganz ein Zwölftel des Tierkreises. Dabei spiegelt der Mond das Licht der Sonne aus dem gesamten Umfang des Tierkreises zur Erde herunter. Bezeichnet man dieses Zwölftel als eine Tierkreisregion, so ergibt sich also folgender Zusammenhang: Der Mond bewegt sich mit solcher Geschwindig-

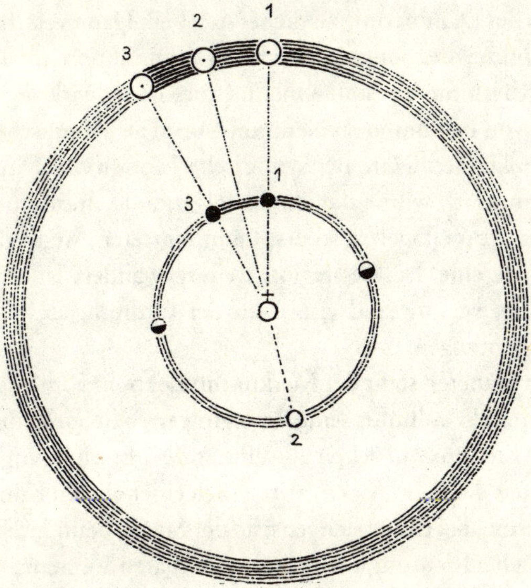


*Während die Sonne knapp 1/12 des Tierkreises (1 → 3) durchläuft, strahlt der Mond in einem synodischen Zyklus (1 → 2 → 3) das Licht der Sonne der Erde zu. (U. W.)*

keit, daß er bei einem synodischen Umlauf das Licht der Sonne aus einer Tierkreisregion vom vollen Umfang des Tierkreises der Erde zuspiegelt. Unmittelbar vor und nach seiner Konjunktion mit der Sonne ist der Mond drei bis vier Tage unsichtbar. Dann erscheint er als zarte Sichel in der Abenddämmerung. Seine Lichtgestalt nimmt von Neumond an gerechnet etwas über zwei Wochen bis Vollmond zu, am schnellsten zur Zeit des ersten Viertels. In diesem Zeitraum strömt vom Mond der Erde zunehmend eine modifizierte Sonnenwirkung zu. Der Vollmond, der der Sonne gegenübersteht (Opposition), ist das kosmische Spiegelbild der Sonne; denn er erscheint in gleicher Größe wie die Sonne. Nun wird die Spiegelung wieder schwächer, am schnellsten zur Zeit des letzten Viertels. Schließlich ist er am Morgenhimmel in der Dämmerung als Sichel zu sehen. Dann verschwindet er im Lichtumkreis der Sonne zur nächsten Konjunktion mit der Sonne.

Dieser Rhythmus zu- und abnehmender Mondwirkung, d. h. die Zeitdauer von Neumond zu Neumond, wird als synodischer Mondumlauf bezeichnet. Wäre der synodische Mondumlauf nur um einen Tag länger, so würde die jeweils folgende Konjunktion mit der Sonne nach 30,53 Tagen, also erst dann eintreten, wenn die Sonne um mehr als eine Tierkreisregion weitergewandert ist. – Sonnen- und Mondbewegung sind also nach der Ordnung des Tierkreises aufeinander bezogen.

Von den Planeten steht der Merkur mit der Sonne im engsten Zusammenhang. Er vollführt seine Bewegungen so in Sonnennähe, daß er von der Erde aus nur selten als selbständige Erscheinung aus dem Lichtumkreis der Sonne hervortritt. Nach einer oberen Konjunktion mit der Sonne, bei der er sich jenseits der Sonne befindet, bewegt er sich in östlicher Richtung aus dem unmittelbaren Sonnenbereich hinaus. Nach etwa 36 Tagen erreicht er seine größte Sonnenferne (größte östliche Elongation), bei der er bisweilen in der Abenddämmerung sichtbar wird. Dann nähert er sich wieder der Sonne an, begibt sich dabei in den Raum zwischen Sonne und Erde und kommt hier etwa 22 Tage später zur nächsten Konjunktion. Nach dieser unteren Konjunktion tritt er erneut aus dem engsten Sonnenbereich, nun in westlicher Richtung heraus und gelangt schon nach 22 Tagen zur größten westlichen Elongation. Hier kann er in der Morgendämmerung aufleuchten. Es folgt wieder eine Bewegungsphase zur Sonne hin und nach 36 Tagen die neue obere Konjunktion. Dieser Doppelrhythmus des Sich-Lösens von der Sonne und erneuten Sich-Vereinigens mit der Sonne ist der synodische Merkurzyklus.

Aus diesen Zahlen ergibt sich für den synodischen Merkur-Rhythmus ein Zeitraum von 116 Tagen. Es handelt sich aber um Mittelwerte. Denn der synodische Rhythmus des Merkur schwankt zwischen 104 und 132 Tagen. So ist auch die maximale Elongation von der Sonne recht unterschiedlich. Der Mittelwert von 23° liegt zwi-

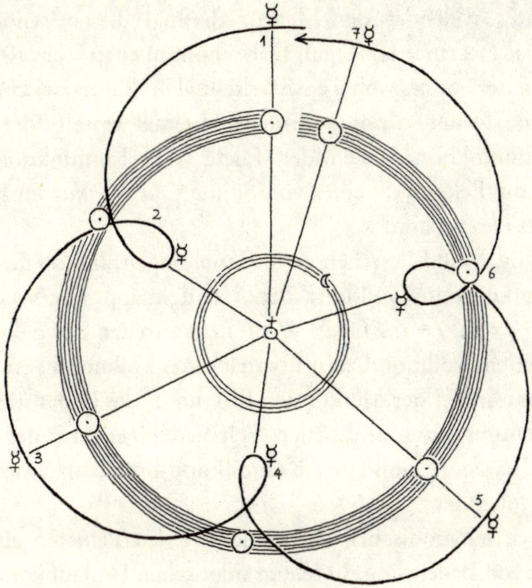


*In knapp einem Jahr (1 → 7) vollführt der Merkur drei synodische Umläufe mit vier (1, 3, 5, 7) oder drei oberen und drei (1, 4, 6) oder vier unteren Konjunktionen. (Nach Schultz, verändert).*

schen den Extremen von 18° und 28°. Eine lebendige, rhythmisch wechselnde Beziehung zur Sonne ist für den Merkur charakteristisch. Das gilt auch für die Bahn des Merkur. Sie ist nämlich um 7° gegen die der Sonne geneigt. Deshalb bewegt sich der Merkur synodisch in lebendig wechselnden Bahnen im Umkreis der Sonne.

Von allen Planeten ist Merkur der einzige, dessen synodischer Rhythmus kürzer ist als der Jahresgang der Sonne durch den Tierkreis. Merkur ist mit seinem synodischen Rhythmus vollständig in den Jahresrhythmus der Sonnenbewegung aufgenommen. Hierin äußert sich die enge Beziehung des Merkur zur Sonne. Im Laufe eines Jahres vollendet der Merkur dreimal diesen synodischen Rhythmus (3 x 116 = 348 Tage). Dabei kommt er zu sechs Konjunktionen mit der Sonne, wobei er sich dreimal im Raum zwischen Erde und Sonne (untere Konjunktionen), dreimal jenseits der Sonne (obere Konjunktionen) befindet. Diese sechs Konjunktionen bezeichnen die Eckpunkte eines von Sonne und Merkur im Kosmos gebildeten Hexagramms.

Auch zum Mond bestehen enge Beziehungen. In einem synodischen Merkurzyklus vollführt der Mond knapp vier synodische Umläufe (4 x 29½ = 118 Tage). Wenn man also den Gang des Mondes von einem Vollmond zum übernächsten Vollmond verfolgt, ist das die Zeit, in der der Merkur den Rhythmus des Hinaustretens in die Sonnenumgebung und neuen Sich-Vereinigens mit der Sonne, d. h. die Bewegung von einer Konjunktion bis zur nächsten Konjunktion vollendet.[12]

Neben dem synodischen Zyklus ist bei den Planeten auch der siderische von Bedeutung. In einem siderischen Umlauf kommt der betreffende Planet wieder an den gleichen Ort im Tierkreis. Beim Merkur (auch bei der Venus) ist das ein voller Umgang um die Sonne, nach dem der Merkur von der Sonne aus wieder in der gleichen Richtung zum Tierkreis steht. Das ist alle 88 Tage der Fall. Diese 88 Tage sind ein Merkurjahr. Die Differenz zwischen dem synodischen und siderischen Merkurumlauf weist nun auf eine weitere Verflechtung zwischen Merkur und Mond. Sie entspricht mit 28 Tagen etwa einem siderischen Mondumlauf (27,32 Tage). Das heißt: Zwischen dem ganz auf den Kosmos (Tierkreis) bezogenen siderischen Merkurzyklus und demjenigen, durch den der Merkur von der Erde aus zur Sonne wieder die gleiche Stellung erreicht, wandert der Mond einmal durch den Tierkreis. Der Mond vermittelt zwischen dem auf den Kosmos bezogenen siderischen und dem auf die Erde bezogenen synodischen Merkurzyklus.

Mit dem Merkur gehört die Venus zu den sonnennahen Planeten. Sie bewegt sich auch ganz im Umkreis der Sonne, tritt bei ihrem

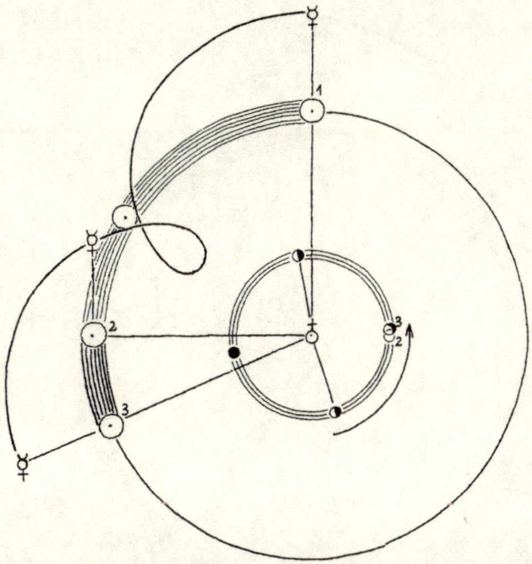


*Der Merkur umkreist die Sonne in einem knappen Vierteljahr einmal (siderischer Umlauf, 1 → 2). Zwischen diesem auf den Tierkreis bezogenen Rhythmus und dem zur Erde orientierten synodischen Umlauf (1 → 3) vermittelt der Mond mit seinem synodischen Zyklus (2 → 3). (U. W.)*

synodischen Rhythmus aber viel stärker als selbständiges Gebilde in Erscheinung. Sie begibt sich als Morgen- und Abendstern wesentlich weiter in den Umkreis der Sonne hinaus und erglänzt als der hellste Stern des Himmels.

Im Gegensatz zum Merkur sind ihre Rhythmen von großer Regelmäßigkeit. Das stärkere Hinaustreten in den Umkreis der Sonne ist Ausdruck einer weniger intensiven Beziehung zur Sonne. So ist der synodische Rhythmus auch nicht mehr vom Jahresgang der Sonne umschlossen. Mit 584 Tagen weist er deutlich über den Rhythmus der Sonne hinaus. Dennoch ist er eng mit diesem verflochten: Die 584 Tage sind genau 1 3/5 Jahre (584 Tage = 365 + 219 Tage; 219 Tage = 3 x 73 Tage, 73 Tage sind aber 1/5 von 365 Tagen).

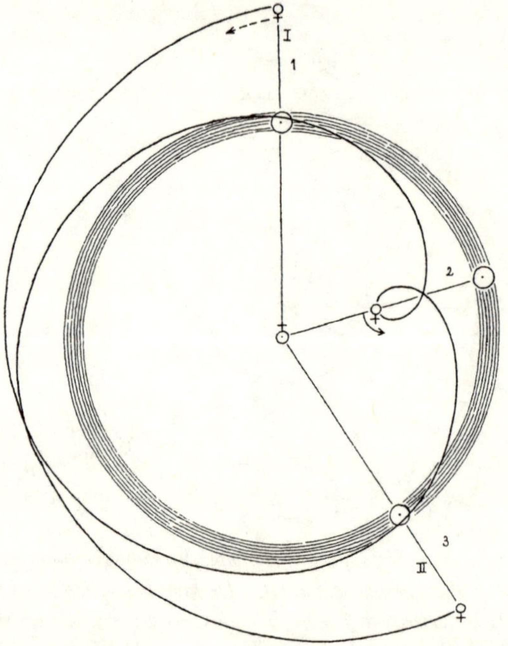


*Während ihres synodischen Umlaufs (1 → 3) kommt die Venus im ersten Jahr von einer oberen Konjunktion nur bis zur folgenden unteren Konjunktion (1 → 2). Im folgenden Jahr durchläuft die Sonne noch 3/5 des Tierkreises bis zur nächsten oberen Konjunktion mit der Venus (3). (U. W.)*

Im Verlauf eines solchen synodischen Zyklus entfernt sich die Venus nach einer oberen Konjunktion viele Monate nach Osten von der Sonne. Nach 36 Tagen erscheint sie schwach glänzend in der Abenddämmerung noch in Sonnennähe. Dann löst sie sich immer weiter von der Sonne und erreicht ein halbes Jahr später hell glänzend die maximale Elongation. Hier ist sie doppelt so weit von der Sonne entfernt wie der Merkur bei seinem mittleren Wert, nämlich 46°. Nun kann man schön verfolgen, wie sich die Venus viel schneller zur Sonne hin bewegt. 292 Tage nach der oberen Konjunktion kommt sie zur unteren Konjunktion mit der Sonne. Dieser Rhythmus von Hinaustreten in den weiteren Sonnenumkreis und Zurückweichen zur nächsten Konjunktion vollzieht sich ähnlich wie beim Merkur im Verlauf des synodischen Venuszyklus noch ein zweites Mal, bei dem sich die Venus in entgegengesetzter Richtung als Morgenstern in die Umgebung der Sonne begibt.

Wie der Merkur durch seine Konjunktionen mit der Sonne innerhalb eines Jahres ein Hexagramm beschreibt, so bilden die fünf oberen wie auch die fünf unteren Venus-Sonnen-Konjunktionen in ziemlich genau acht Jahren je ein Pentagramm (5 x 1 3/5 Jahre = 8 Jahre). Diese Pentagramme sind gegenüber dem Hexagramm der Merkur-Sonnen-Konjunktionen von einer außerordentlichen Regelmäßigkeit.

Der synodische Venus-Rhythmus ist nicht nur mit dem Erd-Sonnen-Rhythmus von 365 ¼ Tagen, sondern auch mit den Rhythmen von Merkur und Mars eng verflochten. In dem Zeitraum eines synodischen Venusumlaufes vollführt der Merkur annähernd fünf synodische Zyklen (5 x 116 = 580 Tage). Venus-Synode und Merkur-Synode stehen etwa im Verhältnis 5 : 1. Ebenso steht die Venus mit dem Mars über den Konjunktionsrhythmus in Beziehung. In der Zeit, in der die Venus vier synodische Zyklen durchläuft (4 x 584 = 2336 Tage), beendet der Mars knapp drei synodische Umläufe (3 x 780 = 2340 Tage).

Die für den Merkur charakteristische Beziehung zum Mond tritt bei der Venus zurück. Die Venus hat in ihren Rhythmen eine engere Verbindung mit dem Gang der Sonne. So wird bei ihr der Zusammenhang zwischen dem siderischen (225 Tage) und dem synodischen Zyklus (584 Tage) durch die Sonne geregelt. In der Zeit zwischen dem von der Sonne auf den Tierkreis bezogenen siderischen und dem Ablauf des zur Erde orientierten synodischen Zyklus vergehen 359 Tage, in denen die Sonne annähernd einmal den Tierkreis durchmißt.

Je sorgfältiger man die Bewegungsabläufe der Planeten betrachtet, desto vielfältiger entdeckt man solche rhythmischen Beziehungen. Das gilt auch für die übrigen Planeten, besonders für Mars, Jupiter und Saturn. Diese Planeten werden erst später im Zusammenhang mit den Gestaltungsprozessen der Pflanze geschildert (siehe Seite 72ff. und Seite 77ff.). Hier soll zunächst nur beispielhaft darauf hingewiesen werden, daß es unzureichend ist, die einzelnen Planeten als voneinander isolierte, nur äußerlich in einem System vereinigte Gebilde zu betrachten. Wenn am Morgenhimmel z. B. die Venus in einer bestimmten Entfernung von der aufgehenden Sonne an einem bestimmten Ort des Tierkreises steht, dann liegt dieser Erscheinung nicht nur der Venus-Sonnenrhythmus zugrunde. In diesem sind nämlich der Merkur-, der Mars- und der Mondrhythmus anwesend. So ist an der Art, wie ein Planet jeweils am Himmel erscheint, der ganze planetarische Kosmos beteiligt. Wie man in einem Organismus nicht ein Organ für sich isoliert betrachten kann, ohne den Zusammenhang des Lebens zu verlieren, so kann man einen Planeten nicht ohne die Sonne und die übrigen Planeten verstehen. Denn in seinen Rhythmen sind die Rhythmen der anderen Planeten wirksam.

Das Planetensystem ist eine Ganzheit. Diese Ganzheit beruht darauf, daß seine Glieder nicht bloß im Sinne äußerer Kausalität aufeinander wirken, sondern sich wie in einem kosmischen Organismus mit ihren Rhythmen wechselseitig durchdringen. Die Wirklichkeit der planetarischen Welt liegt also nicht in der sinnenfälligen Erscheinung der einzelnen Planeten, sondern in der Harmonie ihrer Rhythmen. Man findet hier im Großen, was die moderne Rhythmusforschung als rhythmische Koordination beschrieben hat. – Wo sich Sonne, Mond oder ein Planet in der Welt offenbaren, ist mit diesem Offenbarwerden immer zugleich auch der übrige planetarische Kosmos verbunden.

Diese Tatsache enthält gewichtige Konsequenzen für die Naturbetrachtung. Denn aus ihr geht hervor, daß dort, wo man auf einen mit dem Rhythmus der Sonne oder eines Planeten zusammenhängenden Vorgang stößt, die Beziehung zum ganzen Planetensystem gegeben ist, auch wenn man diese nicht sogleich bemerkt. Findet man in der Sproßanlage am Vegetationskegel eine innere Beziehung zur Sonne und im Zentralsproß der Kräuter ein Abbild der aufsteigenden Sonnenbewegung und ihrer Beziehung zu den Kräften der Erde, dann hat man zu untersuchen, inwieweit mit dem Vegetationskegel und dem Zentralsproß die anderen Organe so verbunden sind wie die verschiedenen planetarischen Bereiche mit der Sonne. Sprechen sich mit der Sonne auch die mit ihr zusammenhängenden Planeten in der Gestaltentwicklung der Pflanze aus? Von diesen Planeten werden wir zunächst Merkur und Venus betrachten, weil sie besonders eng zur Sonne in Beziehung stehen. Sie begleiten die Sonne auf ihrem Weg durch den Tierkreis, indem sie sie umkreisen. Dabei treten sie immer wieder in den Raum zwischen Sonne und Erde. Deshalb nannte man sie früher untersonnige Planeten. Jupiter und Saturn vollführen ihre Bewegungen ganz im Raume jenseits der Sonne und umspannen Erde und Sonne. Sie kommen deshalb als Planeten zur Sonne in Opposition. Das gilt auch für den Mars, der zur Opposition allerdings aus dem obersonnigen Gebiet in den Raum zwischen Sonnenbahn und Erde hineintritt und insofern eine eigentümliche Zwischenstellung zwischen dem untersonnigen und obersonnigen Bereich hat (siehe Abbildung Seite 73).

Von allen Planeten ist der Merkur der Sonne am nächsten. Er befindet sich am Himmel immer in einem relativ engen Bereich um die Sonne und begleitet sie bei ihrer aufwärtssteigenden Bewegung in der ersten Jahreshälfte. Bei diesem Aufstieg kommt es im allgemeinen zu drei Konjunktionen mit der Sonne (zwei unteren und einer oberen oder einer unteren und zwei oberen Konjunktionen),

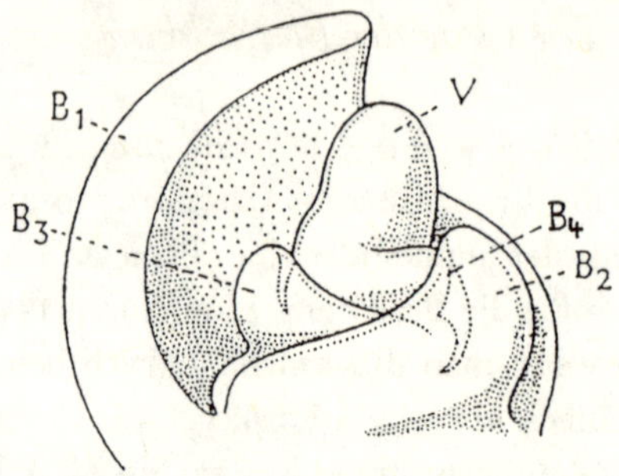


*Bildung von vier Blattanlagen (B1, B2, B3, B4) am Vegetationskegel des Wiesen-Knäuelgrases (Dactylis glomerata; aus Troll).*

bei denen der Merkur in der aufsteigenden Sonnenbahn untertaucht. Bald danach tritt er aus dieser nach der anderen Seite wieder heraus. Inzwischen ist die Sonne etwas höher gestiegen. Nun entfernt sich der Merkur für kurze Zeit etwas von der Sonnenbahn.

Hat man in der zarten, immer weiter wachsenden Spitze des Sprosses die innere Beziehung zur Sonne kennengelernt, dann ist man berechtigt, diese Region als eine Manifestation der Sonne in der Pflanze aufzufassen. Verfolgt man mit dieser Anschauung die Bildungsprozesse an der Sproßspitze, so kommt man zu einer bedeutenden Entdeckung. Man findet das Abbild des Merkur in seiner synodischen Bewegung.

Wie der Merkur nach einer Konjunktion allmählich wieder aus der Sonnenbahn auftaucht und dann in deren Umgebung hinaustritt, so entwickeln sich an der Sproßspitze die Blattanlagen. Zunächst erscheinen sie als schwache Erhebungen, wölben sich seitwärts aufsteigend stärker hervor und treten dann in dieser Wachstumsbewegung in die Umgebung der Sproßspitze. Nun gelangt der Merkur vielfach oberhalb der Sonne zur Konjunktion in deren Bahn; so biegen sich die kleinen Blättchen im allgemeinen auch über dem Sproßscheitel zusammen. Der Schweizer Botaniker O. Rohweder beschreibt diesen Vorgang mit folgenden Worten: «Nach der Ausgliederung der Blattprimordien ist ihr Wachstum gewöhnlich vergleichsweise sehr stark, so daß sie den Vegetationspunkt übergipfeln, ehe sich das nächstjüngere Primordium vorwölbt. Da hierbei die Außenseite meist etwas stärker wächst als die Innenseite, kommt es zu einer Krümmung zur Achse hin, so daß sich das Primordium schützend über den Vegetationspunkt legt.» (Rohweder/Endress 1983, S. 11. Siehe Abbildung S. 48).

Nun muß man bedenken, daß die Sonne, während sie zum Sommer hin immer höher steigt, durch den Tierkreis wandert. Am 21. März steht sie im Tierkreisbild der Fische, an Johanni in den Zwillingen. Dadurch verändern sich die Beziehung zur Erde und damit auch die Richtungen, in denen der Merkur nach den Konjunktionen aus dem Sonnenbereich heraustritt. Die Richtungsänderung von einer Konjunktion zur nächsten beträgt etwa 120° (siehe Abbildung Seite 39). An der Pflanze ist der Sproß unten unter dem Einfluß der irdischen Kräfte weitgehend erstarrt; oben in dem zarten, lebendig wachsenden Vegetationskegel können sich diese wechselnden Verhältnisse in der Beziehung von Sonne und Merkur zur Erde manifestieren. Das führt dazu, daß sich die immer neuen Richtungen, in denen der Merkur in den Sonnenumkreis hinaustritt, in den Bildungsprozessen am Vegetationspunkt offenbaren und jede folgende Blattanlage von der vorangehenden um einen Winkel von 120° abweicht. Am Stengel ordnen sich die Blätter dann in der ⅓-Stellung an: Sie bilden eine aufsteigende Spirale, in der das jeweils vierte Blatt über dem jeweils ersten steht. Diese Blattstellung findet man vor allem bei den Ried- oder Sauergräsern, aber auch beim Germer und der Herbstzeitlosen.

Die Blattanlagen können aber auch alternierend am oberen Sproßpol entstehen, wie der Merkur bei seiner Bewegung um die Sonne abwechselnd nach Osten und Westen aus dem Sonnenbereich heraustritt (siehe Abbildung Seite 48). Hier kommt die Bewegung der Sonne durch den Tierkreis nicht zur Geltung. Es handelt

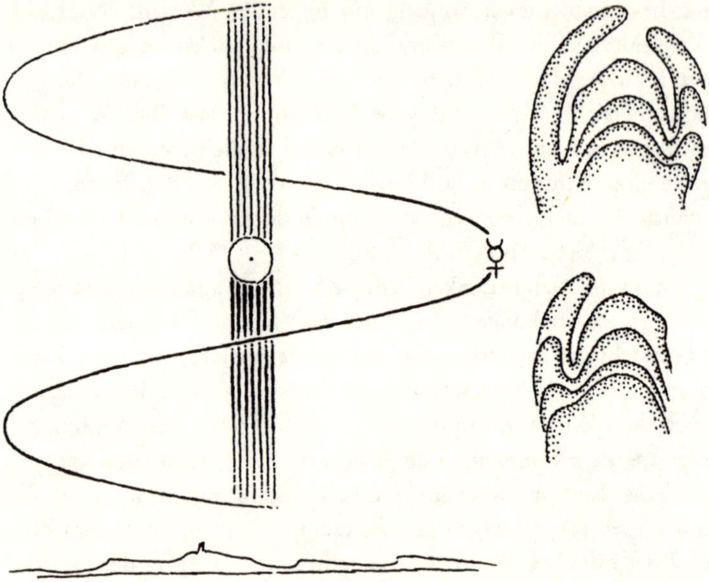

*Vereinfachte Darstellung der Sonnen-Merkur-Bewegung (links). Vom 21. Dezember bis zum 21. Juni steigt die Sonne mit jedem Tag höher über den Horizont. Dieses Emporsteigen vollzieht sich während jedes Tagesbogens. Berücksichtigt man nicht den ganzen Tageslauf vom Sonnenaufgang bis zum Sonnenuntergang, sondern nur die Mittagsstellung der Sonne, dann kommt man zu der schematisierten Darstellung der aufsteigenden Sonnenbewegung. Vegetationspunkt einer Grasart in acht aufeinanderfolgenden Entwicklungsstadien (rechts). Die Gebärde der Sproßbildung und der entstehenden Blattanlagen ist im Kleinen das Abbild der Sonnen-Merkur-Bewegung, wie sie von der Erde aus erscheint. (U. W.)*

sich um die Sonnen-Merkur-Bewegung ganz vom irdischen Aspekt aus. Dieser wird in den Bildungsprozessen der Pflanze bestimmend, wenn die von der Erde ausgehenden Kräfte bis in die oberen Bereiche der Sproßbildung hineinwirken. Dann wird dort der Einfluß

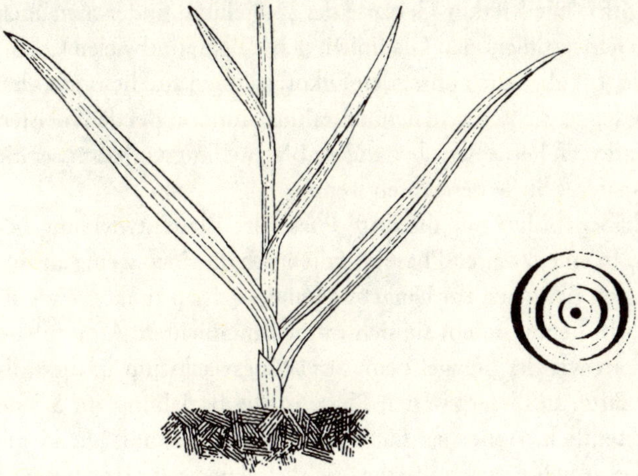

*Besonders bei einkeimblättrigen Pflanzen wie dieser Orchideen-Art findet man noch im entfalteten Zustand das Abbild der aufsteigenden Sonnen-Merkur-Bewegung. Im Gegensatz zur ursprünglichen Lage am Vegetationspunkt dringen die Blätter stärker in die Umgebung des Sprosses. – Das Diagramm gibt die ½-Stellung der Blätter schematisiert wieder. (U. W.)*

der Sonnenbewegung durch den Tierkreis auf die Blattbildung unterdrückt. Es entsteht die ½-Stellung. Wie der Merkur abwechselnd in entgegengesetzter Richtung nach den Konjunktionen aus dem Sonnenbereich heraustritt, so entstehen die Blätter als Manifestation dieser Bewegung abwechselnd mit einem Divergenzwinkel von 180°.

Das Entstehen der aufeinanderfolgenden Blattanlagen am Vegetationskegel schildert K. Esau recht anschaulich: «Entsprechend der Blattstellung pendelt oder kreist diese Zone in der Achsenspitze» (Esau 1969, S. 78). Sie kreist und pendelt um die Achsenspitze wie Merkur um die Sonne.

Die ½-Stellung ist bei den Monokotyledonen weit verbreitet. Man trifft sie besonders eindrucksvoll bei den Gräsern, in deren Bildung die irdischen Kräfte besonders intensiv wirken (siehe

Seite 176ff.). Die Merkur-Gebärde der ½-Stellung findet man auch bei den Schwertlilien, den Gladiolen, den Tulpen und vielen Orchideen. Sie tritt aber auch unter den Dikotyledonen auf, besonders bei den Doldengewächsen und Schmetterlingsblütlern. Bei den meisten Dikotyledonen herrschen aber andere Blattstellungsverhältnisse, die wir an späterer Stelle betrachten werden.

Wir haben bisher nur die erste Phase der Blattentwicklung betrachtet. In einer zweiten Phase entfalten sich die noch wenig ausdifferenzierten Blättchen zur Umgebung und wachsen zu ihrer endgültigen Form heran, indem sie sich in die durchlichtete Atmosphäre eingliedern wie der Stengel beim Streckungswachstum in die irdischen Kräfte. In dieser zweiten Phase ist die Beziehung zur Sonne ganz wesentlich; ohne das Licht bleiben die Blattanlagen kleine Schuppen. Auch hier manifestiert sich Merkur, jetzt aber in seiner direkten Beziehung zur Sonne, d.h. in seinem siderischen Rhythmus von 88 Tagen. Dieser ist in einer ganz ungewöhnlichen Weise mit der Eigenrotation des Merkur verknüpft. Die siderische Eigenrotation dauert 58,6 Tage, d.h. genau zwei Drittel des Merkurjahres mit 88 Tagen. Diese Rotation wirkt mit dem siderischen Rhythmus (Merkurjahr) so zusammen, daß ein Merkurtag 176 Erdentage, d. h. genau zwei Merkurjahre dauert. Das ist der längste Tag im ganzen Planetensystem. Sonst kann man bei den Planeten den Sonnengang des Jahres von dem Eigenrhythmus des Tages unterscheiden. Beim Merkur gibt es diesen Gegensatz nicht. Die Zeit vom Sonnenaufgang bis zum Sonnenuntergang dauert auf dem Merkur ein Merkurjahr und die vom Sonnenuntergang bis zum Sonnenaufgang ebenfalls ein Merkurjahr. Der Merkur ist jener Planet, der der Sonne nicht nur räumlich näher ist als jeder andere Planet, sondern auch derjenige, der ganz in der Beziehung zur Sonne aufgeht. Das zeigt sich auch an anderen Tatsachen. Merkur ist der einzige Planet, dessen Rotationsachse nicht gegen die Bahnebene geneigt ist. Dadurch stehen die verschiedenen Bereiche seiner Oberfläche während der Bewegung um die Sonne, abgesehen von den Unterschieden durch die größere und geringere Entfernung von der Sonne, unter einer immer gleichen Sonneneinstrahlung. Diese ist durch den geringen Abstand von der Sonne und eine außerordentlich dünne Atmosphäre (aus Helium) im Durchschnitt 6,3-mal intensiver als auf der Erde. Die Sonnenstrahlung wird durch das Merkurgestein stärker als bei anderen Planeten absorbiert. Der Anteil der reflektierten Strahlung beträgt nur 6% (Albedo = 0,06). So nimmt der Merkur 94% der starken Sonneneinstrahlung in seine feste Materie auf und erwärmt sich an einem Merkurtag auf 430°C. Während einer Merkurnacht strahlt der größte Teil der aufgenommenen Sonnenenergie bei der Abkühlung auf -170°C in die kosmische Umgebung hinaus. Das ist ein Wärmerhythmus mit einer Schwankung von 600°, d. h. ein unentwegtes Sich-Vereinigen mit der Sonne von großer Intensität. Was den Merkur kennzeichnet, ist seine lebendige, rhythmisch pulsierende Beziehung zur Sonne (siehe Seite 38f.) mit dem Charakter starker Hingabe an die Sonne.

Wenn nun in der zarten Blattanlage, die sich über dem Sproßscheitel zusammenbiegt, die siderische Gesetzmäßigkeit des Merkur wirksam wird, dann kommt das noch kleine Blatt in eine intensive Beziehung zur Sonne. Zunächst ist die Blattanlage nicht flächig, sondern zapfenförmig. Bei einer Länge von knapp einem Millimeter entfaltet sich dann nach beiden Seiten die Blattspreite. Das kleine Blättchen weitet sich in den Umkreis des Stengels und wendet sich hier ganz zur Sonne. Indem die Blattspreite größer wird, vereinigt sie sich immer stärker mit der Sonne so wie der Merkur am Merkurtag. Die Hingabe des Merkur an die Sonne hat ihr wohl eindrucksvollstes Abbild auf der Erde in den grünen Blättern der Pflanzen.

So manifestiert sich der Merkur mit seinem synodischen Rhythmus im Entstehen der Blattanlagen am Vegetationspunkt und in der Anordnung der Blätter in der ½- und ⅓-Stellung, mit seinem siderischen Rhythmus in der Entfaltung der Blätter, ihrer Hinwendung zur Sonne und ihrem Leben im Licht.

Wäre in der Blattbildung nur der synodische Sonnen-Merkur-

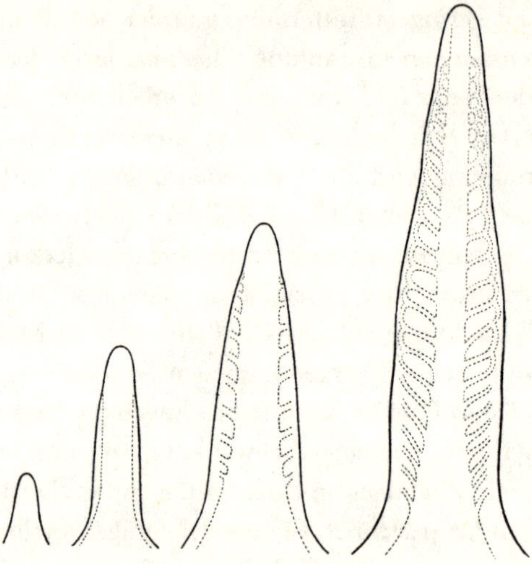

*Frühe Stadien der Blattentwicklung bei der Tabakpflanze (Nicotiana tabacum); vom zweiten Stadium an bildet sich die Blattspreite. Die Größe der Blattanlagen: 0,5 bis 4 mm. (Nach Avery aus Esau).*

Rhythmus wirksam, dann müßten die Blätter im Konjunktionsrhythmus nacheinander entstehen. Es würde sich wie bei der Paradiesvogelblume, einer Verwandten der Banane, alle zwei Monate ein Blatt bilden. Der zeitliche Abstand zwischen der Anlage von zwei aufeinanderfolgenden Blättern, das sogenannte Plastochron, ist aber bei fast allen Pflanzen wesentlich kürzer. Wenn eine Gesetzmäßigkeit sich in einem bestimmten Medium offenbart, dann kann das nur diesem Medium gemäß geschehen. Nun entwickelt sich der Pflanzensproß vor allem im Tagesrhythmus; am Tage wirken besonders die Formbildungsprozesse, in der Nacht vor allem das Stengelwachstum. Aber auch der synodische Mondrhythmus wirkt in der Sproßbildung (Abrami 1972). So entstehen die Blattanlagen bei den meisten Pflanzen in rascher Aufeinanderfolge, z. B. im Abstand von zwei Tagen. Beim Kalmus weist das Plastochron von sieben Tagen auf den

Zusammenhang mit dem Gang des Mondes. Und bei der Acker-Glockenblume ist die Blattbildung bei Neumond beschleunigt (Abrami 1972). Durch das Zusammenspiel verschiedener Rhythmen erscheinen die Blattbildungsrhythmen zunächst ziemlich unübersichtlich.

Im Entstehen der Blätter offenbart sich ein großer Naturzusammenhang; denn der Merkur prägt sich mit seinen Gesetzmäßigkeiten im Medium des Lebendigen und dessen Beziehung zur äußeren Natur aus. So wirkt im flächigen Sich-Ausweiten der Blätter und der immer feineren Aufgliederung der Blattadern bei den Dikotyledonen auch die Luft, mit der sich die Blattspreite in ihrem lockeren Gewebe durchdringt. In der Luft herrscht immer die Tendenz des Verströmens zum Umkreis. Und wie die Atmosphäre gegenüber der Sonne ganz offen ist, werden die Blätter durch ihre Verbindung mit den in der Luft wirkenden Kräften ganz vom Licht durchstrahlt. Dann dringen in die Blätter mit den Blattadern die aus der Erde stammenden Kräfte der Verdichtung und besonders das aus dem Erdboden durch die Wurzeln aufsteigende Wasser. Wir werden in einem der späteren Kapitel sehen, daß die Wurzel und das Wasser in der Pflanze bzw. im Irdischen die Repräsentanten des Mondes sind. So kommt man zu folgender Anschauung: Wie der Merkur im Bereich der Sonne und in ihren Rhythmus aufgenommen ist, in seinen Rhythmen aber den des Mondes enthält, so lebt das Blatt mit seinem lebendigen Gewebe ganz in der von der Sonne durchstrahlten Atmosphäre, während das aus der Wurzel emporsteigende Wasser in den Adern das Blatt gleichsam von innen her durchsetzt. Diesen Zusammenhang kann man auch anders ausdrücken: Wie der Merkur im Kosmos in sich den Sonnen- und Mondrhythmus vereinigt, so verbindet das Blatt das Kohlendioxid der Luft und das Licht der Sonne mit dem Wasser in seinem wichtigsten Lebensprozeß, der Assimilation zur lebendigen Substanz des Zuckers bzw. der Stärke, aus der letztlich alle anderen organischen Substanzen der Pflanze entstehen. Die Assimilation ist wie das Blatt die Manifestation des Merkur.

## *Die Bildung der Blütenhülle*

Der grüne Sproß der Kräuter entsteht aus den Rhythmen, die in der Blatt- und Stengelbildung wirken. Der fertige Sproß ist dann das geronnene Ergebnis eines immer wiederkehrenden Rhythmus: des Wechsels zwischen der Konzentration und Verdichtung in den Internodien des Stengels und der Ausweitung der Blätter in die durchlichtete Atmosphäre. Im Stengel ist die Pflanze in der vertikalen Orientierung und der Verdichtung des Gewebes mit den Gravitationskräften der Erde zu einer Einheit geworden; sie hat aber – vor allem in seiner grünen Farbe – den Zusammenhang mit der Sonne nicht verloren. In den Blättern geht sie mit ihrem Leben – wie der Merkur im Kosmos – ganz in der Hingabe an die Sonne auf. In die Blattbildung dringen aber auch die Kräfte der Erde hinein, vor allem, wenn der Blattstiel nach der Anlage der Blattspreite als dichtes Gebilde entsteht. Er ist die Fortsetzung der im Stengel wirkenden Kräfte im Blatt, wie sich in dem grünen Gewebe des Stengels die für das Blatt charakteristische Verbindung mit der Sonne auch im Stengel findet. Im Lebendigen ist das eine immer mit dem anderen verwoben.

Wenn nun in der weiteren Entwicklung Blüten entstehen, erhebt sich die Pflanze über die im Sproß wirkenden Gesetzmäßigkeiten. Sie gliedert sich anders als bisher in die Kräfte der Natur ein; und es werden neue Bildungsgesetze wirksam. Die Blüten entstehen aber nicht abrupt nach dem sprießenden Wachstum des Sprosses. Die Blütenbildung bereitet sich, wie Grohmann (1991, Bd. 1), Bockemühl (1964), Bünsow (1965) und Suchantke (1982) gezeigt haben, schon in den letzten Phasen der Sproßbildung vor. Die Blattbildung zieht sich im Kleinerwerden der Blätter zusammen. Der Blattstiel verschwindet in der Regel. Und so konzentriert sich die Blattbildung zum Stengel; sie wird einfach und weist bereits auf die Blüte hin.

So kommt die Pflanze in der Blütenbildung auch in einen stärkeren Zusammenhang mit den Rhythmen des Sonnenganges. Das vegetative Wachstum hat auf der Erde trotz aller Differenzierungen einen relativ einheitlichen Charakter. Soweit es die klimatischen Verhältnisse zulassen, bilden Pflanzen aus tropischen Gegenden auch in den gemäßigten Breiten Sprosse und Blätter. Ebenso verhält es sich z. B. mit mitteleuropäischen Pflanzenarten in den Tropen. Dort können sie aber vielfach keine Blüten bilden. Sie wachsen dann jahrelang ausschließlich vegetativ weiter. Sie gehen erst zum Blühen über, wenn die Tage deutlich länger werden als die Nächte, d. h. wenn die Sonne in der für die gemäßigten und nördlichen Breiten charakteristischen Weise mit ihrer sommerlichen Lichtfülle den Tag beherrscht (sog. Langtagpflanzen). Ebenso bilden die meisten tropischen Arten nur dann ihre Blüten, wenn der Tag und die Nacht in regelmäßigem, ziemlich gleichbleibendem Wechsel aufeinander folgen, d. h. wenn die Pflanze sich dem Sonnenrhythmus der Tropen oder Subtropen hingeben kann (sog. Kurztagpflanzen).

Es gibt allerdings auch Kräuter, die mit ihrem Blühen nicht an den Sonnenrhythmus der niederen oder höheren Breiten gebunden sind, also wie Sproß und Blätter mehr im allgemeinen Leben der Erde drinstehen. Die meisten dieser sogenannten tagneutralen Pflanzen bilden nur kleine Blüten (z. B. das Hirtentäschelkraut, das Einjährige Bingelkraut, das Kleinblütige Knopfkraut, das Kanadische Berufkraut und das Gemeine Kreuzkraut); sie bleiben also selbst noch im Blühen dem vegetativen Leben verhaftet. Auffallend viele dieser Pflanzenarten sind einjährige Kräuter (vgl. hierzu Seite 109ff.).

Die Pflanze verbindet sich bei der Verwandlung vom Sprießen zum Blühen nicht nur mit dem kosmischen Lichtrhythmus stärker, sondern auch mit der Wärme. Nur im Medium der Wärme können die Lebens- und Gestaltungskräfte ihre Tätigkeiten entfalten. Für das Entstehen der Blüten ist aber eine stärkere Durchwärmung jener zarten und bildsamen Bereiche, an denen nun die Organe der Blüte entstehen, erforderlich als für die Anlage des Stengels und der Blätter. Die Blütenbildung vollzieht sich im Medium einer gesteigerten Sonnenwirkung.

Demgegenüber treten die von der Erde ausgehenden Wirkungen

zurück. So gehen Pflanzen bekanntlich rascher zum Blühen über, wenn der Boden trockener und die das Sprießen fördernde Feuchtigkeit wie im Sommer geringer ist. Vor allem erlischt aber das Streckungswachstum. Zwischen den Blättern des Blütenkelches und der Blütenkrone entstehen keine Internodien. Die im Streckungswachstum nach oben drängenden Kräfte der Gravitation dringen nicht in den Bereich der Blüte ein. Die Blüte entsteht und bleibt ganz in jenem Bereich, den wir als Manifestation der Sonne kennengelernt haben (siehe Seite 31).

Auch in anderer Weise löst sich die Pflanze beim Übergehen zum Blühen aus der bisherigen Verbindung mit der Erde. Vor dem Blühen entwickeln sich am Zentralsproß aus den Achseln jener Blätter, in denen sich die Blütenbildung ankündigt, Seitentriebe. Sonst bilden sich an den Knoten in den Blattachseln normalerweise ruhende Knospen. Hier im oberen Teil des Sprosses treiben sie aus. Auf diese Weise entwickelt sich ein Blütenstand, an dessen Trieben, den sog. Paracladien, die Blüten entstehen. Nur wenige Kräuter sind einblütig, d. h. ohne das Sich-Ausweiten zum Blütenstand. Über die Seitentriebe schreibt Goethe in seiner Schrift *Die Metamorphose der Pflanzen*: «Das Auge [das ist die Knospe] besteht aus mehr oder weniger entwickelten Knoten und Blättern, welche den künftigen Wachstum verbreiten sollen. Die Seitenzweige also, welche aus den Knoten der Pflanzen entspringen, lassen sich als besondere Pflänzchen, welche ebenso auf dem Mutterkörper stehen, wie dieser an der Erde befestigt ist, betrachten» (Goethe 1975, S. 47). Die Blüten entstehen ihrem sonnenverwandten Wesen entsprechend an Pflanzenbildungen einer zweiten Stufe, die nicht mehr direkt mit der Erde verbunden sind wie der Zentralsproß. Wir werden in einem der folgenden Kapitel schildern, wie im Entstehen dieser Seitentriebe bereits obersonnige Planeten wirksam sind.

Um die Prinzipien, die in der Bildung der Blütenhülle wirken, kennenzulernen, ist es zweckmäßig, von der vollkommenen Form

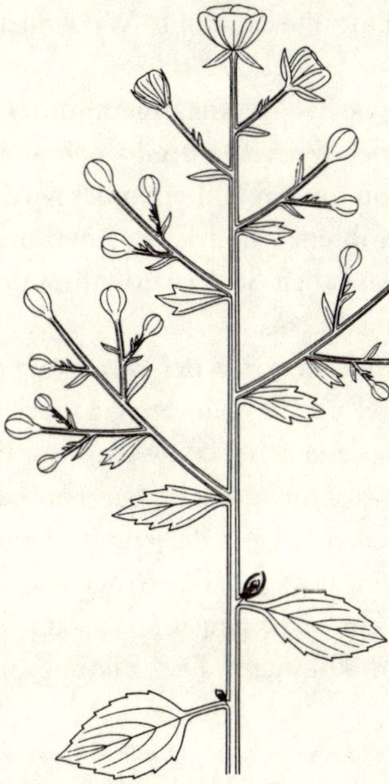

*Durch Entfaltung der Knospen in den Achseln der oberen Blätter entsteht die Rispe, der typische Blütenstand .(Aus Troll).*

der Blüten bei den Dikotyledonen auszugehen. Hier entsteht zunächst der grüne Kelch aus fünf einfachen Blättern, dann die ebenfalls fünfzählige farbige Blütenkrone. Im Kelch, der die Blütenorgane vor dem Aufblühen wie eine Knospe umschließt, klingt die Blattbildung des Sprosses aus. Die Blätter sind klein und einfach. Sie entstehen noch wie die Blätter des Sprosses nacheinander, allerdings in so rascher Folge, daß man bei flüchtiger Betrachtung meinen könnte, der Rhythmus des Entstehens sei bereits ganz erloschen wie bei den fünf Kronblättern. Es wird an der Fünfzahl und dem Ausklingen des Rhythmus deutlich, daß im Entstehen des Kelches und der Blütenkrone eine andere Gesetzmäßigkeit als die des Merkur zu herrschen beginnt. Es ist die der Venus. Wir wollen das im einzelnen betrachten.

Die Venus gehört wie der Merkur zum unmittelbaren Umkreis der Sonne, aber in anderer Weise. Sie begibt sich wohl wie der Merkur nach der Konjunktion mit der Sonne immer wieder in den Sonnen-Umkreis hinaus; mit ihrem synodischen Rhythmus von 1 3/5 Jahren übergreift sie aber den Erden-Sonnen-Rhythmus des Jahres. Das hat eine bedeutende Konsequenz.

In der Pflanze manifestiert sich der Jahresgang der Sonne in dem aufstrebenden Stengel und den im Stengel nach oben dringenden Gravitationskräften (siehe Seite 32). Wenn nun der Rhythmus der Venus weit über das Jahr hinausreicht, dann entfaltet die Venus ihre Gesetzmäßigkeit in einer Region, die jenseits der im Stengel wirkenden Gravitationskräfte liegt. In diesen Bereich dringen die Gravitationskräfte also nicht mehr ein; und so kann es hier zu keinem Streckungswachstum kommen. Die Bildungsprozesse vollziehen

*(a) Im Verlauf einer synodischen Venus-Periode mit zwei oberen (I, II) und der dazwischen liegenden unteren Konjunktion (2) tritt die Venus einmal langsam in östlicher Richtung (--→), einmal rasch in westlicher Richtung (⟶) in den Sonnenumkreis.*

*(b) Im achtjährigen Venus-Sonnenzyklus begibt sich die Venus nach den fünf oberen Konjunktionen fünfmal (I, II, III, IV, V) langsam in östlicher, nach den folgenden unteren Konjunktionen fünfmal (1, 2, 3, 4, 5) rasch in westlicher Richtung in die Umgebung der Sonne.*

*(c) Die Sonne ist mit ihren fünf Stellungen der vorigen Zeichnung (b) in der Erde konzentriert dargestellt; denn in der Pflanze ist die von der Sonne ausgehende Gestaltung im Sproß an die Erde gebunden. Die Richtungen, in denen die Venus sich nach den fünf oberen und fünf unteren Konjunktionen von der Sonne entfernt, sind wie in (b) gezeichnet.*

*(d) In der doppelten Blütenhülle der zweikeimblättrigen Pflanzen erscheint im Kelch das Abbild des schnelleren Hinaustretens der Venus in den Sonnen-Umkreis nach den unteren Konjunktionen, in den fünf Blütenblättern das Abbild des viel langsameren Sich-Entfernens der Venus von der Sonne nach den oberen Konjunktionen. (U. W.)*

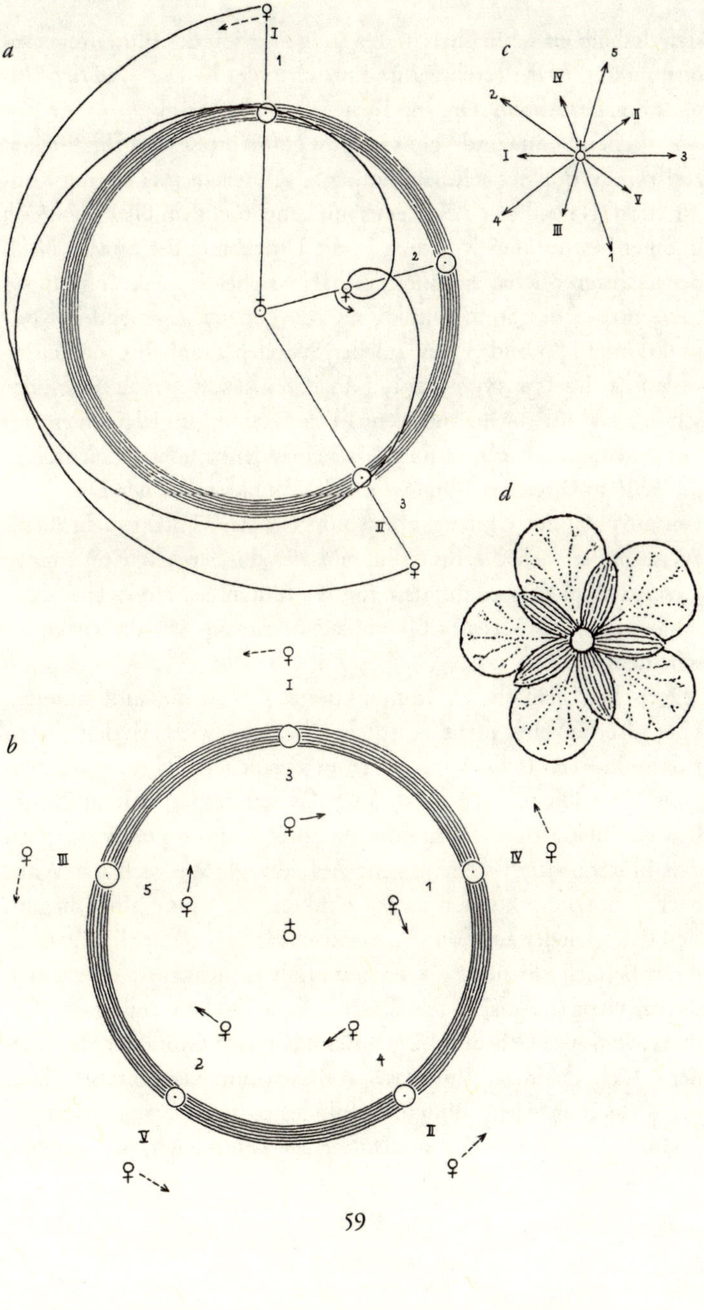
a
I
1
2
3
II
c
5
IV
2
II
I
3
V
4
III
1
d
b
I
3
III
IV
5
1
2
4
V
II

sich deshalb ausschließlich in der Sonnenregion des Blütenvegetationspunktes.[14] Hier erscheint im Entstehen des Kelches und der Blütenkrone ein Abbild der synodischen Venusbewegung.

Zwischen Sonne und Venus kommt es mit großer Regelmäßigkeit zu Konjunktionen (siehe Abbildung S. 59). Nach einer oberen Konjunktion (I) begibt sich die Venus mit zunehmendem Glanz langsam in einer bestimmten Richtung in die Umgebung der Sonne. Nach der nächsten oberen Konjunktion (II) weicht die Richtung um 3/5 bzw. um 2/5 des Sonnenumkreises von der vorhergehenden Konjunktion ab. So bilden fünf solcher Synoden ziemlich genau einen vollen Zyklus (5 x 583,9 = 2919,5 Tage, 8 x 365,25 = 2922 Tage), das schon erwähnte sogenannte Venus-Pentagramm. Im Kleinen entstehen genau so, allerdings nicht nacheinander, sondern gleichzeitig, die Blütenblätter am Blütenvegetationspunkt mit einer Divergenz von 216° (3/5 des Umfangs) bzw. 144° (2/5 des Umfangs). In dieser Weise bilden sich die fünf Blütenblätter. Es herrscht eine strenge Gesetzmäßigkeit, weil mit dem fünften Blütenblatt ein Zyklus abgeschlossen ist; ein sechstes Blütenblatt müßte am Ort des ersten erscheinen.

Zwischen den oberen Konjunktionen liegen die fünf unteren. Hier tritt die Venus nicht in östlicher Richtung wie nach den oberen Konjunktionen (I bis V), sondern in westlicher Richtung aus dem Sonnenbereich heraus (1 bis 5). Auch das manifestiert sich im Entstehen von blattartigen Bildungen, die ihrer Richtung nach zwischen den Blütenblättern stehen (siehe Abbildung). Wie sich die Venus nach den Konjunktionen in den Umkreis der Sonne hinausbegibt, sich dann wieder zur Sonne zurückwendet und schließlich ganz in ihren Bereich zur nächsten Konjunktion zurückkehrt, so wachsen die blattartigen Anlagen der Blütenhülle in die Umgebung des Blütenvegetationskegels und biegen sich bei ihrem Größerwerden wieder zurück. Da in der Blüte das Sproßwachstum erloschen ist, schließen sie sich über dem Blütenzentrum als Blütenknospe zusammen.

Um zu einer klaren Anschauung zu kommen, muß man die

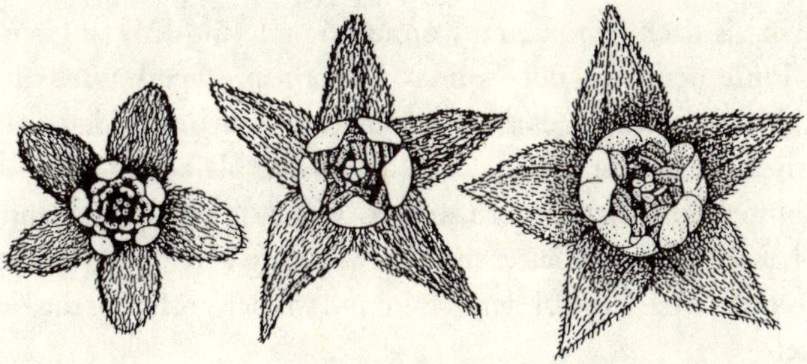

*Blütenknospen des Apfelbaums (Durchmesser 1,3 bis 1,8 mm). Die Kelchblätter sind auseinandergefaltet. Die Blütenblätter entwickeln sich viel langsamer als die Kelchblätter (aus Zeller).*

Unterschiede zwischen den Verhältnissen bei den oberen und unteren Konjunktionen ins Auge fassen. Bei den oberen Konjunktionen befindet sich die Venus im Raum jenseits der Sonne und ist weit von der Erde entfernt. Bei den unteren Konjunktionen ist sie im Raum zwischen Sonne und Erde, d. h. der Erde besonders nah. So werden jene blattartigen Bildungen, die als Abbild der Venusbewegung nach den unteren Konjunktionen entstehen, am Blütenvegetationspunkt der Erde näher sein, d. h. tiefer stehen als die, die der Venus nach den oberen Konjunktionen entsprechen. Außerdem entfernt sich die Venus nach den unteren Konjunktionen viel rascher von der Sonne als nach den oberen und ist in dieser Dynamik dem Merkur verwandt. Durch diese Nähe zum Merkur und die tiefere, an den Sproß angrenzende Stellung sind die Blätter durchaus einfach wie die Blütenblätter, aber in ihrer grünen Farbe den Blättern des Sprosses ähnlich. Sie bilden zusammen den Kelch.

Für die Bildung der Blütenhülle ist auch die unterschiedliche Bewegungsdynamik der Venus nach den unteren und nach den oberen Konjunktionen von Bedeutung: das eben erwähnte schnellere Sich-Hinausbegeben in den Sonnenumkreis nach den unteren Konjunktionen, bei dem die Venus in kürzerer Zeit die maximale Entfernung erreicht als nach den oberen Konjunktionen mit dem langsameren Sich-Entfernen von der Sonne. Dementsprechend wachsen die Kelchblätter schneller als die Blütenblätter heran und bilden gemeinsam die Blütenknospenhülle. Die Kronblätter bleiben zunächst deutlich hinter den Kelchblättern zurück. Wenn sich die Blüte dann öffnet, haben die Kelchblätter ihre Entwicklung bereits abgeschlossen. Nun entfalten sich die Blütenblätter und werden größer als die Kelchblätter.

Gegenüber dem Kelch weiten sich die Blütenblätter stark zur Umgebung aus. An ihrer zarten Konsistenz erlebt man, daß sich alles Dichte, das in den Blättern des Sprosses vorhanden ist, aufgelöst hat. Hier wirken Eigenschaften der Venus, die wir bisher noch nicht berücksichtigt haben. Die Venus ist jener Planet, der das Licht der Sonne stärker als die anderen Planeten an seiner gelblichen Wolkenhülle reflektiert. Im Gegensatz zum Merkur nimmt sie die intensive Sonnenstrahlung nur in geringem Umfang auf. Sie weist sie im Erglänzen zu etwas mehr als 75 Prozent zurück (Albedo 0.76). Was aber die dichte und mächtige Wolkenhülle durchdringt, führt zu einer intensiven Erwärmung und Erhitzung der Atmosphäre (96 % Kohlendioxid, d. h. starker Treibhauseffekt, 4 % Stickstoff) bis auf 460°. Diese Wärme schwankt kaum im Laufe eines Venustages (117 Erdentage), auch nicht zwischen den äquatorialen und polaren Regionen. Die Atmosphäre ist also hochgradig sulfurisiert. Die Venus gibt sich nicht an die Sonne hin, sondern nimmt deren Kräfte ganz in ihr Eigendasein auf. So findet man in ihrer Atmosphäre auch jene Substanz, die die tiefste und differenzierteste Beziehung zur Wärme hat, den Schwefel. Die Atmosphäre enthält Schwefeldioxid und Schwefel; die mächtige Wolkenhülle zwischen 47 und 65 Kilometer Höhe besteht aus feinen Schwefelsäuretröpfchen.

Indem sich die Venus im Entstehen der Blütenblätter manifestiert, wirken hier auch die eben genannten Eigenschaften. So geben sich die Blütenblätter nicht wie die grünen Blätter an die Sonne hin und entfalten auch nicht wie diese in der Vereinigung

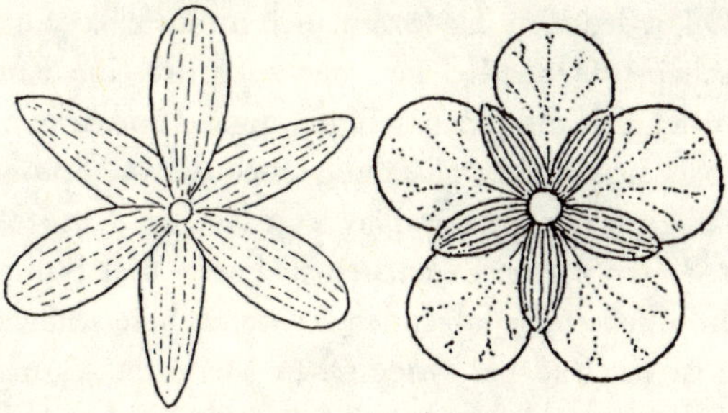

*Blütenhülle einer Tulpe (Tulipa) von oben und eines Hahnenfußes (Ranunculus) von unten.*

mit dem Licht ihr Leben (keine Assimilation). Sie erglänzen farbig im Licht. Die Sulfurisierung läßt das Gewebe ganz locker werden. Sie führt vor allem auch zur Bildung von etherischen Ölen, die reich an gebundener Wärme sind und deshalb leicht verdunsten und entflammen.

Damit haben wir eine Grundlage, um auch die Blüten der einkeimblättrigen Pflanzen zu verstehen. Diese Blüten, die man besonders von den Liliengewächsen kennt, sind in verschiedener Hinsicht einfacher und unvollkommener. Die Blütenblätter sind alle im Knospenzustand grün wie bei den Blüten der zweikeimblättrigen Pflanzen die Kelchblätter. Beim Aufblühen werden sie größer und farbig. So fehlt den Blüten die Gliederung in Kelch und Krone. Die Blütenblätter sind meistens schmal und in ihrer Struktur den Kelchblättern der Dikotyledonenblüten ähnlich. Die Konsistenz ist häufig ziemlich grob. Es kommt nur selten zu jener Verfeinerung der Substanz und Ausweitung der Form wie in den Blüten des Hahnenfußes, des Storchschnabels oder der Rose. So ist man immer wieder über die Derbheit der Blütenblätter von Lilien, Hyazinthen oder des Blausterns überrascht. Durch diese Eigenschaften stehen die Blütenblätter denen des Sprosses viel näher als bei den Dikotyledonen. Sie folgen auch unmittelbar auf diese ohne die Zwischenstufe des Kelches, der zunächst eine Knospenhülle bildet, in der sich die inneren Blütenorgane entwickeln. Die Blüten erheben sich nicht vollständig über die im Sproß wirkende Gesetzmäßigkeit des Merkur. Das zeigt sich am deutlichsten in der Zahl der Blütenblätter: Es entstehen jeweils drei Blütenblätter in zwei dicht aufeinander folgenden Kreisen. Diese sechszählige Blütenkrone ist ein Bild der synodischen Merkurbewegung: Wie der Merkur bei seinem Gang mit der Sonne durch den Tierkreis nach den Konjunktionen sechsmal in die Umgebung der Sonne hinaustritt, entstehen aus der Blütenachse die sechs Blütenblätter. Nach den drei oberen Konjunktionen steht der Merkur hinter der Sonne und bewegt sich nur relativ langsam aus dem Sonnenbereich heraus; bei den drei unteren Konjunktionen ist er der Erde viel näher und strebt rasch in den Sonnenumkreis hinaus. Dementsprechend gehen drei Blütenblätter etwas tiefer, d.h. der Erde genähert, drei etwas höher aus der Blütenachse hervor. Die drei inneren (höheren) Blütenblätter weiten sich auch stärker zur Umgebung als die drei äußeren (tieferen). Das ist ein Anklang an den Unterschied von Kelch und Blütenkrone der Dikotyledonenblüte.

Durch die geringe Entfernung von der Sonne befindet sich der Merkur bei der oberen Konjunktion nicht so weit jenseits der Sonne wie die Venus, und bei der unteren Konjunktion nähert er sich nicht so stark der Erde. So ist auch der Unterschied zwischen den Blütenblättern des äußeren und des inneren Kreises viel geringer als bei den zweikeimblättrigen Pflanzen mit ihrem deutlichen Gegensatz von grünem Kelch und farbiger Blütenkrone.

Die Metamorphose der sprießenden Pflanze in die blühende vollzieht sich bei den einkeimblättrigen Pflanzen nur unvollkommen. So wirken noch in der Blütenbildung die für den grünen Sproß charakteristischen Prinzipien des Merkur. Dadurch steht die Blütenbildung auf einem niedrigeren Niveau als bei den fünfzähligen Blüten mit der doppelten Blütenhülle aus Kelch und Krone.

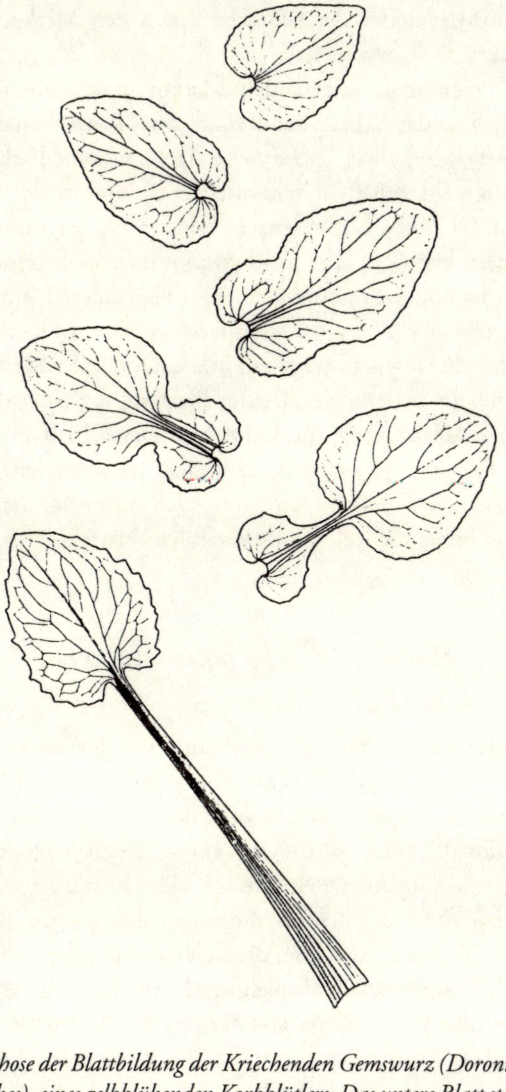

*Metamorphose der Blattbildung der Kriechenden Gemswurz (Doronicum pardalianches), eines gelbblühenden Korbblütlers. Das untere Blatt stammt aus der Blattrosette, die folgenden vom Stengel .(Siehe Text S. 66, aus Troll).*

Der Venus-Charakter der Blüte ist durch den Merkur gleichsam verschleiert.

Diese Phänomene zeigen, daß Merkur und Venus im Kosmos nicht voneinander isoliert, sondern in ihren Rhythmen eng miteinander verflochten sind (siehe Seite 43). Der synodische Merkur-Rhythmus wird von dem synodischen Rhythmus der Venus umschlossen. So können sie in verschiedener Weise zusammenklingen. Der Merkur kann mit seinem Rhythmus intensiv in dem der Venus zur Geltung kommen und diesen sogar übertönen. Dann entstehen die sechszähligen Blüten der Monokotyledonen. Es kann aber auch umgekehrt die Venus zunehmend in die Region des Merkur hineinwirken. Dann verwandelt sich die Blattbildung nach dem Höhepunkt der Ausdehnung zur Blüte hin. Das Oberblatt bildet sich zurück. Es vereinigt sich mit dem sich ausweitenden Blattgrund (Unterblatt). Schließlich bleibt nur noch dieser vom ganzen Blatt übrig und bildet die Kelch- und die Blütenblätter.

## *Stempel – Staubgefäße – Bestäubung*

In der Blütenkrone hat sich die Pflanze weitgehend von den irdischen Einflüssen losgelöst. Und so offenbart sich ihre innere Beziehung zum Kosmos in der Hingabe der Blüten an die Sonne. Im Innenraum der Blüte entstehen dann mit den Staubgefäßen und dem Stempel Organe, deren Formen sich viel stärker von den Blütenblättern unterscheiden als diese von den grünen Blättern des Sprosses. Die Metamorphose, die sich zwischen den Blütenblättern und den Staubgefäßen abspielt und zur Bildung des Stempels führt, ist offensichtlich von anderer Art und Intensität als die vorangehenden Verwandlungsprozesse. Es besteht auch eine andere Beziehung zwischen den Staubgefäßen und dem Stempel als zwischen den Blättern des Sprosses und denen der Blütenhülle. Diese

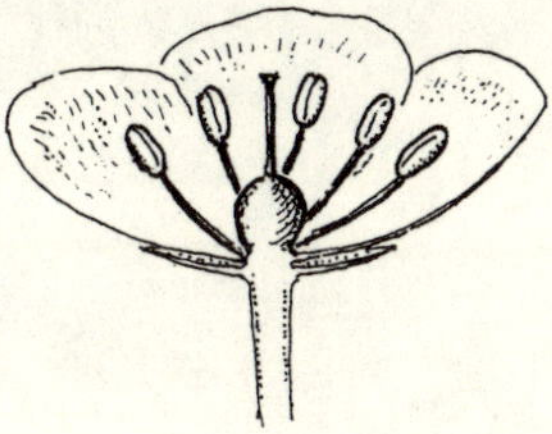

*Blüte mit Staubgefäßen und Stempel. Mit der Bildung des Stempels im Zentrum der Blüte kommt die aufsteigende Entwicklung der Pflanze zum Abschluß. Der Stempel wird von dem Kreis der Staubgefäße umgeben.*

sind gegenüber den vorangehenden Blättern verfeinerte Bildungen. Staubgefäße und Stempel sind aber in ihren Formen gegensätzliche Organe. Die Staubgefäße streben durch die Staubfäden mit ihren Staubbeuteln und besonders mit dem Blütenstaub über den Sproß bzw. die Pflanze hinaus. Der Stempel wendet sich mit der Narbe empfangend zum umgebenden Raum und ist unten im Fruchtknoten ganz in sich zentriert. Die Formgebärde der Staubgefäße ist im höchsten Maße zentrifugal, die des Stempels zentripetal. Im Blüteninneren kommt es also zu einer Polarisierung. Und wie überall die gegensätzlichen Pole aufeinander bezogen sind, so auch die Staubgefäße und der Stempel. Die Staubgefäße tendieren zur Bestäubung und Befruchtung des Stempels, und die Entwicklung des Fruchtknotens zur Frucht bedarf der Bestäubung. Es ist durchaus richtig, die Staubgefäße als metamorphosierte Blätter zu betrachten. Was durch diesen Verwandlungsprozeß entsteht, hat aber seinem Wesen nach kaum einen Zusammenhang mit der Blütenkrone, wohl aber mit den letzten Stufen der Entwicklung, mit der Frucht- und Samenbildung. Das alles weist darauf hin, daß man mit den Organen des Blüteninneren in eine neue Dimension der Pflanzenbildung kommt.

In jenen Blütenständen, in denen die Triebe in einer Blüte enden (geschlossene Blütenstände), bildet der Stempel an der Spitze der

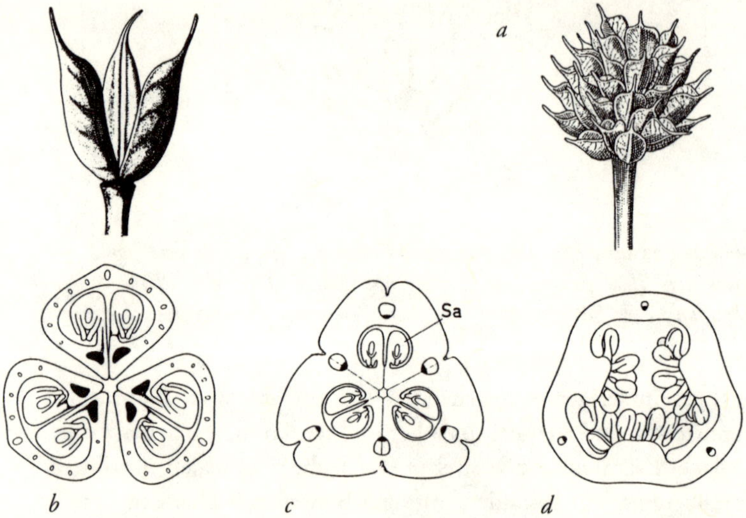


*Verschiedene Grade des Verwachsens von Fruchtblättern zum Fruchtknoten. a. Bei der Trollblume (Trollius europaeus) entsteht wie bei anderen Hahnenfußgewächsen und manchen Rosengewächsen aus jedem Fruchtblatt ein kleiner Fruchtknoten mit je einer Samenanlage; b. Hoher Rittersporn (Delphinium elatum). Drei Fruchtblätter bilden drei Balgfrüchte mit mehreren Samenkörnern; c. drei Fruchtblätter haben sich wie bei der Weißen Lilie (Lilium candidum) zu einem (coenokarpen) Fruchtknoten mit drei Fächern zusammengeschlossen; d. drei Fruchtblätter bilden bei der Passionsblume (Passiflora) einen (parakarpen) Fruchtknoten mit einem einheitlichen Innenraum. (Aus Weberling.)*

Blütenachse den Abschluß des Sprosses. So weisen Stempel und Staubgefäße deutlich über die Sonnenregion der Blüte hinaus.

Die meisten Pflanzen bilden im Blütenzentrum nur einen Stempel. In ihm schließen sich im allgemeinen mehrere Fruchtblätter zu einem einheitlichen Organ zusammen (synkarpes Gynoeceum). Bei einer Reihe von Pflanzen, z. B. bei vielen Hahnenfußgewächsen und manchen Rosengewächsen, entsteht jedoch aus jedem Fruchtblatt für sich

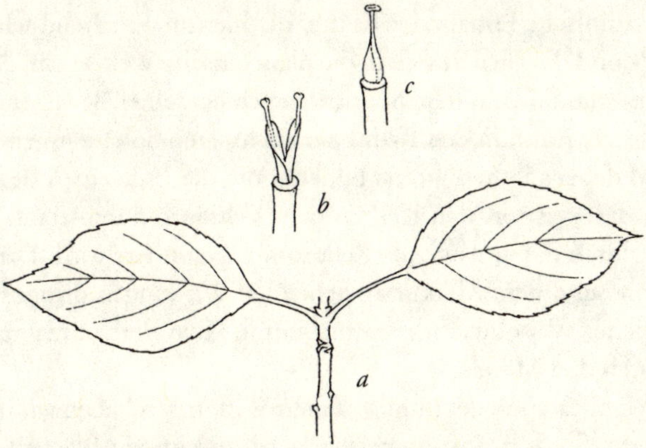


*Die Umgestaltung von Blättern (a) zum Stempel mit dem Fruchtknoten (c) vollzieht sich, indem sich die Bätter aus ihrer Verbindung mit der Atmosphäre und der Sonne absondern und einen von der Sonne isolierten Eigenraum bilden. In diesem entwickeln sich dann die Samenkörner. Das Zwischenstadium einer unvollkommenen Metamorphose (b) veranschaulicht, wie die Blattbildung von Kräften der zusammenziehenden Absonderung ergriffen wird. (Zum Teil nach Rauh).*

eine Art Stempel (apokarpes Gynoeceum). Deshalb findet man hier mehrere, bisweilen sogar viele einzelne, in sich abgeschlossene Fruchtblätter locker nebeneinander. Der untere rundliche Teil des Stempels, der Fruchtknoten, umschließt die Samenanlagen. Bei seiner Bildung werden Blätter, die sich ihrem Wesen nach im Luftraum ausbreiten und sich der Sonne zuwenden würden, von vornherein zur Umhüllung eines Innenraumes zusammengeschlossen. In dieser Zusammenziehung, einer sogenannten kongenitalen Verwachsung, sondert sich die Pflanze weitgehend aus ihrem Zusammenhang mit der Sonne ab. Indem der Fruchtknoten entsteht, werden die in der normalen Blattbildung wirkenden, mit der Sonne so eng verbundenen Kräfte von anderen Bildekräften[15] ergriffen, die sie in diese Absonderung hineinführen.

Das kosmische Prinzip der Kräfte, die hier umgestaltend wirken, ist der Mond. Er gliedert sich in die planetarische Welt so ein, daß er das Licht, das ihm aus dem Sonnenbereich bei seiner Bewegung um die Erde zuströmt, in den Raum der sublunaren Sphäre hineinspiegelt und dabei abschwächt. So bildet er um die Erde einen Bereich, in dem das, was sonst an Kräften den Weltraum durchstrahlt, von diesem durch die umlaufende Reflexion abgesondert wird. Die von der Sonne und dem Merkur ausgehenden Wirkungen dringen also in doppelter Weise zur Erde: einmal unmittelbar und einmal reflektiert durch den Mond.

Die Manifestation der unmittelbaren Wirkungen haben wir in der Anlage des Sprosses am Vegetationskegel und in den Blättern kennengelernt. In die durch den Mond vermittelten Wirkungen erhält man Einblick, wenn man sich folgende Vorstellungen bildet. Am Sproßende gliedern sich Blattanlagen aus; diese entfalten und weiten sich aber nicht bis zu ihrer Verbindung mit der Sonne, sondern werden bei der Entstehung durch den Mond umgestaltet. Dadurch werden sie entgegen ihrer Natur aus dem Zusammenhang mit der Sonne abgesondert; sie schließen sich zusammen und bilden einen isolierten Raum wie die durch den Mond immer neu entstehende Sphäre gespiegelter Sonnen- und Merkurwirkung. So erscheint der Fruchtknoten als die vom Mond zum Eigenraum abgesonderte Sonnen-Merkur-Wirkung.

Nun steht der Mond, wenn er die aus dem Sonnenbereich stammenden Wirkungen in die sublunare Sphäre reflektiert, immer auch zu seinem kosmischen Umkreis in Beziehung. Auch das manifestiert sich im Fruchtknoten, zum Beispiel in seiner grünen Farbe. Durch das grüne Chlorophyll nimmt der Fruchtknoten das von der Sonne zuströmende Licht auf.

Bei der geschilderten Umbildung entsteht der Fruchtknoten nur aus einem Teil der Blattanlagen. Die Spitzen der Blattanlagen werden zum Griffel und der Narbe bzw. den Narbenschenkeln, das heißt zu einer Bildung, die im Gegensatz zum Fruchtknoten in die von der

Sonne durchstrahlte Atmosphäre hinaufstrebt. Hier zeigt sich wie in der grünen Farbe des Fruchtknotens, daß sich die dem Mond entsprechende Bildung des Stempels nicht nur von ihrer Umgebung absondert, sondern mit ihr auch verbunden ist. Der Innenraum des Fruchtknotens ist Abbild der sublunaren Sphäre, das heißt des von der Mondbahn umschlossenen Raumes; die grüne Farbe des Fruchtknotens und der Griffel zeigen, wie sich die Sphäre des Mondes in den umgebenden Kosmos eingliedert. An der Narbe öffnet sich die Pflanze in einem zarten Gewebe zur Umgebung: Sie empfängt aus der Weite des Raumes durch den Wind oder durch Insekten den Blütenstaub und läßt den Inhalt der Pollenkörner in einem besonderen Gewebe (dem stigmatoiden Gewebe) durch den Griffel bis zu den Samenanlagen im Inneren des Fruchtknotens hinunterdringen.

Am Blütenvegetationspunkt entstehen in einem Kreis um die Anlage des Stempels die Anlagen der Staubgefäße. Sie sind nicht flächig wie die der Blütenblätter, sondern rund. Zunächst entwickeln sich nur die Staubbeutel. In ihrem Innern zerfällt dann das Gewebe, indem sich der lebendige Zusammenhang durch starke Verdichtung der Zellwände auflöst. Was sich hier abspielt, ist ein intensives Ausdörren und damit verbunden ein Verdichten lebendiger Substanz. Auf diese Weise entstehen die dauerhaften Wände der Pollenkörner. Beim Aufblühen entwickeln sich dann die Staubfäden und tragen die Staubbeutel in den Raum hinauf. Dort öffnen sich diese unter dem Einfluß der trockenen Wärme und entlassen den Blütenstaub in die Weite des Raumes.

Auch wenn die Anlagen der Staubgefäße ähnlich wie die Blütenblätter am Blütenvegetationspunkt hervortreten, so wirken in ihnen ganz andere Kräfte. Sie äußern sich in den charakteristischen Phasen: dem Entstehen der Staubbeutel, dem Hinaufgetragenwerden in den Raum, dem Verstäuben, der Vereinigung der Pollenkörner mit der Narbe und schließlich dem Hinunterdringen des Polleninhaltes in den Mondbereich des Fruchtknotens – also in einem stark dynamischen Geschehen.

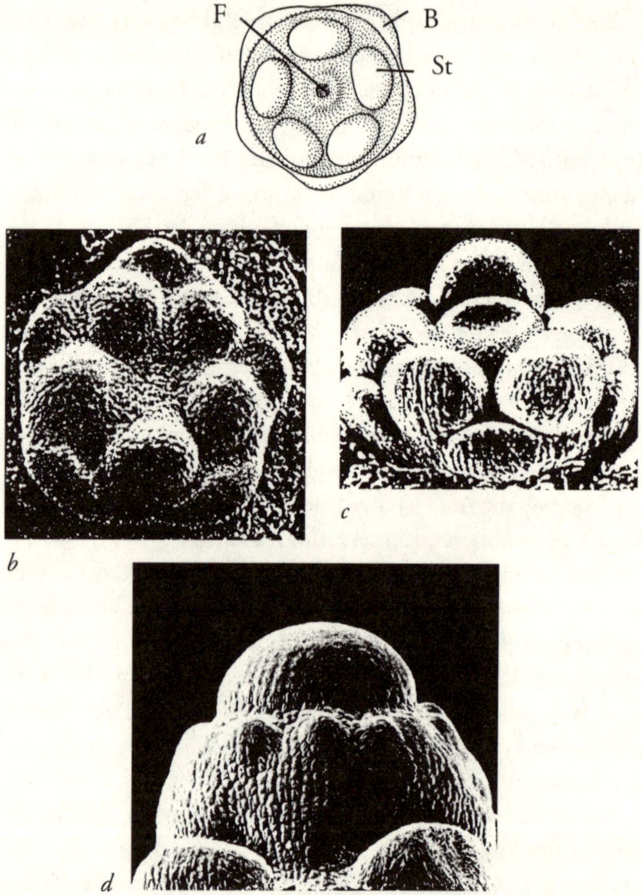


*Frühe Stadien der Entwicklung von Staubgefäßen:*
*a. junge Blütenanlage von oben (B - Anlage der Blütenblätter, St - Anlage der Staubbeutel, F - Anlage des Fruchtknotens; aus Weberling). b und c: Das Hervortreten der Staubbeutel in den Blütenanlagen von zwei verschiedenen Blütenpflanzen (aus Rohweder/Endress). d: zwischen der Anlage der Blütenblätter und des Fruchtknotens erscheinen die Anlagen der Staubgefäße (aus Weberling).*

Zu einer Deutung dieser Phänomene gelangt man, wenn man den Blick über das Gebiet der sonnennahen in das der obersonnigen Planeten ausweitet. Die obersonnigen Planeten kommen nie in den Raum zwischen Sonne und Erde. Sie umgreifen mit der Weite ihrer Bahnen Erde und Sonne (siehe Abbildung Seite 84). Der der Erde nächste dieser Planeten ist der Mars – der dynamischste aller Planeten. Ihn müssen wir nun genauer betrachten.

Sein synodischer Zyklus umfaßt mit durchschnittlich 780 Tagen mehr als zwei Jahre. Zur Zeit der Konjunktion mit der Sonne ist Mars sechs bis sieben Monate, also auffallend lange, unsichtbar. Wenn dann der Mars westlich von der Sonne am Morgenhimmel erscheint und sich immer weiter von ihr entfernt, ist das ein ganz anderer Prozeß als bei Merkur und Venus das Hineintreten in den Sonnenumkreis; denn dadurch, daß der Mars sich langsamer als die Sonne durch den Tierkreis bewegt, entfernt sich die Sonne vom Mars. Zunächst ist der Mars unter den Sternen eine ganz unbedeutende Erscheinung. Dann steigert sich seine Helligkeit bis zu einem intensiven rötlichen Glanz bei der Opposition. Nun ist er der hellste Stern des Nachthimmels; die noch heller glänzende Venus ist schon unter- oder noch nicht aufgegangen. In den Monaten bis zur Opposition hat sich der Mars aus der Tiefe des Raumes hinter der Sonne stark der Mondsphäre und der Erde angenähert. Er befindet sich als obersonniger Planet nun sogar innerhalb des von der Sonnenbahn umschriebenen Raumes. Dann entfernt er sich wieder weit in den kosmischen Raum und ist dort bei der Konjunktion mit der Sonne siebenmal so weit von der Erde entfernt wie bei der Opposition. Ein Jahr ist also ein intensives Sich-Hinausbegeben in die Tiefe des Raumes, das zweite Jahr ein ebenso starkes Sich-Annähern an Mond und Erde. In diesem mächtigen Rhythmus ist Mars ein Vermittler zwischen der Sonnensphäre (dem von der Sonnenbahn umgrenzten Raum) und dem jenseits dieser Sphäre liegenden Weltbereich.

Durch den etwa zweijährigen synodischen Rhythmus hat der Mars

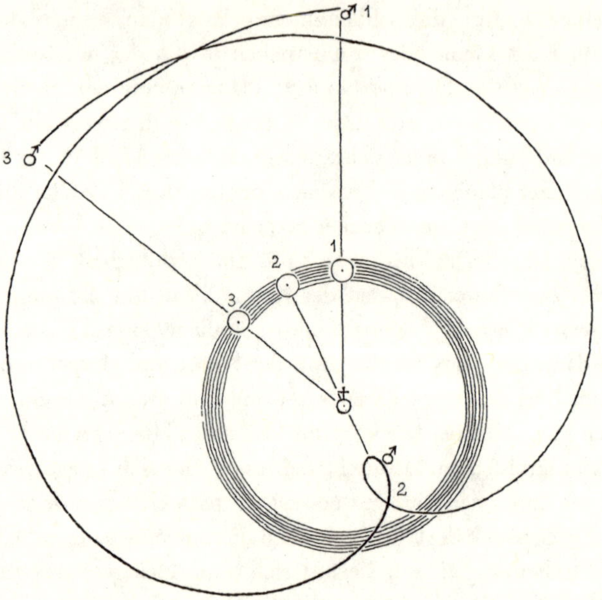


*Der Mars hat von allen Planeten den längsten synodischen Zyklus mit durchschnittlich 2 Jahren und 50 Tagen (1 → 3). In etwas mehr als einem Jahr begibt er sich zur Sonne in Opposition (1 → 2). Hierbei dringt er tief in die Sonnensphäre hinein. In der 2. Hälfte des synodischen Umlaufs entfernt er sich wieder von der Erde bis zur nächsten Konjunktion mit der Sonne (2 → 3). (U. W.)*

eine deutliche Beziehung zum Erd-Sonnen-Rhythmus des Jahres. Der enge Zusammenhang mit der Sonne spricht sich aber auch in dem knapp zweijährigen siderischen Rhythmus von 687 Tagen (2 Jahre minus 43 Tage) aus.

Der Mars selbst ist an seiner Oberfläche weitgehend eine trockene Wüste aus rötlich-braunem Sand, Staub und Gestein mit einem auffallend hohen Eisengehalt (12 bis 16 %). Um die Pole sind weite Flächen mit Eis bedeckt. Auf der nördlichen Hemisphäre erhebt sich eine Reihe gewaltiger Vulkane über das normale Niveau, unter ihnen der knapp 30 km hohe Olympus Mons, der höchste Berg unseres Planetensystems. Dann hat man mächtige Talsysteme entdeckt, in denen große Wassermassen geflossen sein müssen, und in der Umgebung von Kratern Bodenstrukturen, die offensichtlich auf fließenden Schlamm zurückgehen. Heute gibt es aber kein fließendes Wasser auf dem Mars. In der dünnen Atmosphäre kommt es allerdings zu Wolkenbildungen. Der Mars ist also nicht nur ein trockener, sondern ein ausgedörrter Planet.

Bei seiner Bewegung um die Sonne nähert sich der Mars auf seiner stark exzentrischen Bahnellipse von dem sonnenfernen Punkt (Aphel) knapp ein Jahr der Sonne an bis zum sonnennächsten Punkt (Perihel). Durch die starke Neigung der Rotationsachse von 25,1° kommt es in Sonnennähe auf der der Sonne zugewandten Hemisphäre zu einer starken Erwärmung der Atmosphäre mit ihrem hohen Gehalt an Kohlendioxid (95,3 % Kohlendioxid, 2,7 % Stickstoff). Das führt zu heftigen Stürmen, die den Sand und Staub bis 40 Kilometer in die Höhe emportragen. Der Sandsturm kann so gewaltig werden, daß er den ganzen Planeten umhüllt. Erst nach Wochen und Monaten sinkt der Staub wieder auf die Oberfläche zurück. Es bleibt aber immer ein Rest in der Atmosphäre, so daß der Himmel durch die Trübung eine rötliche Färbung hat.

Dieser dynamische Charakter des Mars prägt sich mit seinen verschiedenen Gesetzmäßigkeiten in der Bildung der Staubgefäße und in der Verstäubung aus. Die Staubgefäße entstehen am Vegetationskegel oberhalb der Blütenblätter, das heißt über jenem Bereich, der der Venus bei ihren oberen Konjunktionen entspricht. Die Anzahl der rundlich sich hervorwölbenden Anlagen stimmt vielfach mit der der Blütenblätter überein; in den Blüten der zweikeimblättrigen Pflanzen sind es häufig fünf oder zehn. In diesen Zahlen setzt sich die Gesetzmäßigkeit der Venus in die Region der Staubgefäße fort. Das ist durchaus verständlich. Als obersonniger Planet bewegt sich der Mars nicht wie Merkur und Venus im Umkreis der Sonne;

er löst sich bei seinem synodischen Rhythmus ganz von der Sonne und tritt zu ihr in Opposition. Er hat nicht jene enge Verbindung mit dem Erd-Sonnen-Rhythmus wie die zwei sonnennahen Planeten und kann sich deshalb nicht unmittelbar am Vegetationskegel manifestieren. So prägt er sich in den Bildungsprozessen der Pflanze nicht direkt aus, sondern durch Vermittlung der Venus, mit der er durch seinen synodischen Rhythmus besonders eng verflochten ist: Der synodische Rhythmus des Mars verhält sich zu dem der Venus wie 4 : 3 (4 x 195 Tage = 780 Tage, 3 x 195 Tage = 585 Tage). Dadurch wird die der Venus entsprechende Bildung der Blütenblätter stark metamorphosiert.

Zunächst erscheinen am Blütenvegetationskegel in der Region oberhalb der Blütenblattanlagen die Staubbeutel. In ihnen kommt es zu der schon erwähnten Ausdörrung und dem Zerfall des zunächst feuchten Gewebes in die äußerlich ganz trockenen Pollenkörner – das heißt zu einem Prozeß, der der Austrocknung auf dem Mars analog ist.

Das Hervortreten der Staubbeutelanlagen am sonnenverwandten Blütenvegetationskegel ist Abbild jenes Vorganges, bei dem Mars nach seiner Konjunktion mit der Sonne aus dem Sonnenbereich heraustritt. Die Bewegung bis zur Opposition «spiegelt» sich in der Blüte, indem sich die Staubbeutel vom Blütenzentrum lösen und durch die Staubfäden in den Umkreis emporgetragen werden. Dort treten sie mit dem Stempel so in Beziehung, wie sich der Mars bei der Opposition der Mondsphäre annähert. Nun öffnen sich die Staubbeutel unter dem Einfluß der äußeren Sonnenwärme. Der Blütenstaub erfüllt dann durch den Wind oder die schwirrenden Insekten die Atmosphäre – wie der Staub des Mars durch die Erwärmung in Sonnennähe die Marsatmosphäre. So gelangen Pollenkörner auf die Narben von Blüten derselben Pflanzenart. Auf die Bestäubung folgt schließlich im Innern des Fruchtknotens die Befruchtung, das heißt die Vereinigung der polaren Gegensätze.

Es gibt Blüten mit weit mehr als zehn Staubgefäßen, z. B. bei den

Rosengewächsen, den Hahnenfußgewächsen und den Johanniskrautgewächsen. Hier wirkt Mars mit großer Intensität. In Blüten, die nur wenige Staubgefäße bilden oder gar nur eines wie die Orchideen, ist sein Einfluß auf die Pflanzen ganz schwach.

## *Übersicht über die obersonnigen Planeten und das Planetensystem*

Bevor wir uns den letzten Stufen der Pflanzenentwicklung zuwenden, ist es zweckmäßig, die obersonnigen Planeten in einem kurzen Überblick zu betrachten. Die Staubgefäße und die Verstäubung haben unseren Blick ja bereits in diese Weltregion hinausgeführt. Zu ihr zählte man vor der Entdeckung des Uranus durch Herschel im Jahre 1781 außer dem Mars nur noch den Jupiter und den Saturn. Ihre Rhythmen umspannen größere Zeiträume als Merkur und Venus. Vor allem gehören sie nicht wie diese dem direkten Sonnenumkreis an. Sie umgreifen diesen und zugleich auch die Erde mit ihren Bewegungen so weit, daß sie zur Sonne in Opposition treten.

Der Mars ist der Vermittler zwischen dem innerhalb und außerhalb der Sonnenbahn liegenden Weltbereich. Mit seinem etwa zweijährigen synodischen Rhythmus steht er der Venus ziemlich nahe, durch die sich die untersonnige Sphäre schon mächtig weitet. Wie wir eben gesehen haben, dringt er zur Opposition mit der Sonne tief in den von der Sonne umschlossenen Raum hinein, wird hier der erdnächste Planet und begibt sich dann zur Konjunktion mit der Sonne wieder weit in den obersonnigen Bereich hinaus. Jupiter und Saturn bewegen sich dagegen vollständig jenseits der Sonnenbahn. – Der Jupiter, jener gewaltige, ruhig strahlende Planet, befindet sich nicht nur im Raum zwischen der Sonne und der Fixsternwelt, sondern stellt auch durch die Eigenart seiner Bewegung mit großer Vollkommenheit die Harmonie zwischen Sonnengang und Tierkreis her.

Seine siderische Umlaufzeit beträgt knapp zwölf Jahre (11,86 Jahre). So durchschreitet er in einem Jahr ziemlich genau eine Tierkreisregion. Seine Bewegung ist also ganz nach dem kosmischen Umkreis geordnet, wobei die Sonne mit ihrem Jahreszyklus gleichsam das Maß dieser Bewegung abgibt. Während die Sonne einmal den Tierkreis durchwandert, strahlt uns im Jupiter ihr Licht immer aus einer ganz bestimmten Tierkreisregion entgegen. Insofern wird die Sonne mit ihrem Jahresgang durch den Jupiter jeweils zu einer Tierkreisregion in Beziehung gesetzt und dem Tierkeis eingegliedert.

Dieser vollkommenen Harmonie entsprechen auch die anderen Phänomene. Jupiter ist der größte aller Planeten (Durchmesser 142 984 Kilometer). Er besteht im wesentlichen aus den dünnsten Gasen, zu 90 Prozent aus Wasserstoff und zu fast 10 Prozent aus Helium. Er ist nach allem, was man weiß, ein gasförmiger Planet, in dessen Atmosphäre sich weiße, rötlich-braune und braune Wolken, deren Substanz man nicht sicher kennt, in mächtigen Wolkenbändern kondensieren. Gas ist aber jener feinste Zustand der Materie, in dem überall die Tendenz sich auszudehnen und in die Umgebung zu verströmen herrscht. So ist der Jupiter ein Planet, der ganz zum Kosmos hinorientiert ist (siehe hierzu R. Steiner, 1972, S. 108). Die tiefe Beziehung zum kosmischen Umkreis manifestiert sich auch in der Rotation. Dieser gewaltige Planet dreht sich an seinem Äquator in nur 9 Stunden und 50,5 Minuten um die eigene Achse, in höheren Breiten in 9 Stunden und 56 Minuten, und setzt sich so rascher als jeder andere Planet zum Kosmos in Beziehung; vor allem zum Tierkreis und zur Sonne, da seine Achse fast senkrecht auf der Bahn steht (die Neigung beträgt 3°). Jupiter ist ein Planet, der sich nur sehr wenig verdichtet und in geringem Maße aus dem Zusammenhang mit dem Kosmos abgesondert hat. Und er strahlt mehr Energie in seine Umgebung, als er von der Sonne empfängt. Er hat eigene Wärme und ist ein Gas- und Wärmeplanet.

Saturn, der sich noch viel tiefer im kosmischen Raum bewegt, ist mit seinem Ringsystem die erhabenste Erscheinung unter den

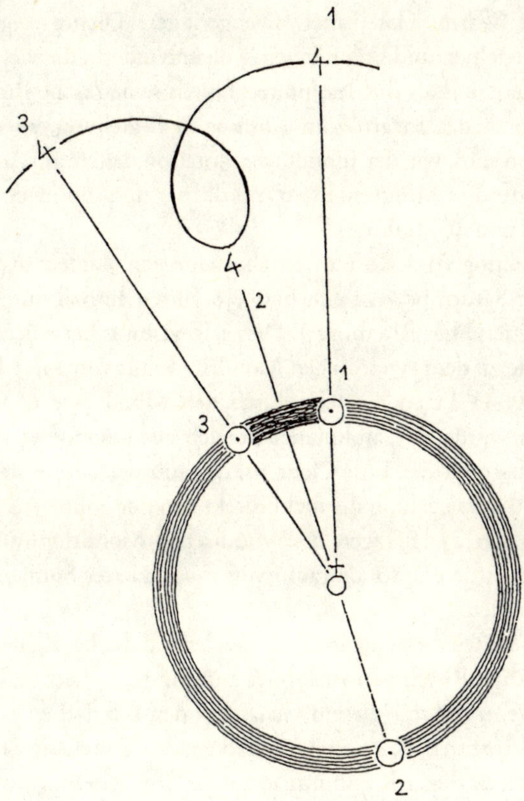


*Der synodische Zyklus des Jupiter umfaßt ein Jahr und 33 Tage (1 → 2 → 3). Nach einer Konjunktion (1) kommen Sonne und Jupiter in etwas mehr als einem halben Jahr zueinander in Opposition (2). Von einer Konjunktion bis zur nächsten (1 → 3) wandert der Jupiter etwa durch 1/12 des Tierkreises. (U. W.)*

Planeten. Er ist nicht ganz so mächtig wie der Jupiter (Durchmesser 120 536 Kilometer), aber noch weniger verdichtet. Er besteht zu etwa 94 Prozent aus Wasserstoff und 6 Prozent aus Helium. Die Eigenwärme ist intensiver als beim Jupiter. So ist er ein noch weniger verdichteter Wärme-Gas-Planet. Die geringere Dichte zeigt sich auch an den gelben und bräunlichen Wolkenbändern, die viel weniger konturiert sind als die des Jupiter. Durch seine rasche Rotation setzt sich auch der Saturn zum Kosmos in Beziehung, allerdings nicht ganz so stark wie der Jupiter (die Rotation dauert am Äquator 10 Stunden und 14 Minuten, in 40° nördlicher und südlicher Breite 10 Stunden und 41 Minuten).

Die Beziehung zum Kosmos ist aber eine ganz andere als beim Jupiter. Der Saturn bewegt sich in 29,46 Jahren einmal durch den Tierkreis (siderischer Rhythmus). Dieser Rhythmus hat eine auffällige Analogie zu dem synodischen Mondrhythmus von 29,53 Tagen. In diesen 29 ½ Tagen entsteht durch den Mond, wie es bereits beschrieben wurde, im sublunaren Bereich ein besonderer Raum. Vom Mond strahlt der Erde Licht zu, das von der Sonne stammt, aber durch die Spiegelung ihr nicht direkt von der Sonne zuströmt. So wird in den 29 ½ Tagen des synodischen Mondrhythmus im Umkreis der Erde ein Sonderraum von modifizierter Sonnenwirksamkeit gebildet.

Nun haben wir verschiedentlich gesehen, daß die Zahlen der astronomischen Rhythmen Ausdruck bestimmter Gesetzmäßigkeiten sind. Wenn wir mit diesem Gedanken den siderischen Saturnrhythmus betrachten, dann ergibt sich folgendes. Durch die Zeiteinheit in Jahren ist dieser Rhythmus so auf die Sonne bezogen wie der synodische Mondrhythmus durch die Zeiteinheit in Tagen auf die Erde. In den 29 ½ Tagen entsteht durch den Mond um die Erde gegenüber der Sonne eine Sondersphäre. So bildet der Saturn im Umkreis der Sonne gegenüber dem Kosmos ebenfalls eine eigene Sphäre. Somit wäre der Saturn jener Planet, der unser Planetensystem innerhalb des Kosmos als einen eigenen kosmischen Organismus individualisiert.[16]

Dieser Gedanke wird durch eine Anzahl von Tatsachen gestützt. Zum einen hat der Saturn als Gas-Wärme-Planet eine tiefe Beziehung zum Kosmos. Im Gegensatz zum Jupiter ist seine Rotationsachse mit 27° aber stark gegen die Bahn geneigt. So gliedert er sich durch seine Rotation gerade nicht wie der Jupiter in den Tierkreis ein. Die starke Neigung seiner Rotationsachse ist Ausdruck einer Verselbständigung, eines Eigenrhythmus. So vereinigen sich im Saturn die Beziehung zum Kosmos mit einer Verselbständigung dem Kosmos gegenüber.

Bevor wir uns den transsaturnischen Planeten zuwenden, ist kurz auf den Zusammenhang der Rhythmen hinzuschauen. Neben der eigenartigen Beziehung zum Mond besteht ein Zusammenhang zwischen siderischem Jupiter- und Saturn-Rhythmus. In dem Zeitraum, in dem Jupiter fünfmal durch den Tierkreis wandert (5 x 11,86 Jahre = 59,30 Jahre), durchschreitet ihn der Saturn etwas mehr als zweimal (2 x 29,46 Jahre = 58,92 Jahre). Jupiter- und Saturnzyklus stehen etwa im Verhältnis 2 : 5.

Wenn Saturn unser Sonnensystem gegenüber dem umgebenden Weltraum individualisiert, dann müßte er der äußerste Planet sein. Nun umkreisen aber jenseits des Saturn noch drei weitere Planeten die Sonne: Uranus, Neptun und Pluto. Lernt man diese Planeten genauer kennen, dann wird deutlich, daß sie sich nicht harmonisch an die anderen Planeten angliedern. Bei den obersonnigen Planeten nimmt die Dichte vom Mars zum Saturn ab, dann aber wieder zu. Die Zahl der Monde nimmt bis zum Saturn zu, dann aber wieder ab.

Der bläulich-grüne Uranus ist nicht nur dichter, sondern auch kleiner als der Saturn, aber doch einer der großen Planeten (Durchmesser 51 118 Kilometer). Er bewegt sich in ganz ungewöhnlicher Weise auf seiner Bahn in 84 Jahren durch den Tierkreis. Seine Achse ist um 98° geneigt; sie liegt annähernd in der Bahnebene. Während sich die Planeten, die wir bisher betrachtet haben, bei ihrer Rotation zur Sonne hin orientieren, fehlt dem Uranus diese Beziehung vollständig. Mit seiner Rotation von etwas mehr als 17 Stunden verhält er sich, wie wenn er bei seiner Bewegung um die Sonne doch nicht unserem Planetensystem angehören und sich einem anderen Weltbereich zuwenden würde. Auch in anderen Tatsachen äußert sich

| | Mars | Jupiter | Saturn | Uranus | Neptun | Pluto |
|---|---|---|---|---|---|---|
| Dichte des Planetenkörpers | 3,93 | 1,33 | 0,69 | 1,24 | 1,67 | 2 |
| Zahl der Monde | 2 | 17 | 24 | 15 | 8 | 1 |

eine abnorme Beziehung zur Sonne. So sind die Monde des Uranus ungewöhnlich dunkel, die Materie der dünnen Ringe ist schwarz wie Kohle.

Der blaue Neptun ist fast so groß wie Uranus (Durchmesser 49 528 Kilometer). Er bewegt sich in 164,8 Jahren durch den Tierkreis. Die Neigung seiner Rotationsachse ist etwas stärker als die des Saturn (fast 29°). Aber auch bei ihm trifft man auf Tatsachen, die vom übrigen Sonnensystem abweichen. Neptun ist von einem ganz ungewöhnlichen Mondsystem umgeben. Triton, der größte Neptunmond, ist mit seiner Bahn 28° gegen den Neptun-Äquator geneigt und bewegt sich etwa in der Bahnebene des Neptun. Seine Bewegungsrichtung ist retrograd, d. h. gegenläufig zur Rotationsrichtung und zur Bahnkrümmung des Neptun – als ob das Zentrum der Neptunbahn außerhalb im Kosmos wäre. Ein zweiter Mond, Nereide, bewegt sich auf der exzentrischsten Bahn des ganzen Planetensystems, und zwar in einer stark geneigten Ebene wie auch die übrigen Monde. Fast alle Gesetze, die für die Monde der Erde, des Mars, des Jupiter und Saturn gelten, sind beim Neptun aufgehoben und durch andere ersetzt. Der Neptun ist in anderer Weise als Uranus ein Fremdling in unserem Planetensystem.

Das gilt auch für Pluto, den kleinsten (Durchmesser etwa 2 300 Kilometer) und fernsten Planeten. Er gliedert sich noch weniger in die Gesetze des Sonnensystems ein als Uranus und Neptun. Seine Bahn ist die bei weitem exzentrischste von allen Planeten. Sie ist um 17° gegen die Ekliptik geneigt. Wenn Pluto bei seinem siderischen

Umlauf von 248 Jahren zum Aphel und Perihel kommt, steht er weiter über bzw. unter der Ekliptik als Saturn von der Sonne entfernt ist. Seine Äquatorebene ist um 122° gegen die Bahnebene geneigt: «Pluto ‹rollt also›, ähnlich wie Uranus, auf seiner Bahn entlang» (Lang und Whitney 1993, S. 311), d. h. ohne innere Beziehung zur Sonne. Und er wird von einem Mond (Charon) umkreist, der etwa halb so groß wie er ist. Deshalb hat man Pluto und Charon auch als Doppelplaneten bezeichnet.

Uranus, Neptun und Pluto sind offensichtlich Außenseiter. Sie sind fremdartige Glieder unseres Planetensystems, die durch ihre Eigentümlichkeiten zeigen, daß der Saturn die Grenze jenes Bereiches ist, in dem die Planeten klar zur Sonne hinorientiert sind. Hieraus ergibt sich, daß wir in unserer weiteren Betrachtung nur Jupiter und Saturn zu berücksichtigen haben, weil sie mit ihren Eigenschaften vollständig dem Organismus des Sonnensystems zugehören. In diesem Organismus ist Saturn der äußerste Planet.

Wenn man die bisher geschilderten Tatsachen überblickt, ergibt sich ein Bild der Planetenwelt, das weder dem geozentrischen des Ptolemäus noch dem heliozentrischen von Kopernikus und Kepler entspricht. Es stimmt dagegen weitgehend mit dem Weltbild des Tycho Brahe überein. Dieses ist durch seinen geozentrischen Ausgangspunkt auf die Phänomene hingerichtet: Wie der Mond bewegt sich auch die Sonne bei ihrem Gang durch den Tierkreis um die Erde. Zugleich kommt in der Anschauung des Tycho Brahe die zentrale Stellung der Sonne zum Ausdruck. Sie ist der Mittelpunkt der Planetensphären. Merkur und Venus umkreisen die Sonne in einer Entfernung, die geringer als der Erd-Sonnen-Radius ist. Ihre Bewegungen sind von der Erde aus gesehen eng an die der Sonne gebunden. Mars, Jupiter und Saturn sind so weit von der Sonne entfernt, daß sie mit ihrer Bahn zugleich auch die Erde umgreifen. Der Mars als der nächste unter den obersonnigen Planeten umschließt die Sonnensphäre nur zum Teil; er taucht immer wieder für einige Monate in sie hinein.

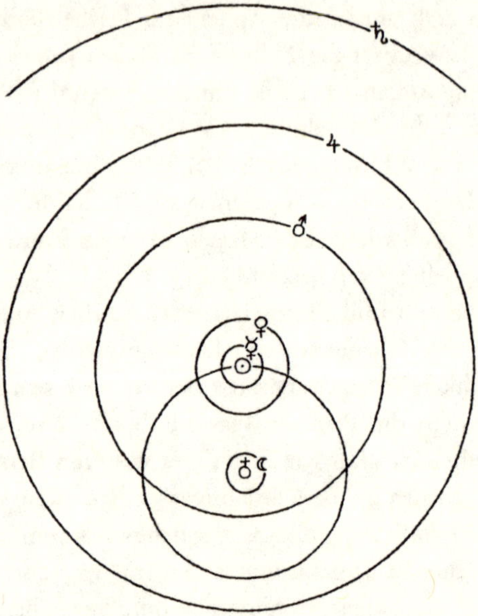


*Die Ordnung des Planetensystems nach Tycho Brahe. Die planetarische Welt hat nicht ein Zentrum wie bei Ptolemäus (Erde) und Kopernikus (Sonne), sondern zwei Zentren: die Erde als Mittelpunkt der Mond- und Sonnenbahn und die Sonne als Mittelpunkt der Planetenbahnen.*

So kann man fünf Bereiche unterscheiden:

1. die Erde als Mittelpunkt der Mond- und Sonnensphäre;
2. die Mondsphäre, die zwischen Sonnensphäre und Erde vermittelt;
3. die Sonne und ihre Sphäre als Zentrum der Planetenbahnen;
4. Merkur und Venus als die nur die Sonne umkreisenden Planeten;
5. Mars, Jupiter und Saturn, die mit ihren Sphären die Sonne mit Merkur und Venus und die Erde gemeinsam umfassen.

Dieses tychonische Weltbild wird sich im weiteren immer konkreter als der Schlüssel für das kosmologische Verständnis der Pflanzenwelt erweisen.

## *Frucht und Same – die Befreiung der Pflanze aus den äußeren Einflüssen*

Mit der Bildung der Früchte treten in der Pflanze in verschiedener Hinsicht neue Verhältnisse auf. Zunächst unterscheiden sich die Früchte von allen bisher betrachteten Organen dadurch, daß sie grundsätzlich oberhalb des Sprosses und der Blütenachse entstehen, also jenseits der in der Pflanze vorhandenen Sonnenwirkung. Sie schließen im Gegensatz zu den bisher betrachteten Bildungen an ein bereits bestehendes Organ, den Fruchtknoten, an. Während Blätter, Blütenhülle, Staubgefäße und Fruchtknoten sich bei ihrem Entstehen aus dem Sonnenbereich der Pflanze herausgliedern, weist die Frucht von vornherein auf die außerhalb des Sprosses liegenden Gebiete hin, aus denen ihre Entwicklung mit der Bestäubung normalerweise auch angeregt wird. So muß man einen anderen Standpunkt als bei den bisherigen Betrachtungen einnehmen, wenn man die Früchte verstehen lernen will.

Gerade wenn man die Frucht als eine Weiterentwicklung des Fruchtknotens betrachtet, ist es notwendig, die aus der Umgebung stammende Verursachung zu berücksichtigen. Die Fruchtentwicklung ist nämlich keineswegs bloß die Fortsetzung der Fruchtknotenbildung; sie verläuft sogar weitgehend in entgegengesetzter Richtung. Der Fruchtknoten geht auf einen Prozeß der Absonderung und Zusammenziehung zurück; die Früchte entstehen alle durch eine Ausweitung in den Raum. Diese hat einen vollständig anderen Charakter als das übrige Pflanzenwachstum. Sonst bilden sich die Organe in neu entstehendem Gewebe. Bei der Entwicklung des Fruchtknotens zur Frucht entsteht meistens nur in der ersten Phase durch Zellteilungen neues Gewebe. In einer zweiten Phase schwillt dann das vorhandene Gewebe durch Zellstreckung mächtig an. So ist die Fruchtbildung weitgehend ein Entwicklungsprozeß ohne die sonst übliche Art des Wachsens.

Bei vielen Früchten vollzieht sich diese Ausdehnung ziemlich gleichmäßig nach allen Richtungen des Raumes. Das gilt vor allem für die Beerenfrüchte (z. B. Kürbis, Melone, Apfelsine, Tomate, Weinbeere, Tollkirsche, Stachelbeere, Johannisbeere, Heidelbeere, die Beeren verschiedener Liliengewächse wie Einbeere, Salomonsiegel, Maiglöckchen, Spargel), für verschiedene Früchte von Rosengewächsen (z. B. Apfel, Pfirsich, Kirsche, Himbeere, Brombeere, Erdbeere), die Kapseln des Mohns, vieler Nelkengewächse usw. Auch viele Fruchtstände entfalten sich in einer starken Hinwendung zum ganzen Umkreis. Beim Hahnenfuß ist die Gebärde noch schwach; stärker tritt sie bei der Küchenschelle, Nelkenwurz, Waldrebe und Silberwurz hervor; die schönsten Formen erreicht sie beim Löwenzahn, beim Bocksbart und anderen Korbblütlern aus der Gruppe der Liguliflorae. Man findet sie auch bei Skabiosen und mit besonders vollkommener Ausbildung der sphärischen Form beim Igelkolben und der Platane. Früchte können sich aber auch bevorzugt nach bestimmten Richtungen ausdehnen, in die Weite z. B. beim Ahorn, bei manchen Doldengewächsen und Kreuzblütlern, in die Länge bei anderen Kreuzblütlern, vielen Schmetterlingsblütlern und vor allem bei den Nachtkerzen, Weidenröschen und Gurken. – Hier ist die Grundgebärde der Frucht, die runde, sphärenhafte Form, nach verschiedenen Richtungen des Raumes unvollkommen ausgebildet bzw. einseitig variiert. Wir werden im weiteren die Entwicklung der typischen Frucht betrachten.

Wenn in der Blüte die aus dem engeren Sonnenbereich stammenden Wirkungen des Merkur und der Venus abklingen und Kelch und Krone zu welken beginnen, treten im Pflanzenleben Kräfte auf, die das Wachstum zum Umkreis hin orientieren. Im Fruchtknoten haben sich unter dem Einfluß des Mondes Blätter zusammengeschlossen und sich als kleine Sphäre von der Umgebung abgesondert. Hier werden jetzt sphärisch ausweitende Kräfte wirksam.

Nun hat sich der Fruchtknoten über dem Blütenvegetationspunkt, d.h. oberhalb der Sonnenregion gebildet und ragt gleichsam in die jenseits der Sonne liegenden Bereiche hinein. Hier steht er vor allem zu Jupiter und Saturn in innerer Beziehung. Von der Beziehung des Mondes zum Saturn war im letzten Kapitel die Rede (siehe Seite 80). Zu dem, was dort geschildert wurde, ist noch folgendes hinzuzufügen. Während eines Saturnjahres vollführt der Mond 364,38 synodische Umläufe. So ist ein synodischer Monat gleichsam ein Tag des Saturnjahres und der Mond ein Glied der Saturnsphäre. Der Zusammenhang des Mondes mit Jupiter wird durch die Sonne vermittelt. Der Mond bewegt sich bei einem synodischen Umlauf so innerhalb der Sonnensphäre, daß er das Licht der Sonne aus dem ganzen Umkreis der Erde zuspiegelt. Ganz entsprechend bewegt sich Jupiter außerhalb der Sonnensphäre durch den Tierkreis und erglänzt dabei im Licht von zwölf Sonnenzyklen. Wie der Mond die Wirkungen des Sonnenbereiches in die Absonderung führt – und den Fruchtknoten entstehen läßt –, weitet Jupiter diese Wirkungen in die Regionen jenseits der Sonne aus.

Was geschieht, wenn die Kräfte und Gesetzmäßigkeiten des Jupiter durch die Bestäubung, das heißt durch die Vermittlung von Mars, in der kleinen Sphäre des Fruchtknotens aufleben? Indem der Fruchtknoten unter den Einfluß des Jupiter kommt, prägt dieser dem Fruchtknoten seinen Charakter auf und weitet ihn im schwellenden Wachsen der Frucht mächtig nach allen Richtungen des Raumes aus. Zugleich beginnen auch neue Lebensprozesse. Denn zu den Wirkungen der Sonne von außen treten nun im Innern der heranwachsenden Frucht die eigenen Wärmeprozesse des Jupiter. Mit der Fruchtentwicklung setzen im Fruchtknoten Atmungsprozesse ein, die sich bis zur Fruchtreife steigern. Die heranwachsende, besonders die reifende Frucht nimmt weit über das bisherige Maß Sauerstoff aus der Atmosphäre auf. Durch die Verbrennungs- und Wärmeprozesse ist die schwellende Frucht eine Sphäre, in der die Lebensvorgänge mehr und mehr unabhängig von den äußeren Kräften werden. Die Substanzen, die aus der übrigen Pflanze in diese Sphäre hineinströmen, durchlaufen bis zur Reife eine Reihe von charakteristischen Verwandlungen. In all diese Vorgänge wirkt noch eine weitere Eigenschaft des Jupiter; das ist die Dauer seines siderischen Zyklus. Der Rhythmus von fast zwölf Jahren löst die entstehende Frucht aus dem Sonnenrhythmus des Jahres heraus. Er wird in den Lebensprozessen der Frucht bestimmend. Diese gehen unter dem Einfluß dieser gegenüber den Rhythmen der Sonne, des Merkur und der Venus wesentlich langsameren Dynamik in den Zustand der Ruhe und der Dauer über. Reife Früchte sind in unterschiedlicher Weise viel dauerhafter als der Sproß mit den Blättern und als die Blüten.

In die Entwicklung der Frucht greift auch der Saturn ein. Die Frucht entsteht aus der einfachen Wand des Fruchtknotens. Diese differenziert sich, so daß das Perikarp schließlich aus drei Schichten besteht, dem inneren Endokarp, dem Mesokarp und dem äußeren Exokarp. Bei den saftigen Früchten schwillt vor allem das Mesokarp mächtig an, bei den Zitrusfrüchten allerdings das Endokarp. Hier wirkt also die zum Kosmos hin ausweitende Gesetzmäßigkeit des Jupiter zusammen mit seinen Wärmeprozessen.

Im Exokarp sind aber andere Kräfte als im Endo- und Mesokarp tätig. Man kann an ihren Wirkungen die Manifestation von Saturn bemerken. Saturn bewegt sich noch langsamer als Jupiter. Wenn sein Rhythmus das Leben durchwirkt, dann geht es noch mehr als unter dem Einfluß von Jupiter in den Zustand der Ruhe über. Zusammen mit der inneren Wärme des Saturn wird das Gewebe dicht und trocken. Das geschieht im Exokarp. Auf diese Weise grenzt sich die reife Frucht gegenüber der Umgebung ganz ab. Durch die Kräfte des Saturn wird die Frucht ein Gebilde, in dem das Leben unabhängig wird von den Kräften und Einflüssen der übrigen Natur. Sproß und Blüte sind nur so lange lebendig, wie sie im Boden wurzeln und in der Atmosphäre und den Wirkungen der Sonne leben. Werden sie aus diesen Zusammenhängen herausgelöst, sterben sie ab. Durch Jupiter und Saturn erreicht das Leben in der Frucht seine höchste Stufe, indem es in den Wärmeprozessen des Reifens mehr und mehr nur aus den eigenen Kräften wirkt und dann in den Zustand der

Dauer übergeht. Es wird durch Jupiter im Wachsen und Reifen der Frucht selbständig; durch Saturn wird es in einer eigenen Sphäre abgegrenzt. – Hier kommt die Entwicklung der Pflanze zu ihrem Abschluß, wie unser Planetensystem durch den Saturn zu einem selbständigen kosmischen Organismus abgerundet wird.

Bei den trockenen Früchten erreichen die inneren Wärmeprozesse eine solche Wirksamkeit, daß die ganze Frucht ausdörrt und erstarrt. Was sich hier abspielt, ist nicht, wie man vielleicht meinen könnte, ein gewöhnliches Absterben. Beim Absterben sinkt die Pflanze wie beim Welken der Blätter unter das Niveau des vorangehenden Lebens. In den trockenen Früchten hebt sie sich durch die Wärmeprozesse des Reifens über dieses Niveau. In den trockenen Früchten dehnen sich Endokarp und Mesokarp weniger aus als in den saftigen Früchten. Vor allem das Gewebe des Mesokarps ist auch hier lockerer als das Exokarp. Insgesamt hat es den Anschein, daß hier im Reifen die Kräfte des Saturn intensiver wirken als bei den stärker schwellenden saftigen Früchten.

Während das Leben der Pflanze im Reifen der Frucht seinen Abschluß findet, entstehen im Inneren dieser sphärischen Bildung die Keime für einen neuen Entwicklungszyklus. Aus den Samenanlagen gehen nach der Befruchtung die Samenkörner hervor. Bei jenen Früchten, deren Anlage sich durch das Verwachsen mehrerer Fruchtblätter bildet, geschieht das meistens im Zentrum.

Aus den Hüllen der Samenanlage, den Integumenten, wird in der Regel die Samenschale. Im Innern entsteht der Pflanzenkeim mit zwei einfachen Keimblättern (Kotyledonen), den Anlagen des Stengels (Hypokotyl), der Keimwurzel und dem Vegetationspunkt des künftigen Sprosses. Was sich hier bildet, unterscheidet sich von allen späteren Organen der Pflanze. Diese entstehen durch Metamorphose aus den vorangehenden Bildungen. Der Pflanzenkeim in der Samenhülle ist eine Neubildung. Die kosmischen Bildekräfte, die der Sonne, des Merkur und des Mondes (siehe das Kapitel «Keimung und Wurzel»), greifen ganz neu in den am stärksten gegenüber der

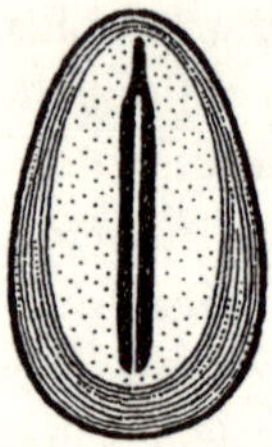

*Im Inneren des Samenkorns ruht eine keimhafte Pflanze. Mit ihrem Keimsproß, den Keimblättern und der Keimwurzel steht sie in Beziehung zu Sonne, Merkur und Mond. Sie ist aber vom Kosmos und von den irdischen Lebensbedingungen vollständig abgesondert. In seltenen Fällen wird sie wie im Kosmos Sonne, Merkur und Mond von drei Sphären umgeben: von der harten Samenschale, dem anschließenden Perisperm und dem Endosperm, in dem der Pflanzenkeim ruht. (U. W.)*

Umgebung abgeschlossenen Bereich der Samenanlage ein. An der Kleinheit des entstehenden Samens und dem Sich-Abschließen des Pflanzenkeimes in der Samenschale wird deutlich, daß hier jenes kosmische Prinzip wirkt, das die Kräfte des Sonnenbereiches in einer eigenen Sphäre absondert. So entstehen durch den Mond in der vom Saturn umschlossenen Sphäre der Frucht die Samenkörner. Die Samenschale ist das geronnene Bild der Umgrenzung der sublunaren Sphäre durch den Mond, der Pflanzenkeim das durch die Spiegelung innerhalb dieser Sphäre entstehende Abbild des Kosmos.

Der Pflanzenkeim als Abbild von Sonne und Merkur ist meist in ein besonderes Gewebe, das sogenannte Endosperm, eingebettet. Aus ihm zieht die keimende Pflanze die Stoffe und Kräfte für die erste Phase ihres Wachstums. Zuweilen ist das Endosperm noch von einem Perisperm umhüllt, das aus einem anderen Teil der Samenanlage hervorgeht. So ist der Keim im allgemeinen von zwei, seltener von drei Schichten (z. B. bei den Seerosengewächsen) umgeben. Sieht man im Keim selbst ein Abbild des Sonnen- und Merkurbereiches, so erscheint dieses wie von weiteren Sphären umschlossen.

Eine ganze Anzahl von Pflanzen (aus den Familien der Schmetterlingsblütler, Kürbisgewächse und Korbblütler) bildet kein Endosperm und Perisperm. Hier nehmen die Keimblätter als sogenannte Speicherkotyledonen die für den Beginn der neuen Entfaltung erforderlichen Stoffe auf.

Die Samen entwickeln sich also in einer Sphäre mit starken inneren Wärmeprozessen. Diese sind in den letzten Phasen der Samenbildung besonders intensiv. So werden die Samenkörner selbst in feuchten Früchten ganz trocken.[17] Die ausdörrende Wärme drängt die Feuchtigkeit stärker als in allen andern Organen der Pflanze zurück. Dadurch geht der Same in einen Zustand völliger Ruhe über. Hier ist die Pflanze aus den Kräften der äußeren Natur vollständig herausgehoben.

## *Keimung und Wurzel – die Verbindung der Pflanze mit der Erde*

In das Gebiet des Feuchten und Erdhaft-Festen gelangen die Samenkörner, wenn sie aus den Früchten entlassen werden oder die Früchte verfaulen. Meistens befindet sich der Same so stark im Zustand der Ruhe, daß er zunächst durch keine noch so günstigen Bedingungen zum Keimen veranlaßt werden kann. Die Keimfähigkeit nimmt in bestimmten Zeiten des Jahres zu, in anderen geht sie ganz zurück.

Immer beginnt die neue Entfaltung und Entwicklung durch die Verbindung mit dem Wäßrig-Feuchten und Erdhaft-Festen. Das Samenkorn saugt Feuchtigkeit auf. Durch Quellung wird die Samenschale aufgebrochen. Und indem sich der Keim mit Feuchtigkeit durchdringt, erwachen in ihm die Lebensvorgänge. Zunächst wächst die Keimwurzel aus dem Samenkorn hervor. Damit beginnt jener Prozeß, der in der ersten Phase der Entwicklung im Vordergrund steht: die Wurzelbildung. Die Wurzel dringt zum Teil erstaunlich rasch in die Tiefe. Das Wachsen der Primärwurzel steht ganz unter dem Einfluß der Gravitation und ist zum Erdmittelpunkt gerichtet. Dabei hört das Längenwachstum der Wurzel immer schon wenige Millimeter hinter der zarten Wurzelspitze auf. Gravitation bewirkt Verdichtung zum Zentrum der Erde hin, d. h. ein Geschehen, das letztlich in die Erstarrung einmündet. Indem sich die Wurzel unter dem Einfluß der Gravitation entwickelt und die Gravitation die Lebensprozesse der Wurzel durchwirkt, geht das Streckungswachstum rasch in die Erstarrung über. In der Primärwurzel wird die Pflanze auf diese Weise ein Teil der Erde.

In einiger Entfernung von der Wurzelspitze bilden sich Seitenwurzeln, bei den Dikotyledonen meistens in schöner Regelmäßigkeit nach vier Richtungen in das umgebende Erdreich. So ordnen sie sich in vier Zeilen an der Hauptwurzel an. Sie wachsen schräg nach unten und unterliegen, wenn auch nicht so stark wie die Hauptwurzel, dem Einfluß der Schwere. Aus ihnen entspringen dann die Seitenwurzeln 2. Ordnung, die nach allen Richtungen den Boden durchdringen und aus ihm das Wasser und gelöste Salze aufnehmen. Wenn wir von der Wurzel sprechen, dann meinen wir dieses ganze den Boden vom Zentrum der Haupt- bzw. Primärwurzel aus durchdringende Organ. Deshalb spricht man vom Ganzen der Wurzel als der Rhizosphäre.

In der Wurzel wirken andere Gestaltungsvorgänge als sonst in der Pflanze. Zu einem richtigen Bild gelangt man nur, wenn man sich in seiner Vorstellung nicht von den üblichen Abbildungen irreleiten läßt; diese suggerieren nämlich die Auffassung, man könne die Wurzel wie den Stengel und die Blätter betrachten. Dabei entzieht sie sich gerade der Wahrnehmung. Wenn man über ein Feld oder eine Wiese geht, muß man sich vorstellen, wie da von der Lichtwelt abgesondert unterhalb der Oberfläche die Wurzeln das Dunkel des Feuchtigkeits-Erd-Bereiches durchziehen. Sie entwickeln sich von der Keimung an unterhalb des Sonnen-Licht-Bereiches und setzen damit jenen Zustand des Abgesondertseins von der Licht- und Luftwelt fort, in dem der Keim innerhalb der Samenschale war.

*Wurzel einer jungen Pflanze des Schlafmohns (Papaver somniferum) mit der zentralen Primärwurzel und der Rhizosphäre.*
*(Nach Bockemühl.)*

Die über dem Erdboden wachsende Pflanze ist nach allem, was die bisherigen Betrachtungen erwiesen haben, ein Wesen, dessen Gestaltung auf die Sonne und die mit ihr zusammenhängenden Planeten zurückgeht. Damit die Bewegungsrhythmen und Wesensqualitäten der Planetenwelt sich in den Bildungsprozessen der Pflanze verwirklichen können, müssen sie in den sich gegenüber dem Kosmos absondernden Bereich des Flüssig-Bildsamen und mineralisch Erstarrenden eingegliedert werden. Es bedarf aber einer Vermittlung, wenn das kosmische Urbild sich als Abbild in der Pflanzenwelt offenbaren soll.

Wir kennen aus einem der vorangehenden Kapitel bereits einen Hinweis auf diese Vermittlung. Die zarte sonnenverwandte Anlage des Sprosses am Vegetationskegel geht beim Streckungswachstum in den Wirkensbereich des Irdischen über, indem von unten, d. h. aus dem Gebiet der Wurzel, das Wasser und die verdichtende Kraft der Gravitation nach oben dringen (siehe Seite 32). Das kosmische Prinzip, das zwischen Sonne und Erde vermittelt, ist der Mond (siehe Seite 36f.). Deshalb kann man den Stengel als eine Manifestation des Mondes betrachten; denn in seiner Entwicklung vereinigt sich die Wirksamkeit der Sonne mit der Erde. So ist es auch verständlich, daß man bei einer genaueren Untersuchung des Stengelwachstums Schwankungen im Rhythmus des synodischen Mondumlaufs gefunden hat (Abrami 1972). Das Organ, das die Sonnen-, Merkur-, Venus-Wirkung usw. unmittelbar an die Erde bindet, ist die Wurzel. Die Wurzel mit ihrer Rhizosphäre ist aber selbst ein Bild des Mondes.

Das Keimen von Pflanzen, die sogenannte Keimungsrate und die Entwicklung der Wurzel, steht in einem deutlichen Zusammenhang mit dem synodischen Mondrhythmus. Wir haben hierauf bereits hingewiesen (siehe Seite 14). Was sich in der Wurzelbildung ausgestaltet, ist allerdings ein anderer Aspekt des Mondes als jener, der im Stengel, im Fruchtknoten und im Samenkorn erscheint. In diesen Bildungen werden die von jenseits seiner Sphäre stammenden Kräfte in die Absonderung geführt bzw. mit den irdischen Kräften vereinigt. Im Fruchtknoten, Samenkorn und Stengel findet man nicht den Mond selbst, sondern die durch ihn modifizierten Sonnen- und Merkurwirkungen. Man kann den Mond aber auch als jenes kosmische Gebilde betrachten, das mit seiner Sphäre in der Erde sein Zentrum hat. Betrachtet man unter diesem Gesichtspunkt die Wurzel, dann ist die Primärwurzel die Verkörperung der Erde mit ihren Gravitationskräften in der Pflanze. Sie hat die langgestreckte Form, weil die Kräfte der Erde über längere Zeit im Wachsen der Primärwurzel tätig sind. Von diesem Zentrum aus entwickelt sich mit den Seitenwurzeln die Rhizosphäre. Diese umgibt die Primärwurzel wie die sublunare Sphäre die Erde. So entsteht nach der Keimung im Dunkel des Erdbodens mit der Rhizosphäre ein Bild der Mond-Sphäre, insofern diese nur zur Erde und nicht zur Lichtwelt der Sonne und den mit ihr verbundenen Planeten in Beziehung steht.

Die feineren Unterschiede zwischen Haupt- und Seitenwurzeln äußern sich im Wachstum. Im trockenen Boden entwickelt sich die Hauptwurzel stärker, im feuchten Boden die Rhizosphäre der Seitenwurzeln. Meistens wird dieses Phänomen finalistisch interpretiert: durch das Wachstum der Hauptwurzel komme die Pflanze schneller an das Wasser in den tieferen Bodenschichten. Eine solche Deutung unterlegt dem Wachstum Zweckmäßigkeit bzw. die darwinistische Interpretation der Evolution und übersieht die konkreten Lebensvorgänge. Das Wasser, das im feuchten Boden kapillar festgehalten wird, schwächt durch Auftrieb die Wirkung der Gravitation ab. So ist der Einfluß der Gravitation auf das Wachstum der Hauptwurzel im trockenen Boden stärker als im feuchten. Die Hauptwurzel steht vor allem zur Gravitation in Beziehung, die Seitenwurzeln stärker zur Feuchtigkeit des Bodens.

Der innere Zusammenhang der Wurzel mit dem Mond kommt auch in der Struktur der Seitenwurzeln und der Hauptwurzel zum Ausdruck. Das zeigt sich besonders klar, wenn man diese Struktur mit der des Stengels vergleicht. Durch die Blätter verbindet sich

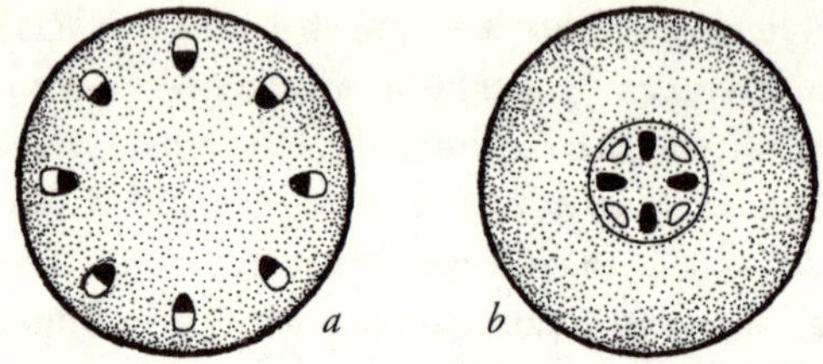


*Querschnitt durch einen jungen Sproß (a) und eine junge Wurzel (b; Schema). Im Sproß verlaufen die Leitbündel dicht unter der Oberfläche. Ihr innerer, zum Mark gelegener Teil, das sogenannte Xylem (dunkler), wird von der aus der Wurzel aufsteigenden Feuchtigkeit durchströmt. In der peripheren Hälfte, dem sogenannten Phloëm (hell), wandern die in den Blättern entstandenen organischen Substanzen. In der Wurzel sind die Leitbündel eng im Zentralzylinder konzentriert und durch das Rindengewebe stark von der Umgebung abgesondert. Xylem und Phloëm bilden sich zunächst als gesonderte Stränge nebeneinander. (U. W.)*

die Pflanze vom Stengel aus mit der Atmosphäre und der Sonne. Dabei verteilt sich die von der Wurzel ausgehende Feuchtigkeitsströmung besonders in den netznervigen Blättern der zweikeimblättrigen Pflanzen (siehe Seite 167f.) immer feiner in den Blattflächen. Dieses zentrifugale Hinausströmen in die durchlichtete Atmosphäre ist schon im Stengel angedeutet. Die Leitbündel, jene feinen Gefäßstränge, in denen die Feuchtigkeit aufsteigt, begeben sich zur Peripherie des Stengels oder verlaufen dicht unter der Oberfläche. Sie sind im Querschnitt in einem Kreis angeordnet. Wo der Stengel am Wurzelhals in die Wurzel übergeht, vollzieht sich eine komplizierte Umlagerung. In der Wurzel sind die Leitbündel nämlich im Inneren konzentriert und von einer relativ dicken Rinde umgeben. Der sogenannte Zentralzylinder ist von dieser durch eine dünne Schicht oft verholzten Gewebes (Endodermis) deutlich abgegrenzt. So hat die aufsteigende Strömung im Stengel eine deutliche Hinorientierung zur Peripherie. Ihr Verlauf im Zentralzylinder der Wurzel ist dagegen die Wirkung einer zusammenziehenden Absonderung, in der der Mond besonders schön zum Ausdruck kommt (vgl. hierzu auch S. 70 und S. 121 ff.). Dementsprechend entstehen die Seitenwurzeln nicht wie die Seitentriebe an der Oberfläche des wachsenden Sprosses, sondern im Inneren der Wurzel im Zentralzylinder. Sie müssen erst die Endodermis und die Rinde durchstoßen, bevor sie in den Boden gelangen.

Viele Kräuter, vor allem die zweijährigen und ausdauernden, entwickeln sich über diese einfache Wurzelbildung durch sekundäres Dickenwachstum hinaus. Hierbei wird die (primäre) Rinde gesprengt und abgestoßen. Die Wurzel geht nun ganz aus dem Zentralzylinder, jener vom Mond im Inneren der Primärwurzel bewirkten Absonderung, hervor.

## *Zusammenfassung – die Pflanze als Organismus*

Man gewinnt ein vollständiges Bild der Blütenpflanzen, wenn man in ihrer Gestalt das Zusammenwirken der Erde mit der umgebenden planetarischen Welt bis zum fernen Saturn, ihrem Zentrum in der Sonne und ihrer unteren Begrenzung im Mond kennenlernt. Im einzelnen bestehen die in der Tabelle (Seite 98) gezeigten Beziehungen.

Erde, Sonne und Mond erscheinen zusammen mit den sogenannten untersonnigen (Merkur, Venus) und den obersonnigen Planeten (Mars, Jupiter, Saturn) als derjenige Tatsachenzusammenhang, der der Urpflanze zugrunde liegt bzw. die Urpflanze selbst ist. Die Entwicklung der Pflanze durch die verschiedenen Stufen der Metamorphose beruht darauf, daß sich die planetarischen Bereiche etwa in der Reihenfolge ausgestalten, wie sie sich räumlich im Umkreis der

| | |
|---|---|
| Samenbildung | Bild der Absonderung der Sonnen- und Merkurwirkungen durch den Mond |
| Fruchtentwicklung | Bild des zum Tierkreis orientierten Jupiter und Saturn |
| Fruchtknoten | Bild der durch den Mond in die Absonderung geführten Merkurwirkung |
| Staubgefäße u. Verstäubung | Bild des Mars |
| Blütenhülle | Bild der in die Weite der Sonnenumgebung hinaustretenden Venus |
| Blätter | Bild der mit der Sonne eng verbundenen Merkurbewegung |
| Hauptsproß | Bild der Verbindung von Sonne und Erde |
| Wurzel | Bild der Erde und der sie umgebenden Mondsphäre |

Erde anordnen. Zuerst kommt der Mond mit seinem raschen Rhythmus zur Geltung, es folgen Merkur, Sonne usw. mit ihren immer größer werdenden Rhythmen bis hin zu Jupiter und Saturn.

Wie die Planeten in ihren Bewegungsrhythmen miteinander verflochten sind und dadurch das Planetensystem zu einem Ganzen machen, so bestehen auch in der Pflanze Wechselbeziehungen zwischen den einzelnen Organen. Für den äußeren Anblick gliedern sich die Organe räumlich aneinander und zeitlich nacheinander. Im Bereich der Lebens- und Gestaltungsvorgänge wirkt die eine Bildung aber in der anderen. Dadurch schließen sie sich zu einem Organismus zusammen.

Das Wachstum des Sprosses ist die Voraussetzung dafür, daß die Blätter sich in den vom Licht durchströmten Luftraum hinein ausbreiten und dort in der Assimilation ihre wohl wichtigste Funktion ausüben können. Insofern haben die Blätter ihr Dasein durch den Sproß. Aber der Sproß existiert seinerseits nur durch die Blätter. Seine Entwicklung hängt davon ab, daß ihm aus den Blättern ein Strom lebendiger Substanz zufließt, der allem stofflichen Aufbau der Pflanze zugrunde liegt, auch dem des Sprosses selbst. So existieren die Blätter durch den Sproß und der Sproß durch die Blätter, wie im planetarischen Raum der Merkur nicht ohne die Sonne denkbar ist und die Rhythmen von Sonne und Merkur aufeinander abgestimmt sind.

Die Lebensvorgänge in den Blättern werden nur verständlich, wenn man in ihnen auch die Wirkung der Wurzel sieht. Die Wurzel nimmt aus dem Erdboden Wasser und Salze auf, die durch den Sproß in die Blätter hinaufsteigen und dort eine wesentliche Grundlage für alle Stoffbildungsprozesse sind. Wie das von unten nach oben strömende Wasser das Leben der Blätter ermöglicht, so können die Wurzeln nur dadurch leben und wachsen, daß ihnen von oben aus den Blättern die vom Sonnenlicht gebildete lebendige Substanz zufließt. In analoger Weise ist im Kosmos der synodische Mondrhythmus dem des Merkur eingegliedert. Wurzel- und Blattregion sind in ihrem stofflichen Leben miteinander verwoben, und in diesen Zusammenhang ist auch der Sproß eingeflochten. – Die Menge der von den Blättern gebildeten Substanzen steht in Beziehung zum gesamten Wachstum der grünen Pflanze und der Wurzel, wie das von der Wurzel aufgesogene Wasser mit den in ihm aufgelösten Salzen zu den gesamten Lebensvorgängen.

Man muß ein Denken entwickeln, das nicht nur die Wirkungen von Ursachen und für bestimmte Tatsachen die verursachenden Vorgänge aufsucht. Durch dieses lineare Denken geht man an den wesentlichen Sachverhalten im Bereich des Lebendigen vorbei. Um in diesen Bereich einzudringen, muß man *eine Tatsache zugleich als Ursache und als Wirkung in dem Sinne verstehen lernen, daß sie die*

*Wirkung dessen ist, was durch sie verursacht wird.* Im gewöhnlichen Denken sucht man die Ursachen immer außerhalb dessen, was als Wirkung eintritt. Dadurch wird das Erkennen auf immer weitere Tatsachenzusammenhänge ausgebreitet. Lernt man aber, wie es eine sachgemäße Betrachtung der Pflanzenbildung und der rhythmischen Verflechtung des Planetensystems erfordert, die Ursache zugleich als Wirkung zu begreifen, dann wird das Denken zu einem in sich wechselseitig wirkenden Ideenorganismus.[18]

Wir können diese Betrachtung auf die weiteren Bildungen der Pflanze ausweiten. Die Kelch- und Kronblätter sind durch Metamorphose aus den grünen Blättern hervorgegangen. Was sich als Blatt auf einer früheren Stufe der Entwicklung am Sproß in einer bestimmten Weise ausgebildet hat, erscheint nun in umgewandelter Form. Kelch und Krone sind eine Wirkung der vorangegangenen Pflanzenstufe. Die der Blüte vorausgehenden Blätter werden – besonders bei den zweikeimblättrigen Pflanzen – gegenüber den tieferen Laubblättern immer einfacher. In dieser vielfach beschriebenen Metamorphose kündigt sich in den sogenannten Hochblättern bereits die Blüte an. Blütenkelch und -krone, die eine Folge des Sprosses mit den grünen Blättern darstellen, bestimmen also die Umgestaltungsvorgänge im oberen Sproßbereich. Die weitere Betrachtung wird sogar zeigen, daß die Gestalt der grünen Blätter zum Teil durch die der späteren Blütenblätter beeinflußt ist (siehe Seite 169f.). – Außerdem basiert die gesamte Blütenbildung auf den Stoffbildungsvorgängen der Blätter.

Von einer anderen Seite erscheint die Blüte als vollkommenste Ausgestaltung der im Sproß wirkenden Kräfte. Im Sproß strebt die Pflanze aus ihrer inneren Beziehung der Sonne zu, gerät aber laufend unter die verfestigende Wirkung der von der Erde ausgehenden Kräfte. In der Blüte treten diese Kräfte zurück, und so steigert sich das Streben zum Licht zur Gebärde der Hingabe an das Licht. Diese Steigerung der schon in der Sproßbildung wirkenden Kräfte beeinflußt vielfach den letzten Sproßabschnitt unter der Blüte bzw. unter dem Blütenstand. Bei vielen Pflanzen wird dieser, vor allem das sogenannte Grundinternodium, besonders lang und trägt die Blüten besonders dem Licht entgegen.

In die Wechselbeziehungen zwischen Sproß, Blättern und Blütenhülle spielt auch die Wurzel hinein. Wie der Mondrhythmus für die Venus von viel geringerer Bedeutung ist als für den Merkur, so tritt der von den Wurzeln aufsteigende Flüssigkeitsstrom in der Blütenhülle zurück. In den Blättern ist das Wasser noch eine wesentliche Grundlage der Assimilation und der übrigen Lebensprozesse. In der Blütenhülle, vor allem in den farbigen Blütenkronen erhebt sich die Pflanze über diese Stoffbildungsvorgänge. Das Wasser dient noch während der Entfaltung der Kelch- und Kronblätter dem Wachstum, schließlich noch der Erhaltung der entstandenen Form durch den Turgor.

Die Organe des Blüteninnenraumes, die Staubgefäße, der Fruchtknoten und als Folge der Bestäubung die Frucht- und Samenentwicklung stehen in einer anderen Beziehung zur Pflanze als Wurzel, Sproß, Blätter und Blütenhülle. Durch diese entwickelt sich die einzelne Pflanze als individuelle Ausgestaltung der Pflanzenart. Durch Verstäubung, Frucht- und Samenbildung erhebt sich die Pflanze über die Grenzen der Einzelgestalt. Äußerlich vollzieht sich dieses Hinausstreben in der Verstäubung, funktionell in der Frucht- und Samenbildung. In den letzten und höchsten Stufen ihrer Entwicklung löst sich die Pflanze durch die Wärmeprozesse zunehmend von den Einflüssen, die aus der Wurzel aufsteigen. Alles, was an Stoffen in die höheren Bereiche übergeht, muß starke Umwandlungen durchlaufen, um so über die Einzelpflanze hinauszudringen, wie die obersonnigen Planeten die untersonnigen umgreifen. Die grüne Pflanze kann in ihrer Form aber nur dadurch im Bereich der Feuchtigkeitswirkungen heranwachsen, daß sie über die Blüte zu Frucht und Samen fortschreitet. In dieser Weise ist im Verhältnis jener Bildungen, die auf Mond, Merkur, Venus und Sonne zurückgehen, zu jenen anderen, die zu Mars, Jupiter und Saturn in Beziehung stehen, das gesamte durch die Zeit hindurchschreitende Pflanzenleben begründet.

## *Über den Zusammenhang der Gestaltbildung mit den Lebensprozessen*

Die Gestaltungsvorgänge der Pflanze, in denen die Bewegungen, die Rhythmen und andere Eigenschaften der planetarischen Welt wie in lebendigen Abbildern sichtbar werden, stehen im Zusammenhang mit ganz bestimmten Lebensvorgängen.

Diese Lebensprozesse muß man von den in ihnen auftretenden Stoffen unterscheiden. Die Stoffe werden durch die physiologische Chemie analysiert und auf ihre stoffliche Zusammensetzung wie auf ihr Entstehen aus anderen Stoffen hin untersucht. Die Pflanzenphysiologie nähert sich den Lebensvorgängen, indem sie beschreibt, wie Feuchtigkeit, Trockenheit, Wärme, Kälte, Licht, Dunkelheit usw. das Wachstum und die Organbildung beeinflussen.

Das Lebendige selbst ist aber ein Bereich, der wohl im Stofflichen wirkt, in seiner Eigengesetzlichkeit aber nicht innerhalb des Stofflichen zu finden ist. Diesen Bereich kann man kennenlernen, wenn man sich über die an die stoffliche Erscheinung gebundene Sinnesanschauung erhebt. Das ist in der von Aristoteles im 4. Buch seiner *Meteorologie* und im 2. Buch der Schrift *Vom Werden und Vergehen* ausgearbeiteten Lehre von den vier Elementen gegeben. Aristoteles begründet eingehend, wie man von den vier Qualitäten warm, kalt, feucht und trocken ausgehen muß. Warm und kalt sind aktiv wirkend, alles Werden und Entstehen verursachend; feucht und trocken haben einen passiven Charakter, der die Wirkungen von warm und kalt in sich aufnimmt. Die vier Elemente entstehen dadurch, daß diese vier Qualitäten in der Weise zusammenwirken, wie auf S. 103 dargestellt.

Zunächst muß man sich die in dieser Elementenlehre liegende Betrachtungsart bewußt machen. Um verstehen zu können, was mit Wasser gemeint ist, hat man von der Qualität des Feuchten auszugehen. Feucht ist nach Aristoteles, «was ohne sich selbst zu formen leicht jede Form annimmt» (*Vom Werden und Vergehen*, Buch II).

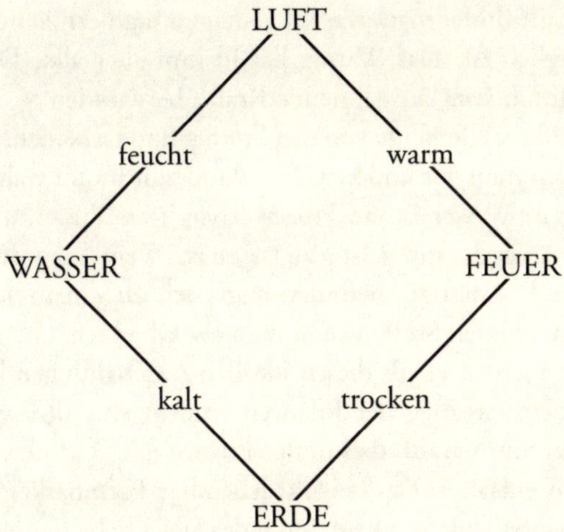


Man kann sich das Feuchte z.B. durch einen zarten, unbestimmt zerfließenden Nebel vergegenwärtigen. Wenn man sich vorstellt, daß in dieses Feuchte die Kälte mit ihrer zusammenziehenden Kraft hineinwirkt, erfaßt man: das Feuchte wird dichter. Es entsteht der dichte Nebel, die geformte Wolke, die Verdichtung führt zum Regen und schließlich zum Wasser der Seen, Flüsse oder Meere. Man vollzieht geistig das Entstehen des Elementes Wasser mit. Im «Wasser» wirkt immer das Feuchte mit seiner Beweglichkeit und seiner Wandelbarkeit der Form, allerdings in dichterer Konsistenz. Zugleich wirkt in ihm auch das Kalte, indem das im Raum sich unbestimmt ausbreitende Feuchte bis zur Oberflächenbildung, d. h. zur Absonderung von der Umgebung verdichtet ist. Indem man im Element Wasser dieses Zusammenwirken von Feuchtem und Kaltem erlebt, hat man es nicht mit einer Sinnesanschauung, sondern mit einer ideellen Anschauung von großer Lebendigkeit zu tun.

Wenn man das Feuchte von Wärme durchstrahlt denkt, kommt man zum Element Luft. Was im Feuchten dicht ist, löst sich auf; es entsteht größere Leichtigkeit, Ausdehnung und Beweglichkeit. Im

Element Luft findet man, was im Feuchten raumerfüllend, formbar und beweglich ist. Das Warme hat in ihm aber alles Dichte und Schwere durch seine ausdehnende Kraft überwunden.

Man muß die Elemente von den Stoffen unterscheiden. Den Stoff Wasser kann man wie andere Gegenstände im Raum wahrnehmen. Das Element Wasser ist ein Prozeß lebendigen Zusammenwirkens von Qualitäten, der nur geistig zu fassen ist. Wenn man sich mit den Elementen beschäftigt, befindet man sich *in* einem lebendigen Geschehen; bei den Stoffen steht man *vor* Objekten.

Mit den Elementen als diesen ideellen Anschauungen kann man in die Lebensvorgänge der Pflanzen eindringen. Alles sprießende Wachsen beruht darauf, daß in der Pflanze das Feuchte eine starke Regsamkeit entfaltet. Das bewirkt lebendige Formbarkeit und Verwandlungsmöglichkeit. Diese durch das Feuchte bedingten Lebenstendenzen werden im sprießenden Stengel zu einer engen Form ausgestaltet. In dem eng verlaufenden Sprießen manifestiert sich die zusammenziehende Kraft des Kalten. Nun geht das sprießende Wachsen in der verschiedensten Weise bei den einzelnen Pflanzenarten in festere, trockenere Substanzbildung über. Damit werden andere Elemente wirksam. Primär liegt dem eng zusammengezogenen Sprießen aber immer das Feuchte und das Kalte zugrunde, wobei das Kalte als eine im Lebendigen innerlich wirkende Kraft zu denken ist.

Der Stengel der Kräuter wird unentwegt von dem aus der Wurzel aufsteigenden Feuchten durchströmt. (Es ist besser, vom Feuchten als von Wasser zu sprechen, weil das Wasser in den zarten Gefäßen außerordentlich fein zerteilt als Feuchtigkeit in der Pflanze aufsteigt.) In den Blättern breitet sich das Feuchte innerhalb der Blattflächen aus. Gegenüber dem Stengel erscheint das Blatt in seiner Spreite locker und ausgedehnt; die Qualität des Warmen führt das im Stengel wirkende Feucht-Kalte im Blatt aus der engen in die ausgedehnte Form über.

In den schmalen, unmittelbar aus dem Stengel hervorsprießenden

Blättern vieler einkeimblättriger Pflanzen (siehe Seite 167f.) bestimmt noch das Feucht-Kalte den Charakter. Diese Blätter sind oft von feuchtem Schleim durchsetzt. Wo sich bei den zweikeimblättrigen Pflanzen die Blätter in der Spreite stärker weiten oder sich sogar bis zur Aufgliederung auflockern (siehe Seite 167), entfaltet das Warme eine stärkere Wirkung. Die Blätter sind nicht nur geformter, sondern auch weniger feucht. – Von den Lebensvorgängen her gesehen beruht die Blattbildung darauf, daß das Feucht-Kalte mehr oder weniger stark zum Feucht-Warmen hin umgewandelt wird. In dem Element Wasser wird das Element Luft wirksam.

Viele Kräuter bilden die ersten Blätter vorwiegend im Feucht-Kalten; die Formen sind deshalb ungegliedert und einfach. Indem sich die Pflanze mit jedem neuen Blatt weiter über den Erdboden in die Atmosphäre erhebt, gewinnt das Feucht-Warme an Bedeutung. So werden die Blätter ausgedehnter und in ihrer Spreite zum Teil finger- oder fiederförmig aufgegliedert. Das Feucht-Kalte tritt insgesamt in den Lebensprozessen zurück, damit aber auch das Sprießen. So werden die Blätter trockener und kleiner. In der Blütenbildung stockt das Sprießen ganz. So wirkt das Feucht-Warme in den Lebensvorgängen, in denen die Pflanze ihre Blütenkrone bildet: Die Blütenblätter haben eine zarte Konsistenz; ihr Gewebe ist locker, teilweise lufthaltig; ihre Form weitet sich stark als Ausdruck des im Feuchten wirkenden Warmen (siehe Abbildungen Seite 63 und Seite 172).

In der Form der Blätter und ihrer Verwandlung manifestiert sich, ob die Pflanze ihre Blätter mehr im Element des Wassers oder mehr im Element der Luft bildet. Dieser Zusammenhang zwischen der Gestaltung und dem Wirken der Elemente gilt auch für die folgenden Stufen. Im Element Feuer vereinigt sich mit dem Warmen das Trockene zu einer ausdörrenden Kraft. Sie zehrt in der Pflanze das Feuchte aus und führt zu einer Hemmung von Wachsen und Entfalten. Das wird an den Staubgefäßen besonders anschaulich, wenn man sie als umgewandelte Blütenblätter betrachtet. In den Staubfäden ist die flächige Ausdehnung vollständig gehemmt; in den Staubbeuteln zerfällt das Gewebe durch Ausdörrung in den Blütenstaub.

Die Pflanze schreitet vom Sich-Entfalten durch das Element des Feuers zum Sich-Verstäuben fort. Im Fruchtknoten entwickeln sich dann die Lebensvorgänge im Element des Feuers zu ihrer höchsten Stufe (vgl. das Kapitel «Same und Frucht», Seite 87ff.). Sie befreien sich aus ihrer Verflechtung mit der äußeren Natur und kommen zu jener Reifung, in der das Wachsen in den Zustand von Ruhe und Dauer übergeht. Die einzelne Pflanze gelangt über ihr Eigendasein hinaus: die Art bildet im Element des Feuers mit den trockenen, ausgedörrten Samenkörnern die Keime der neuen Pflanzengeneration.

Das Element Feuer durchzieht mit seinen Wirkungen aber auch die gesamte Pflanze. Die Stengel, Blätter, Nadeln, Dornen usw. sind, solange sie sich bilden und wachsend ausgestalten, weich und von zarter Konsistenz. Im frühen Stadium der Entwicklung herrscht immer das Element Wasser in den Lebensprozessen. Es bewirkt die Bildsamkeit des Lebendigen und ist Bedingung für die Gestaltungsvorgänge. In diesem zarten, bildsamen Zustand sind die Pflanzenorgane sehr empfindlich; Kälte, Hitze, Trockenheit u. a. wirken viel schädigender als später. In der weiteren Entwicklung durchlaufen alle Pflanzenorgane eine Art Reifung. Sie werden trockener und fester. In dieser Reifung wirkt das Element Feuer mit seiner ausdörrend-verdichtenden Kraft. So entsteht die Pflanzenbildung im Element des Wassers, erlangt ihre ausgereifte Gestalt aber durch das Element des Feuers. Dieses «Ausreifen» der Gestalt erreicht bei den einzelnen Pflanzen recht unterschiedliche Grade. Verschiedene Arten der Kräuter können am gleichen Standort den feucht-wäßrigen Zustand bewahren oder stark in den wärmehaft-trockenen Zustand übergehen. Der Übergang in den dichteren Dauerzustand durch das Element Feuer vollzieht sich unter anderem dadurch, daß in den Geweben (an den Zellwänden) Zellulose gebildet wird.

Das Element Erde wirkt im Bereich der Wurzel. Die Wurzeln sind

Organe von starker Wachstumskraft. Sie dringen besonders in den ersten Wochen tief in das Erdreich ein. An den intensiv wachsenden Spitzen wirkt das Feucht-Kalte so stark, daß in der Wurzelhaube das Gewebe verschleimt. Aber schon wenige Millimeter hinter der Wurzelspitze erlischt das Längenwachstum vollständig. Die oberirdischen Sprosse wachsen dagegen oft noch einige Zentimeter unterhalb der Sproßspitze. Durch das Element des Wassers bewahren sie das Sprießen. In der Wurzelregion ist das Feucht-Kalte nur an den Wurzelspitzen regsam. Es geht außerordentlich rasch in die Verhärtung, d. h. in das Trocken-Kalte über. In der engen Form der Wurzel manifestiert sich die zusammenziehende Kraft des Kalten; im Erstarren mündet sie in einen Zustand dichter Trockenheit ein. (Lediglich die Speicherwurzeln der Möhre, des Pastinak, des Rettichs, der Zuckerrübe usw. bewahren das Feuchte und kommen durch die mit dem Feuchten verbundene Lebendigkeit zu ihrer starken Ausdehnung.)

Wirkliche Einsicht in die Pflanzenbildung gewinnt man also, wenn man

1. in den Gestaltungsvorgängen das Abbild des planetarischen Kosmos sieht;
2. verfolgt, wie die vom Kosmos ausgehenden Gestaltungsgesetze sich in dem lebendigen Wirken der vier Elemente ausprägen;
3. in den Stoffen des Pflanzenleibes und ihren Umwandlungen die Wirkung der vier Elemente erkennt.

# DIE DIFFERENZIERUNG DER SAMENPFLANZEN IN DIE WUCHSFORMEN

In der Botanik wird unter dem Thema Morphologie der allgemeine Bau der Pflanzen behandelt. Hier findet man genauere Darstellungen über die anatomischen und morphologischen Unterschiede zwischen Kräutern, Sträuchern, Bäumen usw. Wir haben zunächst nur die typische Entwicklung der Kräuter im kosmologischen Zusammenhang betrachtet. Von hier aus können wir nun einen ersten Überblick über die Differenzierung der Pflanze in verschiedene Gestalttypen gewinnen, indem wir uns der unterschiedlichen Ausbildung des Sproßsystems, d. h. den Wuchsformen zuwenden. In seinem Buch *Metamorphose* hat Julius den Wuchsformen einige Kapitel gewidmet und von ihnen aus die innere Beziehung der Pflanzengestalt zu den Planetenbewegungen aufgewiesen. Für Julius ergeben sich die Wuchsformen aus einem verschiedenartigen Zusammenwirken von Vertikaltendenz und Spiraltendenz, jener beiden von Goethe entdeckten Grundprinzipien der Pflanzenbildung. Das ist eine andere Gliederung als die bekannte Einteilung der Blütenpflanzen in die sogenannten Lebensformen durch Raunkiaer; diese orientiert sich vor allem an der Lage jener Organe, in denen die Pflanze die ungünstigen Jahreszeiten (Winter, Dürreperioden) überdauert, zum Erdboden. Im folgenden werden wir die Entwicklung und Gestaltung der Pflanzen unter dem Gesichtspunkt der verschiedenen Rhythmen behandeln.

## *Die einjährigen Kräuter*

Bisher haben wir die Kräuter ganz allgemein betrachtet. Nun müssen wir zwischen den einjährigen, den zweijährigen und den ausdauernden Kräutern unterscheiden. Am überschaubarsten sind die Verhältnisse bei den einjährigen Kräutern. Bei ihnen durchläuft die Pflanze ihre ganze Entwicklung von der Keimung über die Bildung des Sprosses mit den Blättern und Blüten bis hin zu den Früchten und Samen in einem Jahr. Während der Samenreifung stirbt sie dann ab. – Mit dem Höhersteigen der Sonne entfaltet sich die Pflanze in der ersten Jahreshälfte. Sie blüht bei uns vor allem in den Monaten Juni und Juli.[19] Mit dem Zurücktreten der Sonnenwirkung in der zweiten Jahreshälfte weicht das Leben allmählich aus allen Organen, während es in den Samen den Ansatz für einen neuen Entwicklungszyklus bildet. Im Gegensatz zu den mehrjährigen Kräutern, die im Spätsommer und Herbst in ihren Knospen schon die Anlagen für die Sprosse und Blätter, zum Teil sogar für die Blüten des kommenden Jahres bilden, entwickeln sich bei den einjährigen Kräutern alle Organe aus dem direkten Zusammenleben der Pflanze mit der Sonne. Die ersten Blätter einer solchen Pflanze senden ihre in der Assimilation durch das Licht gebildeten Substanzen zu den neu sich entwickelnden Blättern. Diese wachsen rasch heran. So kommt die Pflanze zu einer stärkeren Verbindung mit dem Licht und mit der Atmosphäre, während die Wurzel – besonders bei Trockenheit – tief in das Erdreich hinunterdringt und dort die Feuchtigkeit für das rasch sprießende Wachsen aufsaugt. Die Pflanze entwickelt sich in dieser Weise eine Zeitlang unter der Gesetzmäßigkeit des Sonnen-Merkur-Rhythmus. Wenn sie dann zur Bildung von Blüten fortschreitet, wird dieser Übergang zur höheren Stufe des Pflanzenseins für die Lebensvorgänge bestimmend. Die alten Blätter welken ab, aus den anderen strömen die Assimilate zu den heranwachsenden Blüten hinauf. Und wenn die Pflanze zu der letzten Stufe ihrer Entwicklung in den Früchten kommt, mündet der Substanzstrom in die Frucht- und Samenentwicklung mit ihren wärmehaften, austrocknenden Lebensprozessen ein. So ist das Wachstum ein Lebensvorgang, der ganz in der aufwärts strebenden Bildung aufgeht. Denn mit der Frucht- und Samenreife verfällt die Pflanze dem Welken und Absterben. – So ist die Pflanze in den einjährigen Kräutern am stärksten mit dem Jahresgang der Sonne verbunden; sie zeigt in ihrem Wachsen und Vergehen die zunehmende und schwindende Macht der Sonne.

Zu den einjährigen Kräutern gehören jene Pflanzen, die das Licht am intensivsten dem irdischen Leben eingliedern – die Hirse, der Mais, das Zuckerrohr, verschiedene Gänsefußgewächse u. a. m. Sie geben sich mit ihren Lebensvorgängen dem von der Sonne zuströmenden Licht so hin, daß sich ihre Assimilation selbst in dem Anschwellen der Lichtfülle im tropischen Mittag noch steigert. In diesen Pflanzen wirkt die Sonne am stärksten in das irdische Leben hinein.[20]

Die enge Verbindung zwischen den einjährigen Pflanzen und der Sonne spiegelt sich auch in ihrer Verbreitung. In unserem gemäßigten Klima mit den langen Wintern herrschen unter den Kräutern die ausdauernden vor. Die einjährigen Kräuter treten dagegen in den Wüstengebieten stark hervor, wo die Sonne in der kurzen, feuchten Jahreszeit ein intensiv sprießendes Wachstum anregt, das schon nach wenigen Wochen in das Blühen, die Frucht- und Samenbildung und damit in einen neuen Ruhezustand übergeht. Durch diesen Wechsel von kurzer sprießender Entfaltung, in der die Feuchtigkeit wirkt, und längerer Samenruhe, die das Resultat wärmehaft-austrocknender Prozesse ist, besteht ein innerer Zusammenhang zwischen den einjährigen Kräutern und den Wüsten. Es gibt Wüstengebiete, in denen vier Fünftel aller Arten einjährige Kräuter sind.

Der einjährige Entwicklungsgang wirkt tief bis in die Gestalt dieser Pflanzen bestimmend hinein. Die Sonne umgreift mit ihrem Jahreslauf die Rhythmen von Mond und Merkur. Von den Rhythmen der Venus liegen lediglich der siderische Zyklus und die Phase zwischen zwei Konjunktionen (292 Tage) innerhalb eines Jahres. Diese Verhältnisse prägen sich besonders in den Pflanzenfamilien anschaulich aus, deren Typus eng mit dem Jahreslauf verwoben ist.

Das trifft in unserer einheimischen Flora insbesondere für die Gänsefußgewächse zu. Bis auf zwei Arten sind sie alle einjährig wie z. B. der Spinat, die Melden und die Gänsefußarten. Sproß und Blätter entwickeln sich kräftig, zum Teil sogar außerordentlich üppig wie beim Guten Heinrich. Also gerade diejenigen Bildungen, die auf Sonne und Merkur zurückgehen, bestimmen den Pflanzenhabitus. Die Blüten bleiben meist grün; sie befreien sich nicht aus der Region des vegetativen Lebens. Ihre Blütenkronen sind unscheinbar; bei manchen Melden fehlen sie ganz. Die von der Venus ausgehende Blütenbildung lebt in diesen Pflanzen, deren Entwicklungsperiode sich nicht auf eine volle Venus-Synode erstreckt, nur unvollständig wie in Anfängen auf. Leben und Gestalt sind vor allem von Sonne und Merkur geprägt.

Mit dem jährlichen Sonnengang stehen auch die Kreuzblütler in engem Zusammenhang. Sie sind fast ausnahmslos Kräuter. Etwas weniger als die Hälfte unserer einheimischen Arten ist einjährig. Bei den einjährigen Kräutern herrscht allgemein die aufwärtsstrebende Lebensentfaltung. Sie ist bei den Kreuzblütlern besonders kraftvoll: Über der Blattregion erheben sich die Blütenstände, die zum Teil bis in den Herbst unaufhörlich weiterwachsen. Die kleinen Blüten selbst erscheinen nur wie eine flüchtige Episode zwischen der lebhaften Sproßentwicklung und der Samenbildung (siehe das Kapitel über die Kreuzblütler).

Auch bei verschiedenen anderen Pflanzenfamilien kann man beobachten, wie sich der einjährige Entwicklungsgang mit seiner inneren Beziehung zum Sonnenrhythmus in der Form ausprägt. Unter den Nelkengewächsen entwickeln sich nur bei den mehrjährigen Gattungen schöne, leuchtende Blüten, so bei den echten Nelken, bei der Lichtnelke, der Pechnelke und dem Seifenkraut.

Dagegen bilden die einjährigen Gattungen (Spark, Spärkling, Knäuel, Knorpelblume, Bruchkraut) nur kleine, kümmerliche Blüten, die teilweise sogar grün bleiben. Die Blütenbildung kommt nicht richtig zur Entfaltung. Sie ist ähnlich wie bei den Gänsefußgewächsen in den Anfängen steckengeblieben.

Recht interessant sind die Verhältnisse bei den Rosengewächsen mit ihrer kraftvollen Blütenbildung. In unserer Flora findet man nur zwei einjährige Arten, und zwar gerade in derjenigen Gattung, bei der die Blüten klein und grün bleiben und keine Blütenkronen bilden: in der Gattung Frauenmantel. Es gibt aber auch einjährige Kräuter mit großen leuchtenden Blüten wie z. B. den Klatschmohn, den Schlafmohn und die Sonnenblume.

## *Die zweijährigen Kräuter*

Gegenüber den einjährigen Pflanzen dehnt sich bei den zweijährigen der Lebenszyklus von der Keimung bis zur Samenbildung und dem Absterben auf zwei Jahre aus. Diese Verlangsamung der Entwicklung ist mit charakteristischen Gestaltungsvorgängen verbunden. Die zweijährigen Pflanzen sind untereinander sehr verschieden wie die Wollige Kratzdistel von der Sellerie und den Kletten, die Reseden von den Königskerzen, oder das Bilsenkraut von der Stockrose, dem Natternkopf und Hirtentäschelkraut. Dennoch herrscht eine übergreifende Bildungsgesetzmäßigkeit. Im ersten Jahr entwikkelt die Pflanze nur eine kräftige Wurzel mit einer Blattrosette. Könnte die Pflanze der Sonnenwirkung folgen, dann würde sie die Blätter an einem aufstrebenden Sproß bilden. Die in den Blättern gebildeten lebendigen Substanzen würden wie bei den einjährigen Pflanzen aufwärtssteigen und sich dort in neuen Sproß- und Blattbildungen ausgestalten. Diese Sonnenwirkung ist vollständig unterdrückt. Die Substanzen strömen in entgegengesetzter Richtung

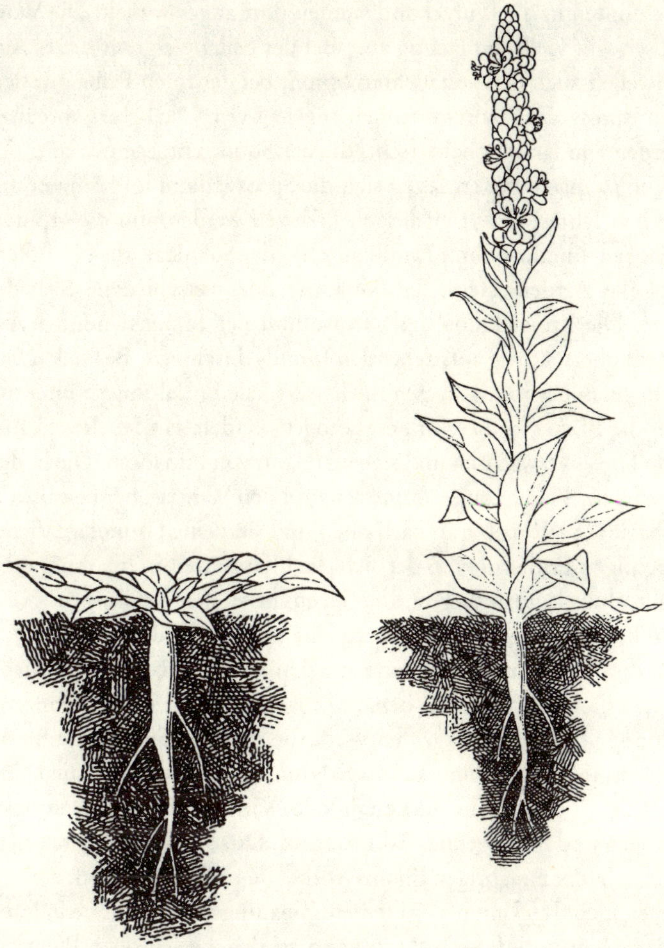

*Eine zweijährige Pflanze (Königskerze, Verbascum) im ersten und im zweiten Jahr. Im ersten Jahr wird der Sproß unterdrückt. Es entwickeln sich eine Rosette und eine kräftige Wurzel. Im Gegensatz zu dieser nach unten gerichteten Entfaltung bildet sich im zweiten Jahr ein mächtig empordrängender Blütensproß. (U. W.)*

nach unten in die Wurzel und werden dort angesammelt. Die Wurzel schwillt vielfach mächtig an.[21] Bei der Sellerie ergreift dieses Anschwellen auch den gestauchten Sproß, bei der roten Rübe nur den Keimsproß, der schon im Samen angelegt war. Die Lebensvorgänge werden von Kräften beherrscht, die der Sonne entgegenwirken.

Um so mächtiger entfalten sich die Sprosse dann im Sommer des zweiten Jahres. Die zweijährigen Pflanzen werden nun die größten Pflanzen innerhalb ihrer Familien, z. B. der Steinklee, die Nachtkerzen, die Kardendisteln, die Stockrose oder verschiedene Kratzdisteln. Die Entwicklung der Sprosse und der Blütenstände ist von einem übermächtig aufstrebenden Impuls durchsetzt. Bei vielen Disteln, auch bei Königskerzen ist die vertikale Entfaltung so intensiv, daß die Blätter in diese mit einbezogen werden, ein Stück weit mit dem Sproß verwachsen und sich erst dann von ihm lösen. Die in der Wurzel im Vorjahr angesammelten und den Winter über bewahrten Substanzen strömen nun nach oben und sind eine Grundlage dieser mächtigen Entfaltung, in der sich die Pflanze weit in die sommerliche Lichtwelt hinaufbegibt. Im Gegensatz zu den einjährigen Kräutern kommen die zweijährigen zu einem vollen Blühen.

Geht man in der Betrachtung von den einjährigen zu den zweijährigen Pflanzen über, dann bemerkt man, wie die gesamte Pflanzenbildung von Kräften ergriffen wird, die die vom Sonnenrhythmus bestimmte Entwicklung auf zwei Sonnenperioden ausdehnen, indem sie im ersten Jahr die gestaltende Wirkung der Sonne zurückdrängen und im folgenden Jahr steigern. Diese Kräfte verhalten sich zu den in der einjährigen Pflanze wirkenden Bildekräften so, daß sie diesen nicht bloß ein neues Element hinzufügen, sondern sie in ihrer Gesamtheit beeinflussen. Man kann an den zweijährigen Pflanzen ablesen, daß diese Kräfte das «System» der einjährigen Pflanzengestaltung als Ganzes umgreifen und diesem ihren besonderen Charakter aufprägen. Sieht man in den einjährigen Pflanzen das Abbild von Erde, Mond, Merkur, Sonne, andeutungsweise auch von Venus, so wird man durch die besonderen Gestaltungsverhältnisse und den zweijährigen Lebenszyklus auf den den «untersonnigen» umgreifenden «obersonnigen» Bereich verwiesen – und hier speziell auf den Mars mit seinem etwa zweijährigen Rhythmus (synodische Umlaufzeit: 2 Jahre und 50 Tage; siderische Umlaufzeit: 1 Jahr und 322 Tage).

Innerhalb seiner zweijährigen Periode kommt der Mars, wie das bereits geschildert wurde, in völlig gegensätzliche Beziehungen zum Sonnengang. Nach der Konjunktion ist seine relative Bewegung ein Jahr lang der der Sonne entgegengesetzt: Wenn die Sonne im Frühjahr und Sommer höher steigt und das Pflanzenleben sich wieder entfaltet, begibt sich der Mars – indem er immer weiter hinter dem Gang der Sonne durch den Tierkreis zurückbleibt – in das Gebiet der der Sonne entgegengesetzten Tierkreisbilder hinunter. Hierbei dringt er aus der Weite des obersonnigen Gebietes tief in das Gebiet der Sonnensphäre hinein. – Diese der Sonne entgegengerichtete Dynamik hat ihr Abbild in der Rosettenbildung des ersten Jahres und der Hemmung des Hauptsprosses, und die starke Annäherung an die Mondsphäre und die Erde in einer Verstärkung der Wurzelbildung und in der nach unten in die Wurzel gelenkten Substanzströmung.

Im folgenden Jahr bewegen sich Sonne und Mars nach der Opposition in gleicher Richtung. Die Sonne tritt nun mit ihrer größeren Geschwindigkeit zum Mars in eine immer engere Beziehung, während sich dieser wieder in die Weite des obersonnigen Raumes hinausbegibt. – Das Emporsteigen der Sonne zu ihrer sommerlichen Höhe vollzieht sich also im Zusammenhang mit dieser machtvollen Bewegung des Mars. Dieses Zusammenspiel von Mars und Sonne offenbart sich in der Impulsierung, die das aufstrebende Wachstum im zweiten Jahr erfährt. – So erscheint in den zweijährigen Pflanzen das Bild der vom Mars modifizierten Sonnenwirkung.

Nun findet man in jedem Jahr neben den Rosetten auch die voll entfalteten blühenden Pflanzen. Das ist allerdings auch nicht anders zu erwarten. Dadurch, daß der synodische Zyklus um 50 Tage länger als zwei Jahre ist, liegen die Konjunktionen und Oppositionen von

Mars und Sonne in immer anderen Tierkreisbildern. Es gibt also Jahre, in denen der Mars die Sonnenwirkung stärker und andere Jahre, in denen er sie schwächer hemmt oder impulsiert. So kann man in manchen Jahren z.B. auch wesentlich mehr blühende Königskerzen und Disteln beobachten als in anderen. Es wäre allerdings über viele Jahre und an verschiedenen Standorten zu untersuchen, mit welcher Deutlichkeit sich die kosmische Dynamik zwischen Mars und Sonne im Lebensrhythmus der zweijährigen Pflanzen widerspiegelt.

## *Die ausdauernden Kräuter*

Die meisten unserer Kräuter entfalten sich viele Jahre hindurch immer wieder von neuem aus Knospen, die sie gegen Ende der vorangegangenen Vegetationsperiode dicht über dem Erdboden oder in der Erde gebildet haben. Aus diesen Knospen sprießen im Frühling oder Frühsommer die neuen Triebe hervor. Spätestens im Herbst sterben sie ab. Insofern wachsen und vergehen auch die ausdauernden Kräuter mit dem Jahresgang der Sonne.

Im ersten Jahr oder den ersten Jahren bilden sie nur Rosetten oder grüne Triebe. Aus den Blättern fließen organische Substanzen nach unten in die Wurzeln, Rhizome, Zwiebeln oder Knollen und werden dort gespeichert. Durch diese vom Vorjahr aufbewahrten Substanzen kann sich die Pflanze im folgenden Jahr kräftiger entfalten – auch dort, wo die Vegetationsperiode durch lange Winter oder durch Dürrezeiten nur kurz ist. Meist erst nach einer mehrjährigen Phase rein vegetativer Entwicklung erhebt sich die Pflanze zum Blühen.

Im Gegensatz zu den einjährigen Kräutern entwickeln die ausdauernden ein starkes Leben unter der Erde. Hier entstehen die Erneuerungsknospen und Speicherorgane. In den Knospen und den angesammelten Substanzen wirkt das Leben des einen Jahres in das des kommenden Jahres hinüber. Die einjährige Pflanze bildet sich aus den Kräften, die gegenwärtig der Erde aus dem Kosmos zuströmen. Wenn sich die ausdauernden Kräuter im Frühjahr entfalten, wachsen sie wohl unter dem Einfluß der Sonne heran. Die Blätter und Sprosse haben sich aber schon im Vorjahr in den Knospen in ihrer Form weitgehend differenziert. Das gilt bei den frühzeitig im Jahr blühenden Kräutern wie dem Huflattich, den Anemonen, den Primeln, der Nieswurz und den meisten Zwiebelpflanzen auch für die Blüten. Bei den Tulpen, Narzissen und Hyazinthen kann man beobachten, wie die fertigen Blütenknospen aus dem Dunkel der Zwiebel hervortreten. Die meisten unserer Sommerpflanzen bilden wenigstens ihre Blüten unter dem Einfluß der gegenwärtigen Sonne.

Die Sprosse der ausdauernden Kräuter entstehen vom zweiten Jahr an als Seitentriebe aus den Erneuerungsknospen. Die Pflanze verzweigt sich also immer weiter in die Umgebung. Damit treten im Bereich der Sproßbildung neue Verhältnisse auf. Auch wenn sich die Triebe unter dem Einfluß der Sonne entfalten, wirkt in ihnen nicht mehr die reine Sonnengesetzmäßigkeit wie bei den einjährigen Pflanzen, sondern eine stark modifizierte.

Der zentrale Hauptsproß ist bei fast allen ausdauernden Kräutern unterdrückt. Bei den Knollenpflanzen wie dem Alpenveilchen schwillt bereits bei der Keimung das Hypokotyl, der Sproß der Keimpflanze, stark an und entwickelt sich zu der dunklen Knolle. In diese wird noch ein kurzes Stück des über den Keimblättern sich entwickelnden Hauptsprosses einbezogen. Die Knolle wirkt wie ein aufs äußerste komprimierter Stamm, aus dem oben einige ebenfalls gedrängte Blatt- und Blütenzweige entspringen. Das Sproßwachstum ist stark gestaut. Mit ihrer Knolle als dem mächtig ausgewachsenen Hypokotyl geht die ganze Pflanzenbildung von dem Teil des Sprosses aus, der sich im Samen unter dem Einfluß des Mondes gebildet hat. So erscheint das Alpenveilchen als ein unter dieser

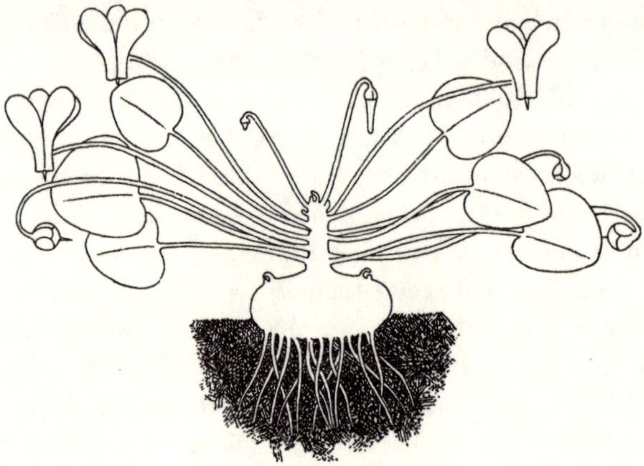

*Alpenveilchen (Cyclamen persicum) im ersten Jahr der Entwicklung. Der Keimsproß (Hypokotyl) hat sich wie ein kurzer Stamm zu einer Knolle verdickt. Aus dieser geht der kurze Hauptsproß mit den Blättern und achselständigen Blüten hervor. (Nach Hagemann, leichtverändert.)*

Mondwirkung unentwickelter Baum. Das gilt z. B. auch für den Winterling (siehe Seite 210f.), den Gefingerten und den Hohlen Lerchensporn. Deren Knollen gehen ebenfalls vom Hypokotyl aus. Sie zeigen ihre Beziehung zum Mond auch noch dadurch, daß sie sich im Erdboden entwickeln.

Bei anderen ausdauernden Kräutern wie dem Gelben Enzian, der Akelei und der Zaunrübe vereinigt sich der untere Teil des Hauptsprosses mit der Primärwurzel zu einer Rübe. Dieser unterste Sproßabschnitt hat auch sonst eine starke Beziehung zur Wurzelbildung; aus ihm gehen besonders leicht sproßbürtige Wurzeln hervor. Die Knospen dieses Sproßteils entwickeln sich in den folgenden Jahren zu Blütentrieben. Zugleich wächst die Rübe immer mächtiger heran. Bei diesen Rübenpflanzen wird so, wie bei den Knollenpflanzen das Hypokotyl, die Wurzel zum beherrschenden Organ. An die sich sphärisch ausweitende und insofern vom Mond

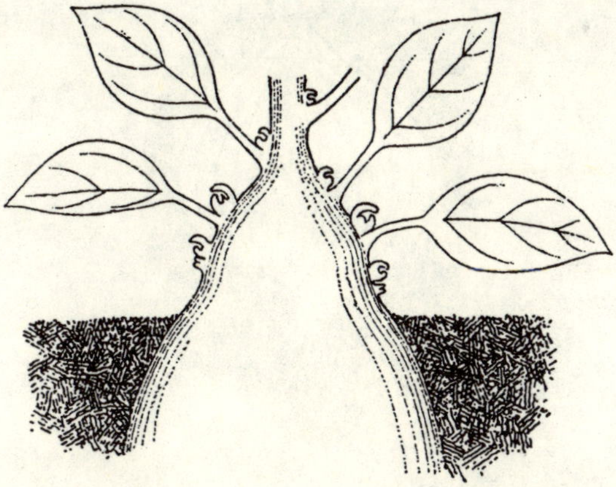

*Bei den ausdauernden Rüben vereinigt sich der untere Teil des Sprosses mit der Wurzel. Der übrige Sproß und die Blätter sterben im Herbst ab. Im folgenden Jahr treibt die Rübe aus ihren Knospen neue Sprosse (nach Troll, verändert).*

bestimmte Wurzel schließt ein Sproßstück an, das noch weniger entfaltet ist als beim Alpenveilchen. Es ist so, als ob die auf einen Baum hinzielende Gestalt noch um einen Grad stärker zurückgehalten wäre.

Den geringsten Grad der Entfaltung findet man bei den Zwiebelpflanzen. Hier ist nicht nur der Sproß, sondern auch die Wurzel weitgehend unterdrückt. Von der Pflanze bleibt während der Winterruhe nur eine Knospe übrig. Diese umhüllt mit ihren Schuppenblättern den zarten, unentfalteten Blütentrieb. So enthält auch die Zwiebel die Anlage zu einer Pflanze, die sich weit im Raum ausbreiten würde, wenn die Blätter und die Internodien sich voll entfalten könnten und nicht durch die Wirkung des Mondes von der Lichtwelt der Sonne abgesondert wären (siehe Seite 123).

Im Gegensatz zu diesen Knollen-, Rüben- und Zwiebelpflanzen breiten sich andere ausdauernde Kräuter stark aus. So entfalten

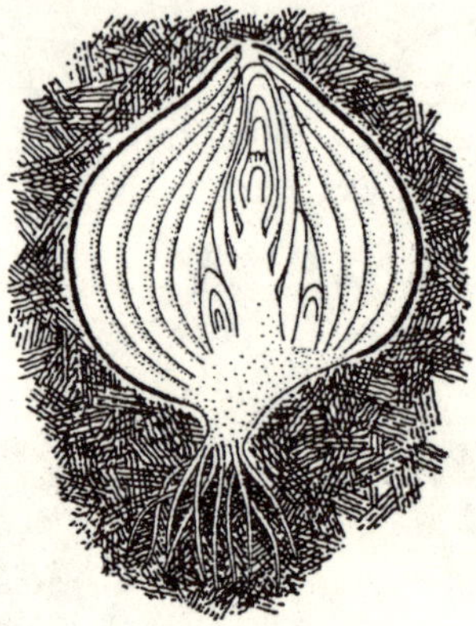

*Bei der Zwiebel bleibt ein Teil der Pflanze dauernd im Knospenzustand. (Nach Lorenzen, verändert.)*

sich bei den Ausläuferpflanzen wie dem Kriechenden Hahnenfuß, dem Kriechenden Günsel, der Walderdbeere oder dem Gilbweiderich Knospen des unteren Sproßteils zu langen horizontalen Trieben. Diese Seitensprosse, die in der unmittelbaren Nachbarschaft der Wurzel stehen, dringen oft weit in die Umgebung hinein. Dort wurzeln sie an ihrem meist etwas angeschwollenen Ende. Aus ihm wächst dann im neuen Jahr ein Trieb mit Blättern und Blüten der Sonne entgegen. In der Tatsache, daß der Seitentrieb zunächst nicht der Sonne, sondern der Wurzelbildung zustrebt, sieht man wiederum Wirkungen, die auf den Mond zurückgehen.

Diese Wirkungen sind in den Rhizompflanzen noch gesteigert. Hier durchdringt die Wurzelbildung sogar den Hauptsproß. Schon der Keimsproß krümmt sich bei diesen Pflanzen von der Sonne weg, oder er wendet sich bei der Keimung überhaupt nicht der Sonne zu. Der Hauptsproß wächst dann horizontal am Erdboden oder in der Erde. Die Wurzeln, die aus ihm hervorbrechen, ent-

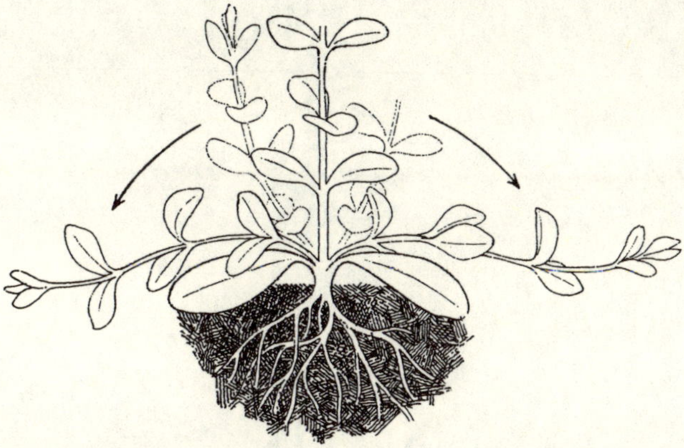

*Seitentriebe aus der unteren Region des Sprosses breiten sich am Boden aus und schlagen dort, besonders an ihren Spitzen, Wurzeln. Die Ausläufer ähneln den Rhizomen insofern, als sie ihre Beziehung zur Sonne weitgehend verlieren. Sie bilden viel intensiver Wurzeln als die vertikalen Sprosse. (U. W.)*

sprechen den Seitenwurzeln der Wurzel (siehe Seite 92ff.). So sind es die Kräfte des Mondes, die den Sproß als Rhizom an die Erde fesseln. Bei den meisten Rhizompflanzen steigen aus diesem mondhaften Sproß in den ersten Jahren des Erstarkungswachstums nur Blätter in den Lichtbereich hinauf. Dann erhebt sich wie beim Buschwindröschen, Salomonsiegel oder der Schwertlilie auch der Sproß zur Blütenbildung über die Erde zur Sonne. Das Rhizom wächst nun durch Seitensprosse weiter (sympodiales Rhizom). Seltener entstehen wie bei der Einbeere die Blütentriebe als Seitensprosse (monopodiales Rhizom). – So bilden die Ausläufer- und Rhizompflanzen ganze Sproßsysteme, die nur nicht in die äußere Erscheinung treten, weil sie durch den Mond an die Erde gebunden sind.

Die ausdauernden Kräuter sind also alle gegenüber den einjährigen Kräutern in verschiedener Weise stark von den Wirkungen des Mondes durchsetzt. Am deutlichsten kommen sie in den Erneue-

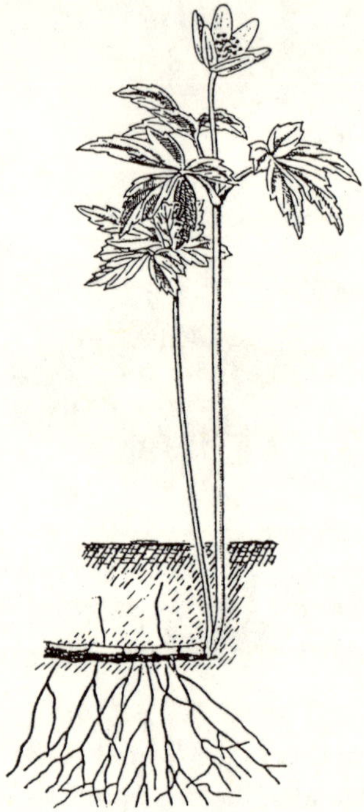

*In den Rhizomen entwickelt sich das Sproßsystem wie hier beim Weißen Buschwindröschen (Anemone nemorosa) weitgehend im Erdboden. Damit löst sich die Pflanze großenteils vom Sonnenrhythmus: die unterirdischen Sprosse wachsen viele Jahre hindurch. Sie speichern im Winter wie sonst vielfach die Wurzeln organische Substanzen für die Blütentriebe des kommenden Jahres.*
*(Aus Troll, verändert.)*

rungsknospen zum Ausdruck. Diese entstehen vor allem in der zweiten Jahreshälfte, wo das Wachstum im Zusammenhang mit dem immer tieferen Stand der Sonne zu stocken beginnt, der Mond als Vollmond in den länger werdenden Nächten höher und höher steigt. Sein Licht ist ein kühler Schimmer des Sonnenlichtes, das durch die Reflexion in den Eigenraum der Mondsphäre hineinstrahlt.

Die Erneuerungsknospen sind eine Manifestation dieser so stark abgeschwächten und von der Sonne selbst losgelösten Sonnenwirkung. Sie entstehen, indem die Internodien sich nicht strecken und die Blätter zu den Knospenschuppen verkümmern, die gemeinsam die Knospenhülle bilden. Die Knospenhülle umschließt wie die Mondsphäre einen abgesonderten Innenraum verminderter Sonnenwirkung. Hier entwickeln sich, wie das bereits erwähnt wurde, ganz zart, klein und bleich Stengelanlagen, Blätter und zum Teil auch Blüten und Blütenstände. Die Sonne und mit ihr Merkur und Venus finden im Innenraum der Knospenhülle eine stark abgeschwächte Offenbarung. Die Pflanzenbildungskräfte wirken in einer vom Mond modifizierten Weise.[22]

So tritt im Herbst mit den Knospen im Pflanzenleben die Signatur des Mondes auf. Zur Zeit der Wintersonnenwende, wenn der Vollmond so hoch am Himmel steht wie die Sonne im Hochsommer, entfaltet er seine größte Macht. Jetzt lassen sich – besonders bei den Bäumen – die Knospen nicht mehr zum Austreiben bringen.[23] Die sogenannte Knospenruhe, auch die Samenruhe, ist nun am tiefsten. Diese zunehmende Tiefe der Knospen- und Samenruhe bis zur sogenannten Vollruhe im Dezember und Januar (Bünning 1953, S. 55) und ihr Abklingen im Februar und März ist wie der Widerschein des Mondganges. So besteht ein unmittelbarer Zusammenhang zwischen dem Mond und der Mehrjährigkeit. Es ist der Mond, der das Leben des einen Jahres durch den Ruhezustand des Winters in das nächste Jahr gleichsam hinüberträgt. – Wie man im Sommer in den grünen Trieben mit den Blättern und Blüten ein Bild der Sonne und der mit ihr unmittelbar verbundenen Planeten erblickt, so offenbart sich im Winter in den Knospen der Mond.

Auf dem Wege der Knospenbildung gewinnt der Mond einen starken Einfluß auf die ganze Pflanzengestalt. Dieser Einfluß macht sich aber nur in den Organen geltend, durch die die Pflanze ohnehin schon zum Mond in Beziehung steht:

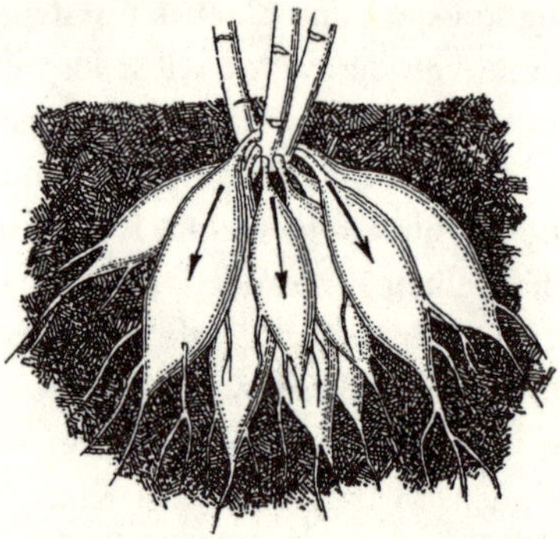

*Die Dahlie (Dahlia variabilis) überwintert vor allem durch Wurzeln, die aus der unteren Region der Sprosse hervorbrechen. Diese sproßbürtigen Wurzeln werden zu Speicherorganen, in die organische Substanzen für die Entfaltung der nächstjährigen Triebe hineinströmen. (Nach Weber, verändert.)*

a) im *Hypokotyl*, dem bei der Samenbildung entstehenden Keimsproß:
   - aus ihm gehen durch Verdickung die Knollen hervor,
   - durch Krümmung in die Horizontale entwickelt sich der Sproß zum Rhizom;

b) im *untersten Abschnitt des Hauptsprosses*, der der Wurzel benachbart ist und selbst zur Bildung sproßbürtiger Wurzeln neigt:
   - die Erneuerungsknospen wachsen zu horizontalen Ausläufersprossen aus,
   - die Erneuerungsknospen entwickeln sich zu aufstrebenden Trieben wie beim Scharfen Hahnenfuß, beim Lungenkraut und vielen anderen Kräutern,
   - aus dem unteren Sproßabschnitt entwickelt sich zusammen mit der Primärwurzel eine Rübe,
   - die sproßbürtigen Wurzeln entwickeln sich zu Wurzelknollen, die wie bei der Dahlie und den Orchideen in ihrem oberen Teil Überwinterungsknospen bilden;

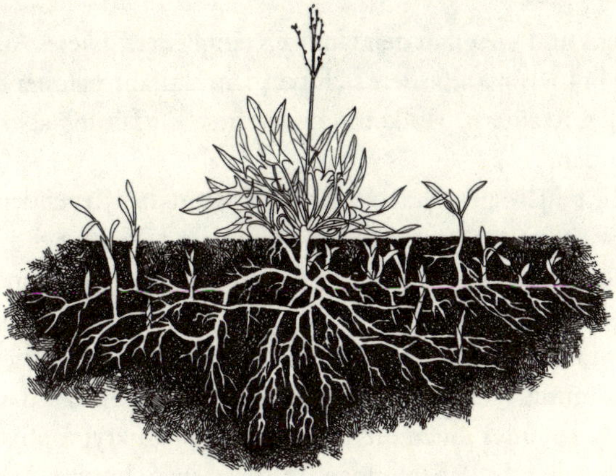

*Kleiner Ampfer (Rumex acetosella; nach Rauh, verändert). Diese kleine Pflanze wächst auf trockenen Wiesen, sandigen Feldern und Äckern. Die zarten Rispen bilden in den unscheinbaren Blüten Staubgefäße oder Fruchtknoten. Unter der Erde entstehen an den Wurzeln Knospen, aus denen neue Triebe hervorsprießen. Ein Teil dieser Knospen ruht im Winter als Erneuerungsknospen. Ähnlich entwikkeln sich verschiedene andere Kräuter wie die Ackerkratzdistel (Cirsium arvense) und die Zypressen-Wolfsmilch (Euphorbia cyparissias).*

c) in den *Knospen* selbst:
– auf diese Weise entstehen die Zwiebeln;
d) an den *Wurzeln*:
– aus Knopsen an den Wurzelverzweigungen entwickeln sich die neuen Triebe wie bei der Ackerkratzdistel und dem Kleinen Ampfer.

Die Erneuerungsknospen sind die Voraussetzung für die immer neue Entfaltung der Pflanze. Hierbei dringt die Pflanze im allgemeinen immer weiter in die Umgebung des ursprünglich vorhandenen Hauptsprosses hinaus (siehe Abbildung S. 155). Das geschieht unter dem Einfluß von Jupiter. Jupiter ist, wie wir gesehen haben, jenes kosmische Prinzip, das zum Erd-Sonnen-Rhythmus in enger Beziehung steht und diesen in den Umkreis eingliedert. Dieses Ausweiten in den Umkreis manifestiert sich von Jahr zu Jahr neu bei den ausdauernden Kräutern. Vollkommen ist diese Entfaltung aber erst bei den Bäumen.

Wie die einjährigen Kräuter auf der Erde in den Gegenden starker Sonnenwirkung am reichsten zu finden sind (siehe Seite 110), so treten die ausdauernden Kräuter dort hervor, wo der Mond in der Natur besonders wirkt. Wenn man sich den polaren Gegenden nähert, wird die Zeit der langen Nächte und damit die Herrschaft des Mondes immer ausgedehnter. Ebenso werden die ausdauernden Kräuter (und unter ihnen die sogenannten Hemikryptophyten) immer zahlreicher. In Italien bilden sie 40 %, im Schweizer Mittelland 65 % und in Dänemark bereits 72 % aller Arten. Die einjährigen Kräuter treten dagegen stark zurück (42 % in Italien, 20 % im Schweizer Mittelland, 18 % in Dänemark; und in der eurasiatischen Tundra gibt es nur sieben einjährige Kräuter – Walter/Breckle 1986, S. 504). Im hohen Norden werden bei vielen Kräutern in den Knospen auch die Blüten angelegt, auf Grönland bei der Hälfte der untersuchten Arten (Walter/Breckle 1986, S. 502). Was sich im nördlichen Sommer an blühenden Kräutern entfaltet, hatte sich großenteils im Vorjahr unter dem Einfluß des Mondes bereits gebildet. – So herrscht ein klarer Zusammenhang zwischen dem kosmischen Rhythmus und seinem Widerschein im Pflanzenreich.

## *Die Laubbäume*

Als Baum erreicht die Pflanze ihre vollkommenste Entfaltung und Gestalt. Durch den Stamm dringt sie kraftvoll in den Raum hinauf und gliedert sich hier mit den Ästen in den Umkreis ein. Bei den Nadelbäumen ordnen sich die Äste am Stamm, dem beherrschenden Teil der Gestalt, an. Bei den Laubbäumen weiten sie sich vielfach nach allen Richtungen zu der sphärenhaften Bildung der

Krone. Während die Kräuter sich jedes Jahr neu mit dem Raum der Atmosphäre, des Lichtes und der Wärme verbinden, lebt der Laubbaum hier über viele Jahrzehnte in der Hinwendung zum Kosmos. So kann man an ihm den Wechsel der Jahreszeiten auch stärker miterleben als bei den Kräutern. Was den Laubbaum gegenüber den Kräutern besonders kennzeichnet, die mächtige Ausbildung des Sproßsystems im Stamm und der Struktur der Krone, zeigt sich am eindrucksvollsten im Winter, wenn das Leben der Pflanzenwelt weitgehend erstorben ist. Ende April, Anfang Mai entfalten sich an den Ästen aus den Knospen unzählige Triebe mit ihren Blättern. Das helle Grün des jungen Laubes ist Ausdruck der neuen Vereinigung mit der Sonne. Das Blühen ist bei den Bäumen unserer Wälder recht verhalten, kann aber auch eine fast unirdische Schönheit erreichen wie bei den blühenden Kirsch- und Apfelbäumen und den blühenden Robinien. Nachdem das Laub zum Sommer dunkler und dichter geworden ist, beginnen viele unserer Laubbäume in den verschiedenen gelben und rötlichen Farbtönen der Herbstfärbung zu erglühen. Indem das Leben jetzt mit dem Schwächerwerden der Sonne schwindet, wird eine bisher verborgene Qualität sichtbar: die tiefe Verbindung des Baumes mit den Kräften des Lichtes und der Wärme.

Bis zu seiner vollkommenen Gestalt durchläuft der Baum viele Jahre des vegetativen Wachstums. Dieses ist in den ersten Jahren im allgemeinen langsamer als bei den Kräutern. Im ersten Jahr wird der Sproß einer Buche, einer Eiche oder des Ahorn kaum mehr als zehn Zentimeter hoch. Bereits Ende Juli, spätestens Anfang August hört das Wachstum auf; ebenso ist es später bei den Trieben des ausgewachsenen Baumes. Schon bei der ersten Etappe der Entwicklung wird das Gewebe dicht und hart. So überdauert der kleine Trieb den Winter. Seine Knospen ruhen ziemlich lange; Kräuter und Sträucher treiben in der Regel vor den Bäumen aus. Das neue Wachstum beginnt vielfach erst, wenn die Sonne die Natur schon stark durchwärmt. Dann entfaltet sich aus der obersten Knospe ein neuer Trieb.

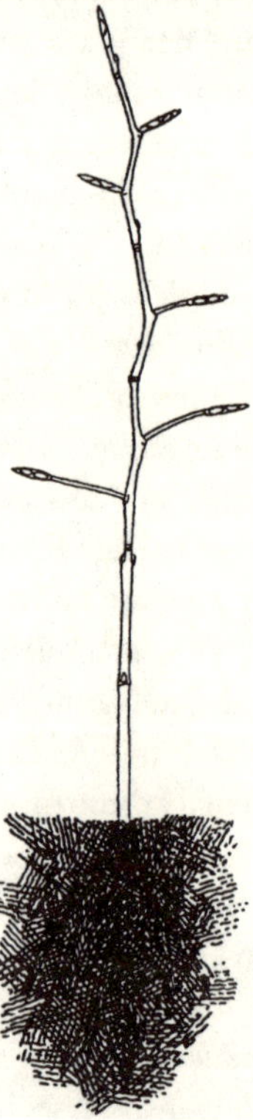

*Junge Buche (Fagus silvatica) am Ende der vierten Vegetationsperiode (nach Troll, verändert). Man kann an dem jährlichen Zuwachs ablesen, wie stark das Wachstum gegenüber dem der Kräuter verlangsamt ist.*

Man kann verfolgen, wie nun im Laufe der nächsten Monate der Trieb des vergangenen Jahres etwas stärker wird. In dieser Weise wird der Stamm von Jahr zu Jahr höher und kräftiger.

Zugleich entwickelt sich im Boden ein starkes Wurzelwerk. Bei jungen Bäumen ist es umfangreicher als das Sproßsystem über der

Erde. Die Wirkungen der Erde haben offensichtlich einen großen Einfluß auf die Entwicklung des Baumes. So ist auch bei den ausgewachsenen Bäumen das Wurzelsystem mächtig, besonders bei den langsam wachsenden. Bei der Eiche kann seine Masse so groß sein wie die des Stammes und der Äste.

Das muß man berücksichtigen, wenn man die besonderen Lebensprozesse im Heranwachsen eines Baumes verstehen will. Bei den Kräutern strömen die in den Blättern entstehenden Substanzen nach oben in die jungen Blätter, dann in die entstehenden Blüten und schließlich in die Früchte. Beim Baum werden sie vom ersten Jahr der Entwicklung an zu einem erheblichen Teil für den Aufbau des Stammes verwendet. Wir wollen dieses Geschehen in knappen Zügen skizzieren.

Zwischen der Rinde und dem Holz des vergangenen Jahres befindet sich eine dünne Schicht lebendigen Gewebes, das sogenannte Kambium. Dieses bildet bei unseren mitteleuropäischen Bäumen vom Mai an nach außen und stärker nach innen neues Gewebe. Das innere wird durch recht komplizierte Umwandlungsprozesse zum Holz. Die meisten seiner Zellen strecken sich unter dem Einfluß der im Stamm wirkenden Kräfte. Dabei werden sie zum Teil zu Gefäßen, in denen das Wasser von den Wurzeln nach oben und schließlich nach außen in die Blätter strömt. In einem anderen, recht umfangreichen Teil des Gewebes kommt es zu einer starken Absonderung von toter Substanz. Hier wirkt unter anderem ein wärmehaft austrocknender Prozeß, bei dem durch Absonderung von Wasser aus Zucker die feste Zellulose entsteht. Durch Absonderung von Wasserstoff verdichtet sich der lösliche Sinapylalkohol zu Lignin. Dieser Übergang gelöster Stoffe in die feste und tote Substanz des Holzes ist ein Analogon des Kristallisationsvorganges im Anorganischen. Was hier in das Leben eingreift, ist die verdichtende Kraft der Gravitation. Sie durchdringt den sich bildenden Stamm im Entstehen des Festigungsgewebes (der sogenannten Holzfasern). So drängen im Prozeß der Holzbildung aus dem Bereich der Wurzel die Kräfte der

Gravitation und das Wasser machtvoll nach oben. Vorgänge, die sich auch im Stengel der Kräuter abspielen, sind hier in der intensivsten Weise gesteigert.

Die Holzbildung dauert von Mai bis Ende August. Zuerst entsteht das lockere Frühholz, bei manchen Bäumen wie der Esche, der Eiche und der Ulme mit ziemlich weitlumigen Gefäßen, in denen das Wasser rasch in die jungen Triebe gelangt. Das Spätholz wird immer dichter und fester. So nimmt die Verholzung in jedem Jahresring vom Frühholz zum Spätholz an Intensität zu. Auf diese Weise steht die Holzbildung im Zusammenhang mit dem Übergang von dem noch feuchten Frühsommer zu dem trockenen Spätsommer und der Entwicklung von sprießendem Wachsen zum Ausreifen der entstandenen Bildungen. Und das Holz selbst unterliegt jedes Jahr einem Reifungsprozeß, der bis in den Spätherbst andauert.

Aus dem Gewebe, das vom Kambium nach außen gebildet wird, entsteht die weichere und lebendigere Rinde. Ihre Gefäße stehen mit den Blättern in Verbindung; in ihnen strömt die in den Blättern gebildete Substanz zu den anderen Organen. Aber auch in der Rinde kommt es zu einem Prozeß des Absterbens. Die peripheren Partien werden von den tiefer liegenden immer wieder durch dünne Korkschichten abgetrennt. Sie werden aus dem Zusammenhang des Lebendigen abgesondert und verwandeln sich in die toten Schichten der Borke.

Auf diese Weise entwickelt sich der Stamm. Durch das dichte Holz und die Borke und das von Jahr zu Jahr fortschreitende Wachstum unterliegt die Pflanze nicht mehr dem Werden und Vergehen wie bei den Kräutern. Der Rhythmus des Jahres ist in einen weitaus umfassenderen Prozeß eingebettet, in dem aus vielen aufeinander folgenden Jahrestrieben die übergreifende Gestalt des Stammes entsteht. Schon nach wenigen Jahren entspringen aus dem jungen Stamm Seitenäste. Aber erst später entwickelt sich die Krone. Mit dem Beginn der Kronenbildung wird das Wachstum des Stammes etwas langsamer. Nun tritt das Sich-Ausweiten in den Raum in den

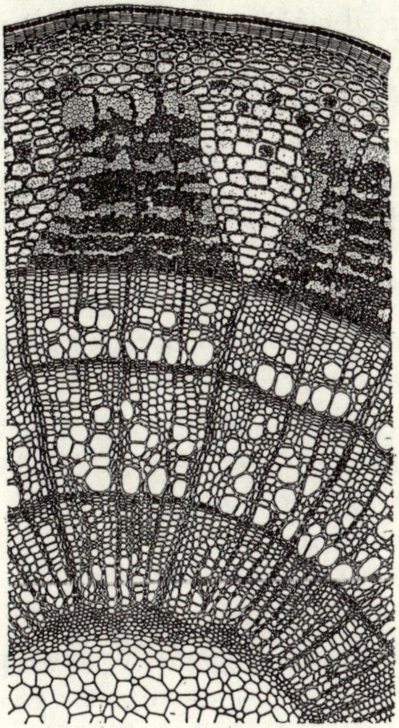

*Querschnitt durch den kleinen Stamm einer dreijährigen Winterlinde (Tilia cordata). An das Mark schließt sich in den drei Jahresringen das Holz an und an dieses die Rinde mit der Korkhaut. (Aus Strasburger.)*

Vordergrund. Die Seitenäste werden von einem mächtigen Wachstumsimpuls ergriffen, der durch Jahre hindurch immer stärker wird. Sie wachsen schräg nach oben in den Umkreis hinaus. Besonders an ihrer Unterseite bilden sich Nebenäste. Durch diese Hypotonie wird die Hinwendung zum Umkreis besonders vollkommen. Im Laufe vieler Jahre wird die Beziehung zum Umkreis immer harmonischer. Schließlich ist der Astansatzwinkel im oberen Bereich der Krone 40° bis 60°; nach unten wird er im allgemeinen größer und hat an der Kronenbasis einen Wert zwischen 80° und 90°.

Wenn die Pflanze zum Baum wird, dann werden die in den

Kräutern gestaltenden Kräfte von einer Gesetzmäßigkeit ergriffen, die die ganze Entwicklung und die Lebensprozesse tiefgreifend modifiziert. Diese Gesetzmäßigkeit löst die Entwicklung aus dem Zusammenhang des Werdens und Vergehens mit dem Sonnenrhythmus des Jahres und dehnt sie auf einen viel längeren Zeitraum aus. Das geschieht dadurch, daß die Lebensprozesse im Stengel durch Verlangsamung in das Erstarren übergehen und Substanzen sich aus dem Leben absondern. Hier greift dann die Gravitation mit ihrer mineralisierenden Verdichtung ein. So entspringt der nächste Jahrestrieb nicht mehr wie bei den Kräutern aus der Überwinterungsknospe im Boden, sondern auf dem dauerhaft gewordenen Trieb des vergangenen Jahres. Durch die hier im Pflanzenleben wirkende Gesetzmäßigkeit entsteht der Stamm, indem dann Jahr für Jahr Holz nach innen abgesondert wird. Auf diese Weise weitet sich der Stengel als Stamm immer stärker zur Umgebung aus. Schließlich ergreift die Ausweitung das Wachstum so intensiv, daß die kurzen Seitenzweige in den Umkreis des Stammes hinauswachsen. Im Stamm ist der Baum ganz in die zum Erdmittelpunkt gerichtete Gravitation eingegliedert. Aus dieser Bindung an die Erde befreit sich der Baum im Entstehen der Krone durch die Hinwendung zum Kosmos.

Hat man den Jupiter kennengelernt, dann erfaßt man: Die im Entstehen des Laubbaumes wirkende Gesetzmäßigkeit ist die dieses Planeten. Durch seinen etwa zwölfjährigen siderischen Rhythmus steht er in einer engen Beziehung zum Erd-Sonnen-Rhythmus des Jahres, der sich in der Bildung des Stengels manifestiert. Indem nun Jupiter mit seinem gegenüber dem Erd-Sonnen-Rhythmus so viel langsameren Rhythmus die Stengelbildung durchwirkt, wird die Dynamik der Lebensprozesse abgeschwächt. In ihnen herrscht nun eine Tendenz zum Erstarren, zum Übergehen in den Formzustand der Ruhe. Zugleich wird die Entwicklung über das eine Jahr hinaus in einen viel größeren Zeitraum ausgedehnt. Jupiter umgreift als obersonniger Planet den Erd-Sonnen-Bereich und bringt ihn in Beziehung zum Kosmos. Auch diese Gesetzmäßigkeit wirkt in der

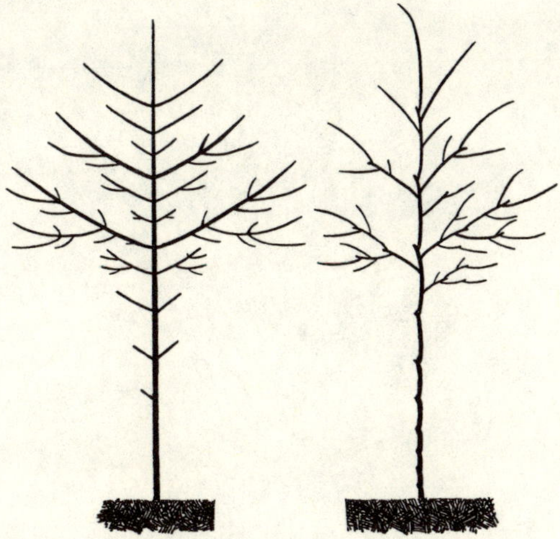

*Wuchsform der monopodialen (links) und der sympodialen Bäume (rechts; nach Rauh). Bei den monopodialen Bäumen wachsen Stamm und Zweige viele Jahre aus den Gipfel- bzw. Endknospen weiter. Gegenüber dieser vieljährigen Triebbildung entstehen bei den sympodialen Bäumen Stamm und Äste aus einjährigen Sproßstücken. Deren Endknospen sterben ab, so daß jedes neue Sproßstück einem Seitentrieb entspricht. Insofern herrscht bei den monopodialen Bäumen der von Jahr zu Jahr weiterwachsende Trieb, bei den sympodialen Bäumen die Verzweigung. – Die abgebildeten Bäume sind elf Jahre alt. Innerhalb eines Jupiter-Umlaufes bildet der Laubbaum also seine typische Grundform.*

Stengelbildung, und zwar in zweifacher Weise. Zunächst weitet sich der Stengel zur Umgebung durch das Absondern erstarrender Materie im Entstehen der Jahresringe aus; er wird zum Stamm. Dann ergreift Jupiter die Sproßbildung so intensiv, daß die Triebe vom Stamm aus in dessen Umkreis hinauswachsen. Durch Jupiter kommt der Erd-Sonnen-Bereich zum Kosmos in eine innere Beziehung (siehe Seite 77f.). Dieses Ausweiten zur Sphäre des Kosmos offenbart sich eindrucksvoll, wenn sich die Krone eines Laubbaumes bildet. So wird die Ausgestaltung der Pflanze als Laubbaum bis in

a

*Zwei Laubbäume mit monopodialem (Buche, Fagus silvatica, a) und sympodialem Sproßaufbau (Winterlinde, Tilia cordata, b); (aus Harwerth).*

viele Einzelheiten verständlich, wenn man verfolgt, wie Jupiter mit seiner Gesetzmäßigkeit sich in der Pflanzenbildung ausprägt.

Der im Stengel sich manifestierende Erd-Sonnen-Rhythmus wird von dem umfassenderen Rhythmus des Jupiter durchwirkt. Das kann auf zweierlei Art geschehen. Der Erd-Sonnen-Rhythmus kann ganz in dem des Jupiter aufgehen. Dann setzen am Stamm und an den Zweigen der Krone die neuen Jahrestriebe die des Vorjahres

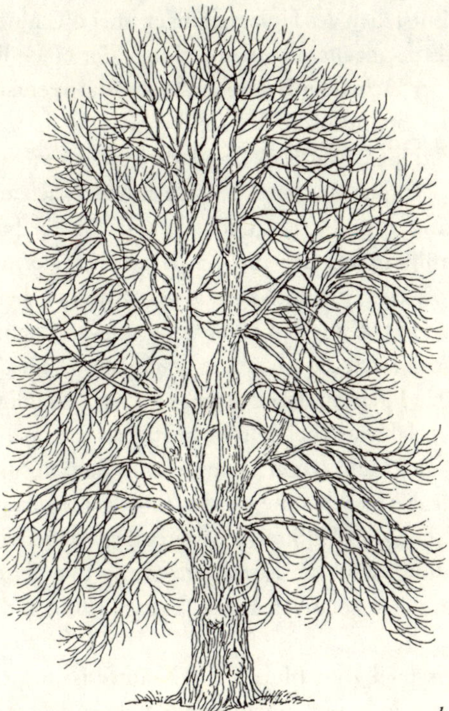

*b*

unmittelbar fort. In dieser monopodialen Wuchsform entwickeln sich Eiche, Rotbuche, Esche und Ahorn. Es kann aber auch der Erd-Sonnen-Rhythmus stärker betont sein. Dann stirbt die Spitze jedes Jahrestriebes ab. Der Trieb des folgenden Jahres geht jetzt aus der obersten Achselknospe hervor; es entsteht aus einer Summe von Seitentrieben die sympodiale Wuchsform. So haben die sympodial wachsenden Bäume wie Birke, Linde, Ulme und Hainbuche eine etwas stärkere Beziehung zur Sonne.

Im Heranwachsen eines Laubbaumes wirken also gegensätzliche Weltkräfte zusammen. Seine Formen sind die Manifestation des

Jupiter. Im Entstehen des Holzes drängen aber die mineralisierenden Kräfte der Erde machtvoll in die Höhe. Bei einer Reihe unserer Bäume wie der Eiche, der Buche und dem Ahorn entsteht durch sie innerhalb des Splintholzes das trockenere und härtere Kernholz. Bisweilen wird hier sogar Kalk abgelagert. Es ist «wie wenn die Erde sich selbst … aufgestülpt hätte und ihr Inneres nach außen bringen würde» (Steiner 1959, S. 119). Die neuen Triebe, die bei den Birken schon im Frühling, bei den meisten Bäumen später und bei Eiche und Esche oft erst Anfang Mai aus den Knospen hervorsprießen, entsprechen den sich aus den Überwinterungsknospen entfaltenden Kräutern. Novalis schreibt in seinen Fragmenten: «Die Bäume scheinen unter allen Pflanzen die edelsten, weil ihre unzähligen Individuen [die neuen Jahrestriebe] so sehr mittelbar nur noch an der Erde hängen und gleichsam schon Pflanzen auf Pflanzen sind.»

Die Blätter der Laubbäume werden im allgemeinen größer als die der Kräuter. Die zum Umkreis ausweitenden Kräfte wirken auch in der Blattbildung. Und die Konsistenz wird etwas fester. Erst nach vielen Jahren der vegetativen Entwicklung beginnen die Bäume zu blühen.[24]

Der Unterschied zum Blühen der Kräuter ist recht auffällig. In unserer Flora bilden nur die zu den Rosengewächsen gehörenden Bäume, die Robinie und die Roßkastanie Blüten mit bunten Blütenkronen. Bei den Linden, den Ahorn-Arten und den Ulmen bleibt die Blütenhülle klein und zum Teil grün. An den großen Laubbäumen unserer Wälder, an der Buche und Eiche, auch an der Esche, der Birke, Erle, Pappel und Weide entsteht überhaupt keine Blütenhülle. Die einzelne Blüte tritt an den meist kleinen, kätzchenförmigen Blütenständen ganz zurück. Blüten entstehen, indem sich die Pflanze von den aus der Erde empordrängenden Kräften, besonders von denen der Gravitation befreit. Diese Kräfte entfalten im Baum eine viel größere Macht als bei den Kräutern und lassen auch die neuen Triebe schon nach kurzer Zeit verholzen. So können sich die Blüten nur unvollkommen bilden. Bisweilen entstehen in den unscheinbaren Kätzchen Blüten, die nur aus Staubgefäßen oder einem Stempel bestehen. Die Staubblüten bilden sich an einem zarten Stengel, der sie so in die Umgebung hineinträgt wie in den Blüten der Kräuter die Staubfäden die Staubbeutel. In solchen Kätzchen ist der ganze Blütenstand nach der Gesetzmäßigkeit der Staubgefäße und der Verstäubung gebildet. Die Fruchtknoten dagegen werden bei der Eiche, der Rotbuche und der Edelkastanie von einer Hülle, der sogenannten Cupula, umgeben. Sie hält bei der Edelkastanie mit ihren Stacheln die Früchte umschlossen; bei der Rotbuche öffnet sich diese Kapsel mit vier Klappen; bei der Eiche drängt die Frucht aus ihr heraus und sitzt in ihr wie in einem Becher. Hier ergreift die für den Fruchtknoten charakteristische Gebärde der Absonderung noch den Sproß, indem dieser den Fruchtknoten als Cupula umschließt. Bei der Edelkastanie und der Rotbuche entsteht die Cupula aus vier Vorblättern (Eschrich 1995). Wo die Stempelblüten an kleinen Zweigen in der Form von Kätzchen in die Umgebung hineingetragen werden wie bei den Birken, Erlen und Pappeln, sind diese meist viel gedrängter als die Staubkätzchen. Auch bei der Buche, Eiche und Edelkastanie entstehen die Stempelblüten an kürzeren oder längeren Stielen.

Offensichtlich hat aber Jupiter einen Einfluß auf die Blütenbildung. Sie beginnt nicht nur erst nach der über viele Jahre ausgedehnten Entwicklung von Stamm und Krone, sondern erfolgt dann lediglich bei einigen unserer Bäume (z. B. Birke, Ahorn, Linde) jedes Jahr, das heißt im Sonnenrhythmus. Bei Esche und Ulme ist der Rhythmus des Blühens auf zwei Jahre ausgedehnt. Buche und Eichen blühen nur alle zwei bis fünf Jahre.

Unter dem Einfluß des Jupiter kommt es dann in den sogenannten Mastjahren zu einer reichen Entwicklung von Früchten. Insgesamt ist die Fruchtbildung ein für die Bäume recht charakteristischer Prozeß. So wachsen und reifen viele jener Früchte, die dem Menschen als Nahrung dienen, an Laubbäumen: in Mitteleuropa die Äpfel, Birnen,

Quitten, Kirschen und Pflaumen; im Mittelmeergebiet die Pfirsiche, Quitten, Zitrusfrüchte, Feigen und die Früchte des Ölbaumes; und in den Tropen z. B. die Mangofrucht, die Akipflaume, die Litchipflaume und die Mangostane. Bei all diesen Bäumen mündet ein reicher Substanzstrom in die heranwachsenden Früchte und reift hier im Fruchtfleisch. Von der in den Blättern entstehenden organischen Substanz geht bei einem Apfelbaum ein Drittel in die Fruchtbildung über, bei der Rotbuche ein Fünftel. Dadurch werden die übrigen Lebensprozesse beeinflußt: Das vegetative Wachstum beginnt zu stocken, vor allem in den Wurzeln und den Knospenanlagen. So entfaltet der Jupiter im Schwellen und Reifen der Früchte eine starke Wirksamkeit, die sich auf den ganzen Baum erstreckt. – Ein Baum, an dem Früchte reifen, ist die vollkommenste Manifestation des Jupiter in der Pflanzenwelt.

## *Die Nadelbäume*

Die Dauerhaftigkeit, die in den Laubbäumen gegenüber den Kräutern so stark hervortritt, ist bei den Nadelbäumen noch gesteigert. Der Laubbaum steht mit der Entfaltung seiner Blätter im Frühjahr, seiner vollbelaubten Krone des Sommers, der Herbstfärbung, dem Absterben und Fallen des Laubes, aber auch mit seinem Blühen und dem Reifen der Früchte noch ganz im Jahresgang der Sonne. An den meisten Nadelbäumen findet man diesen Zusammenhang mit der Sonne nur noch beim Austreiben der Knospen und beim Blühen im Frühling oder Frühsommer. Die Lebensprozesse lösen sich dann aber aus dem Zusammenhang mit dem Sonnengang. Die Blätter überdauern mehrere Jahre; ebenso dehnt sich das Reifen der Zapfen bis zum Versamen zum Teil über das eine Jahr aus. Die dunkelgrünen Nadelbäume des Tiefwinters sind ein eindringliches Bild davon, daß sich die Pflanze mit ihren Lebensprozessen weitgehend gegenüber der Sonne verselbständigt hat. Von den

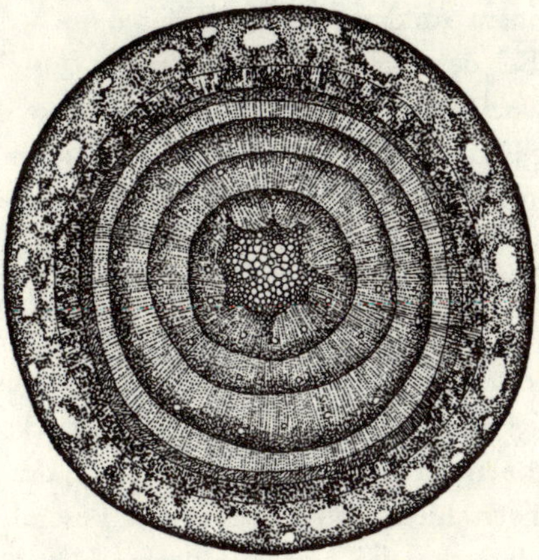

*Querschnitt durch das Stämmchen eines jungen Nadelbaumes. An den Trieb des ersten Jahres (in der Mitte) hat sich in den Jahresringen das Holz der folgenden Jahre angelagert. Das lockere Frühholz geht jeweils in das dichtere Spätholz über; es schließt abrupt an das Spätholz des letzten Jahresringes an. Dieses verhärtete Holzgewebe entsteht aus dem zarten, lebendigen Mantel des Kambiums; zur Peripherie hin bildet das Kambium den sogenannten Bast. Holz und Bast werden von der Rinde umhüllt. (U. W.)*

Nadelhölzern ist in unseren Gegenden nur die Lärche mit ihren im Herbst gelb werdenden und dann abfallenden Nadeln enger mit dem Sonnenrhythmus verbunden. – In der Verwandtschaft unserer Nadelbäume, d. h. bei den Koniferen und den Eibengewächsen, gibt es nur Holzgewächse, und zwar fast ausschließlich Bäume. Lediglich der Wacholder und die Legföhre haben strauchförmigen Wuchs. Dagegen gehören die Laubbäume zu den Dikotyledonen, die sich sonst großenteils in Kräutern ausgestalten. So sind die Nadelbäume ein Baumtypus von besonders extremer Ausprägung.

Das durchzieht ihre Gestalt bis in viele Details. Unter den Laubbäumen wachsen viele sympodial; in der Bildung ihres Stammes wirkt wie in einem Anklang an die Kräuter noch die einjährige Triebbildung. Bei den Nadelbäumen herrscht ausschließlich der monopodiale Wuchs. So prägt der durch Jahrzehnte und Jahrhunderte weiterwachsende Zentralsproß die ganze Erscheinung. Es gibt im ganzen Pflanzenreich wohl kaum ein so markantes Bild für das Fortdauern einer Bildung wie den Stamm einer alten Tanne oder Fichte. Wie bei den Laubbäumen wird jedes Jahr ein neuer Jahresring abgesondert. Das Holz unterscheidet sich aber von dem der Laubbäume. Der Anteil des lebendigen Parenchymgewebes ist geringer, d. h. der Prozeß des Absterbens ist noch stärker. Außerdem sind die Funktionen der statischen Festigung und des Wassertransportes nicht auf verschiedene Gewebe verteilt. Besonders merkwürdig ist aber die Tatsache, daß gerade in diesem Holz bei vielen Nadelbäumen, z. B. bei der Fichte, der Kiefer, der Zirbelkiefer und der Lärche, eine Substanz gebildet wird, die den etherischen Ölen eng verwandt ist, das Harz. So deutet manches darauf hin, daß bei den Nadelhölzern im Entstehen des Stammes andere Kräfte wirken als bei den Laubbäumen.

Schon bald wachsen aus dem jungen Stamm die Seitenzweige hervor, und zwar immer mehrere auf gleicher Höhe. So erhalten die Nadelbäume eine strenge, fast geometrische Gestalt. Jahr um Jahr dringen die Seitenzweige weiter in die Umgebung des Stammes hinaus. Der Stamm bleibt aber das beherrschende Zentrum, dem sich die Äste gleichsam unterordnen; in den Nadelbäumen wirkt offensichtlich nicht die Gesetzmäßigkeit des Jupiter, durch die sich bei den Laubbäumen die Äste zu der sphärischen Gestalt der Krone entfalten. Am deutlichsten zeigt sich der strenge Charakter bei der Fichte. Bei der Kiefer lockert er sich während der Entwicklung auf, und es bildet sich der Ansatz zu einer Krone.

Besonders eigenartig ist der Eindruck, den man beim Betrachten der Zweige gewinnt. Ihnen fehlt die Hingabe an die Atmosphäre und an die Sonne, die sonst die Triebe mit ihren Blättern kennzeichnet. Besonders bei der Fichte scheint es, als ob sie sich ohne innere Beziehung in ihre Umgebung hineinbohren. Im Entstehen der Triebe wirken Kräfte, die die Bildung des Stengels und der Blätter hochgradig modifizieren. Der junge Ast geht rasch in die Erstarrung über. So bleiben die Internodien ganz kurz. Die gleiche Hemmung durchsetzt auch die Blattbildung. Indem die Blätter zu Nadeln werden, bleiben sie nicht nur klein, d. h. weitgehend unentfaltet; sie werden auch dicht. Und statt zur Hingabe an die Sonne kommt es zu einem starken Sich-Absondern. Bisweilen sehen die Blätter wie kurze grüne Ästchen aus. Ihre Haut, die Epidermis, verhärtet stark. Und unter ihr bildet sich eine Schicht sklerenchymatischer Zellen. Mit dieser Hemmung und Verdichtung geht im Innern der Nadeln ähnlich wie im Holz die Bildung von Harz einher.

So löst sich der Baum bis in seine Blätter weitgehend aus der inneren Verbindung mit der Sonne. Nur noch bei der Lärche entstehen und welken die weichen Nadeln im Rhythmus der zu- und abnehmenden Sonnenwirkung des Jahres. Bei der Kiefer werden die langen Nadeln an den Ästen der lockeren Krone drei bis vier Jahre alt, bei der Tanne fünf bis sechs Jahre; und bei dem extremsten unserer Nadelbäume, der Fichte, können sie elf Jahre alt werden. Die Nadelbäume kommen in ihren Zweigen und Blättern unter den Einfluß ganz spezifischer obersonniger Wirkungen.

Was die Pflanze zum Nadelbaum werden läßt, ist eine Gesetzmäßigkeit, die die Bildungsprozesse noch stärker modifiziert als bei den Laubbäumen. Die ganze Entwicklung wird vom Saturn durchwirkt. In seinem siderischen Rhythmus von 29 ½ Jahren ist die Dynamik noch geringer als beim Jupiter. Zudem ist Saturn bei seinem Weg durch den Tierkreis ein Drittel der Zeit rückläufig.[25]

Das führt zu einer enormen Verlangsamung der Lebensprozesse. Wenn das Leben in seiner Dynamik gehemmt wird, beginnen die Stoffbildungsprozesse zu erlahmen. Die Substanz geht in Erstarrung über und sondert sich aus dem Leben ab. Das geschieht im Holz der Nadelbäume in stärkerem Maße als in dem der Laubbäume. Diese Hemmung des Lebens läßt auch den Wachstumsprozeß in den

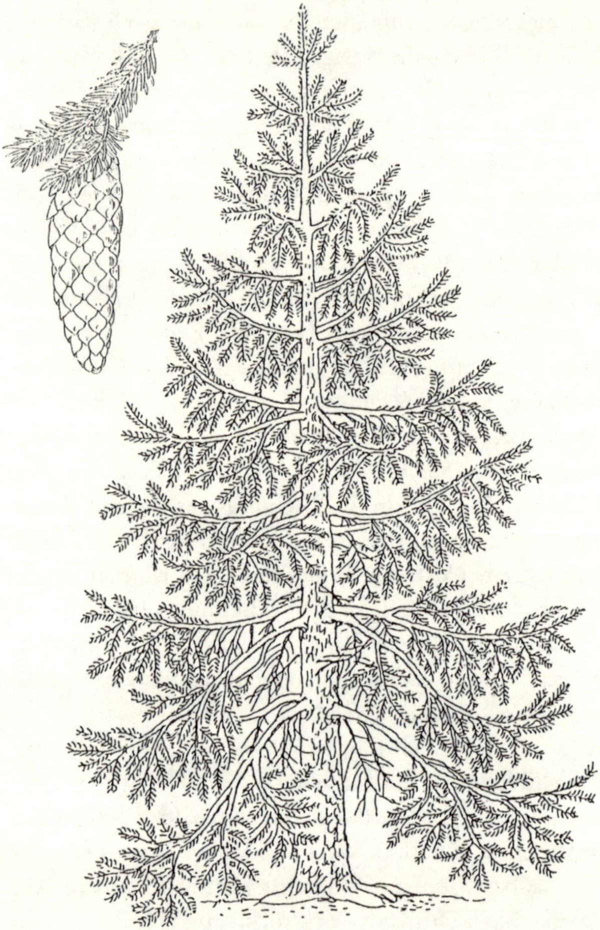

*a*

*Zwei charakteristische Nadelbäume. a. Noch nicht ausgewachsene Fichte (Picea abies) und Zapfen einer Fichte; b. Die Waldkiefer (Pinus silvestris) ist im Gegensatz zur Fichte eine Lichtbaumart. Die Äste entfalten sich zu einer Krone. Das ganze Wachstum ist nicht so stark gehemmt wie bei den anderen Nadel-*

b

*bäumen: die Nadeln bilden sich zu zweit an Kurztrieben und werden lang. An dem einzelnen Zweig sieht man die Staubkätzchen, ein Fruchtkätzchen, unten einen noch grünen Zapfen des zweiten Jahres und einen offenen Zapfen vom Herbst des zweiten Jahres. (Aus Harwerth.)*

Zweigen rasch in die Erstarrung einmünden. Und sie unterdrückt auch das Sich-Entfalten der Blätter. Nun ist der Saturn ein Planet mit starken inneren Wärmeprozessen. Auch diese Kräfte wirken dort, wo das Leben gehemmt wird, z. B. in der ausdörrenden Verdichtung beim Entstehen des Holzes – ähnlich wie bei den Laubbäumen. Durch die gegenüber dem Jupiter intensivere Eigenwärme des Saturn entstehen Substanzen, die durch ihren sulfurischen Charakter nicht erstarren und leicht entflammbar sind; das sind die Diterpene (etherischen Öle) und Harzsäuren des Harzes.

Der Saturn umschließt mit seiner Bahn und gewaltigen Sphäre den Erd-Sonnen-Bereich. So kommt es wie bei den Laubbäumen durch Jupiter zu einer Ausweitung der Stengelbildung zum Stamm und zu einem intensiven Hinausstreben der Zweige in den Umkreis der zentralen Achse. Dem Saturn fehlt aber die für den Jupiter charakteristische Hinwendung zum kosmischen Umkreis. Wo beim Jupiter die Harmonie mit dem Kosmos herrscht, wirken bei Saturn Absonderung und Individualisierung. So entstehen in den Nadelbäumen Gestalten, die mit ihren Ästen wohl weit in den Raum hinausdringen und dennoch in sich zentriert sind. Das zeigt sich vor allem in den so stark sich isolierenden Nadeln. Bei den Araucarien (Schmucktannen) der südlichen Hemisphäre, die man bisweilen in Parkanlagen antrifft, und der Schwarzfichte der nordamerikanischen Taiga prägt sich Saturn besonders deutlich aus: Die schuppenartigen Blätter der Araucarie, durch die die Äste fast wie langgestreckte grüne Zapfen aussehen, und die sehr dicht stehenden Nadeln der Schwarzfichte werden 30 Jahre alt.

Auch andere Phänomene werden verständlich, wenn man darauf hinschaut, wie die Gesetzmäßigkeiten des Saturn in den Bildungsprozessen der Nadelbäume wirken. Die gegen die Entfaltung gerichtete Hemmung unterdrückt bei der Fichte weitgehend die Bildung von Achselknospen. Bei der Kiefer sind die Knospen sogar ganz auf die Spitze der Jahrestriebe begrenzt. So wächst der Nadelbaum im wesentlichen nur aus den Knospen des Sproßendes weiter. Hier bildet sich, wie wir schon erwähnt haben, jedes Jahr ein neuer Quirl von Seitentrieben und in deren Mitte die Fortsetzung des Hauptsprosses. In gleicher Weise werden auch die Äste und deren Seitenäste von Jahr zu Jahr länger. Auf diese Weise werden die Fichten, Tannen, Lärchen und Eiben zu Bäumen, in denen die bisherige Entwicklung wie in einem Bilde sichtbar ist. An den Etagen einer freistehenden Fichte oder Lärche kann man ziemlich genau das Alter des Baumes ablesen. Durch den Saturn entstehen Gestalten, in denen die ganze Vergangenheit der Bäume in den Formen geronnen ist.

Nach 30 Jahren, d. h. nach einem siderischen Saturnrhythmus, beginnen die freistehenden Fichten und Tannen in der Regel zu «blühen». Die Blüten sind noch einfacher als die der Laubbäume. Meistens bilden sich am gleichen Baum kleine, zarte zapfenförmige Staubblüten und die kleinen, noch wenig entwickelten Samenzapfen. In beiden setzt sich die Geste der Nadelbaumtriebe bis in die Region des Blühens fort, indem der Stengel nicht unterdrückt wird wie in den vollkommneren Blüten. Bei den «Staubblüten» ordnen sich die Staubgefäße in dichter Folge um die zentrale Achse an. An den kleinen Zapfen der «Samenblüten» entspringen die Samenschuppen auch aus einer durchgehenden Achse. Diese Samenschuppen tragen an ihrem Grunde zwei Samenanlagen und entsprechen den Fruchtblättern der vollkommneren Blüten. Sie schließen sich aber nicht zu einem Fruchtknoten zusammen. Deshalb werden die Nadelbäume zusammen mit dem Gingko, den Palmfarnen, der Welwitschia und einigen weniger bekannten Holzgewächsen, bei denen sich die Samen auch in Zapfen und nicht im abgesonderten Raum eines Fruchtknotens entwickeln, als Nacktsamer (Gymnospermen) bezeichnet.

So können sich bei den Nadelhölzern auch keine Früchte entwikkeln. Die roten Beeren der Eibe erinnern wohl durch ihre Farbe und den süßen Geschmack an Früchte. Sie gehen aber aus dem Achsengewebe hervor. Am ehesten sind die Wacholderbeeren Früchten vergleichbar. Das alles weist darauf hin, daß die Wirkung des Jupiter bei den Nadelbäumen ganz in den Hintergrund tritt.

Nach der Bestäubung wächst dann der Zapfen langsam heran. Die Samenschuppen werden zu den Schuppen des Zapfens. Unter dem Einfluß des Saturn verholzen sie und lagern sich dicht aneinander. So wird das Innere des Zapfens, in dem sich nun die Samen entwikkeln, über längere Zeit, oft mehr als zwei Jahre, ganz von der Umgebung abgeschlossen. In den heranwachsenden Zapfen manifestiert sich der Saturn mit seinen Kräften, die gegenüber der Umgebung absondern und in die Verhärtung führen, noch deutlicher als an den Ästen mit den Nadeln.

Dadurch, daß sich der Sproß bis in die Blüten fortsetzt, prägt sich die Formgebärde der Nadelbäume in den Zapfen aus: die stark zentrierte Gestalt der Fichte und Tanne in den schlanken Zapfen, die offenere Gestalt der Kiefer in den meist kürzeren Zapfen mit ihren länger werdenden Schuppen. Beim Lebensbaum und der Zypresse schmiegen sich die schuppenförmigen Blättchen eng an den dünnen Ast an; dem entspricht die Form der kleinen Zapfen, die in ihrer runden Form besonders stark in sich zentriert sind.

Die Nadelbäume konzentrieren sich besonders im Norden der Erde. Dort bilden sie in Amerika, Europa und Asien den gewaltigen Waldgürtel der Taiga. In Europa ist die Fichte der beherrschende Baum, an trockeneren Standorten die Kiefer . In Asien mit dem extremen Kontinentalklima wird die Lärche in der sogenannten hellen Taiga der häufigste Baum. In Amerika treten gegenüber der Fichte, besonders der Weißfichte und der Balsamtanne, Lärche und Kiefer in den Hintergrund. – Oft herrscht in der Taiga eine eindrucksvolle Monotonie, wenn der Wald über Hunderte von Kilometern von einer einzigen Nadelbaumart gebildet wird.

Die großen Laubbäume, die wie die Buche und Eiche Wälder bilden, benötigen eine jährliche Vegetationsperiode von 120 Tagen. Sie müssen ihr Blattwerk einen vollen synodischen Merkurzyklus (im Durchschnitt 116 Tage) entfalten, um die Substanzen, die sie für ihr Wachstum benötigen, aus der Verbindung mit der Sonne zu bilden. Die Fichte gedeiht noch dort, wo die sommerliche Vegetationsperiode (mittlere Tagestemperatur 10° C) lediglich 30 Tage dauert. Das ist die Dauer eines synodischen Mondzyklus. Offensichtlich kann die Entwicklung unter dem hemmenden Einfluß des Saturn ziemlich rasch den erforderlichen Reifezustand erreichen. So haben viele Nadelbäume eine innere Beziehung zu jenen Gebieten der Erde, in denen die Sonne nur in einem kurzen Sommer ihre volle Kraft entfaltet und dann lange Monate der Kälte und Dunkelheit folgen. Wenn es nicht zu kalt ist, können die Nadelbäume schon sehr zeitig im Frühjahr mit der Assimilation beginnen. Das dauert bis in den späten Herbst, wenn die Laubbäume ihre Blätter schon längst verloren haben. Erst mit dem Einbruch der Kälte geht das Leben in den Zustand der Ruhe über. Bleibt der Winter jedoch, wie in Mitteleuropa zuweilen, milde, dann nehmen die Fichten, Tannen und Kiefern selbst noch das Licht der tiefstehenden winterlichen Sonne auf. Auch in diesen Phänomenen manifestiert sich der Saturncharakter. In der Beziehung der Nadelbäume zu den nördlichen Regionen der Erde mit den kurzen jährlichen Perioden der Lebensentfaltung spricht sich die starke innere Hemmung ihrer Lebensprozesse aus; und in der Tatsache, daß sie unter günstigen Umständen selbst noch im Winter assimilieren können, ihre durch den Saturn bedingte Unabhängigkeit vom Sonnenrhythmus des Jahres.

Schon südlich der Alpen werden die Nadelbäume seltener. Man findet sie nun vor allem im Gebirge. Und wo sie in den niederen Regionen vorkommen, ändert sich ihr Charakter. Bei den Pinien weitet sich der Nadelbaum in die sonnenhafte Umgebung, bei der Zypresse sondert er sich ganz von ihr ab.

## *Die Sträucher*

Die Gestalt der Sträucher ist der der Nadelbäume nahezu entgegengesetzt. Wer einmal etwa an einem Waldrand neben einer Fichte einen Heckenrosenstrauch betrachtet hat, ist sicher auf den Gegensatz der Formen gestoßen. Gegenüber der dunklen, strengen und regelmäßigen Gestalt der Fichte mit ihren schwer nach unten hängenden Ästen dringt der Rosenstrauch mit seinen langen, bogenförmigen Trieben aus der Erde kraftvoll in den Raum hinaus. Von diesen Trieben aus streben die kürzeren Blütensprosse zur Höhe. Die Blüten selbst wenden sich mit ihren weit ausgebreiteten Kronen und den zahlreichen, leuchtend gelben Staubgefäßen hingebungsvoll der hochsommerlichen Sonne zu. Ein solcher Rosenbusch ist eine besonders schöne Manifestation des Strauchtypus.

In der Reihe der Wuchsformen stehen die Sträucher zwischen den Kräutern und Laubbäumen. Wie bei den Kräutern wachsen immer wieder mächtige Triebe aus der Erde empor. Diese verholzen und verzweigen sich über der Erde wie bei den Laubbäumen. – Nach der Keimung entwickelt sich im ersten Jahr ein meist kurzer Sproß, der dem Zentralsproß der Kräuter entspricht. Dieser bleibt kümmerlich oder stirbt im kommenden Jahr ab. Von nun an treiben aus seiner Basis Sprosse mit mächtigem Wachstumsimpuls in seine Umgebung. In den Sträuchern offenbaren sich also nicht die Wirkungen der Sonne und ihrer Beziehung zur Erde wie im Stengel der Kräuter, sondern die des Sonnen-Umkreises. Aus der Sproßbasis entsteht zusammen mit der Wurzel in der Erde das sogenannte Xylopodium, aus dem bei manchen Sträuchern von Jahr zu Jahr mächtigere Triebe in die Höhe und Weite hinaufdringen.

Die Blütentriebe gehen meistens im folgenden Jahr aus den Knospen dieser langen Zweige hervor. Die Blüten entstehen also weit draußen im Bereich des Lichtes und der Wärme. Aus den langen Zweigen sprießen aber auch wieder wie bei den wilden Rosen, dem Schwarzen Holunder oder der Tamariske lange Bogentriebe hervor.

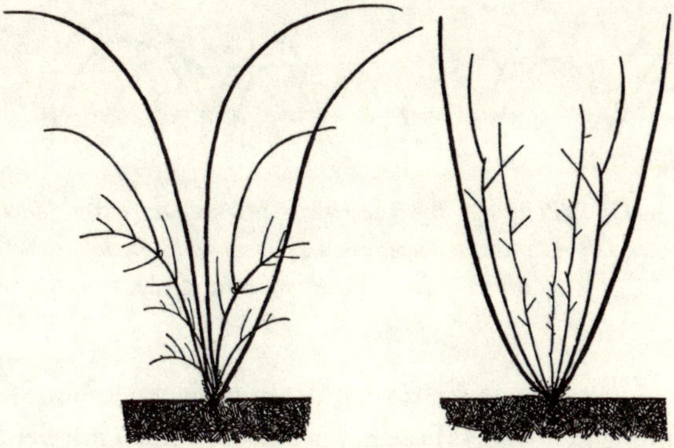

*Die zwei wichtigsten Wuchsformen der Sträucher (nach Rauh).*
*Links: Bei den Sträuchern mit den charakteristischen Bogentrieben (Berberitze, Rose, Schwarzer Holunder u.a.m.) entstehen die Seitentriebe vor allem in der mittleren Region der Vorjahrestriebe (Mesotonie). Sie nehmen die bogenförmig aufsteigende, vom Zentrum wegstrebende Form auf. Diese Sträucher haben einen zentrifugalen Wuchs. Rechts: Die entgegengesetzte Gebärde findet man bei den Sträuchern mit aufstrebenden Trieben (Hasel, Pfaffenhütlein u.a.m.). Das Emporstreben bestimmt auch die Verzweigung: an den Trieben des vergangenen Jahres treiben vor allem die obersten Achselknospen aus (Akrotonie).*

Diese gehen aber auch erst im darauffolgenden Jahr zum Blühen über. So zieht durch die Entwicklung der Sträucher ein zweijähriger Rhythmus hindurch: ein Wechsel von vegetativem Wachstum und Blütenbildung.

Das erinnert an die zweijährigen Kräuter, bei denen unter dem Einfluß des Mars in dem einen Jahr die Rosetten, im darauffolgenden die Blütentriebe entstehen. Die zweijährigen Kräuter sind, wie wir gesehen haben, die durch den Mars modifizierte Ausgestaltung des Erd-Sonnen-Merkur-Venus-Bereiches im Pflanzenleben. Nun kann sich der Mars auch unmittelbar in der Pflanzenbildung offenbaren. Das ist bei den Sträuchern der Fall. Nach seiner Konjunktion mit der Sonne entfernt sich der Mars immer weiter von der Sonne

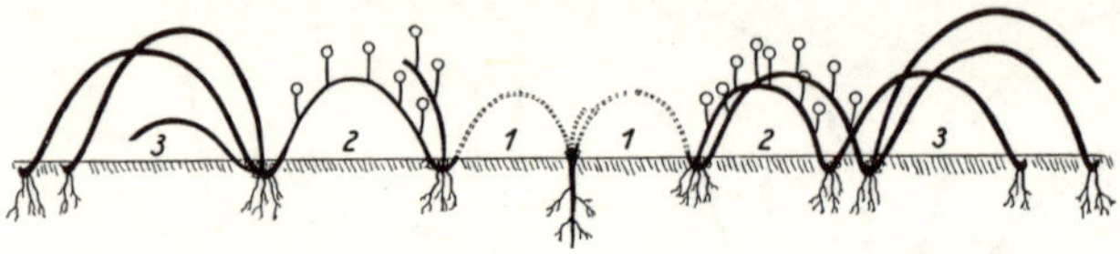


*Schematische Darstellung der Brombeertriebe in den drei ersten Jahren. Der Trieb des ersten Jahres ist bereits abgestorben. An dem des zweiten Jahres entstehen die Blütentriebe. (Aus Rauh, verändert.)*

(siehe Seite 72f.). Im Verhältnis zu der aufsteigenden Sonnenbahn beschreibt er einen weiten Bogen, der zunächst noch mit der Sonne aufstrebt, dann in die Horizontale übergeht und sich schließlich auf seinem Weg in die Opposition gegen die Sonnenbewegung wendet. Hierbei hat der Mars eine solche vorwärtsdrängende, und zwar zum Mond und zur Erde gerichtete Dynamik wie kein anderer Planet. Die für viele Sträucher so charakteristischen bogenförmigen Triebe, die bei Rosen und dem Schwarzen Holunder in wenigen Monaten drei bis vier Meter, bei der Brombeere sogar fünf Meter lang werden können, sind der unmittelbare Abdruck dieser von der Sonne wegstrebenden Marsbewegung. Wie der Mars in seinem Verhältnis zur Sonne streben sie vom Zentrum weg in die Höhe und biegen sich dann wieder zur Erde.

Im folgenden Jahr strebt der Mars von der Erde fort, der neuen Konjunktion mit der Sonne entgegen. Genauso entspringen aus den Bogentrieben des ersten Jahres die Blütentriebe: sie steigen aufwärts und wenden sich mit ihren Blüten ganz der Sonne zu.

Dieses lebendige Abbild des Mars erscheint bei den verschiedenen Sträuchern in mannigfacher Modifizierung. Eine charakteristische Extremform ist die Brombeere. Bei ihr tritt der zweijährige Rhythmus am reinsten in Erscheinung. Die Bogentriebe dringen weniger als bei der Rose oder dem Schwarzen Holunder in die Höhe, um so mehr aber in die Weite. Sie kommen wieder zum Erdboden zurück und schlagen dort Wurzeln – wie der Mars auf seinem Weg in die

Opposition sich dem Mond und der Erde annähert. Von der Stelle der Einwurzelung entspringt im nächsten Jahr ein neuer Bogentrieb. An dem des vorigen Jahres erheben sich die Blütentriebe mit ihren schönen weißen Blüten. Nach dem Blühen und Fruchten stirbt der ganze Sproß im Herbst, also am Ende des zweiten Jahres, ab. Inzwischen hat der neue Bogentrieb Wurzeln geschlagen.

Bei einer anderen Gruppe von Sträuchern, zu der z. B. der Johannisbeer- und Stachelbeerstrauch gehören, streben gerade die vegetativen Triebe der Sonne zu – wie der Mars nach der Konjunktion mit der Sonne (siehe Abbildung Seite 73). Aus ihnen gehen dann im folgenden Jahr die Blütensprosse hervor. Diese wenden sich charakteristischerweise bald zur Seite und dann nach unten. Sie wachsen also in Abkehr von der Sonne der Erde zu – so wie sich der Mars auf seinem Gang in die Opposition bewegt. Die Blüten an diesen Trieben bleiben klein und vielfach auch grün.

Hier prägen sich die beiden Phasen der synodischen Marsbewegung also in entgegengesetzter Folge im Entwicklungsrhythmus der Sträucher aus: die Bewegung zur Konjunktion in den vegetativen, die Bewegung in die Opposition in den blühenden Trieben. Zu diesen Sträuchern gehören u. a. auch das Pfaffenhütlein und der Seidelbast.

Gegenüber den Bäumen bilden fast alle Sträucher voll entwickelte Blüten mit Blütenkronen, auch wenn diese nicht immer so prachtvoll und leuchtend sind wie bei der Rose, dem Weißdorn, der Schlehe, dem Holunder, der Berberitze oder der Tamariske. Bis in die Blütenbildung kann man den Marscharakter verfolgen. Bei der Stachelbeere, der Johannisbeere, dem Faulbaum, dem Kreuzdorn, dem Weißdorn, der Schlehe, der Spiräe und vor allem bei den Rosen weitet sich der Blütenboden und erhebt sich als Blütenbecher über den Blütengrund. Die Blütenblätter und Staubgefäße entspringen nicht mehr aus der Blütenachse, dem Abbild der Sonne, sondern in deren Umkreis. Sie kommen am Rande des Blütenbechers in eine Lage, die sich so oberhalb der Blütenachse in deren Umgebung

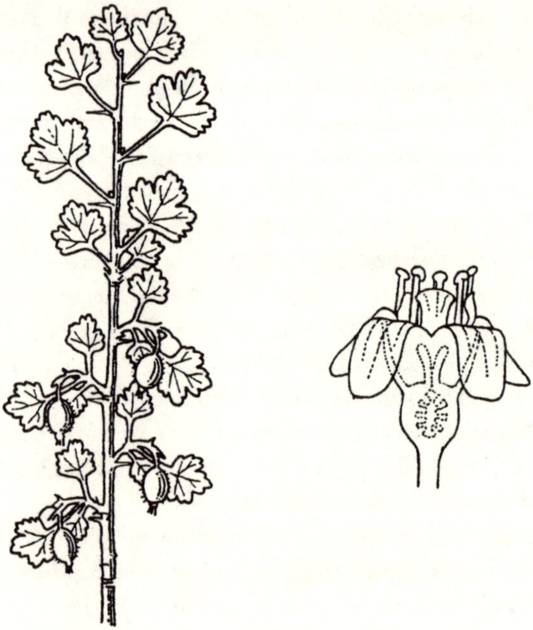

*Zweijähriger Trieb eines Stachelbeerstrauches (Ribes uva-crispa). Im ersten Jahr bilden die Triebe nur Blätter. Aus den Achselknospen gehen im folgenden Jahr kleine Bogentriebe mit Blüten und Früchten hervor. Wie bei den meisten Sträuchern bildet bei der Stachelbeerblüte der Blütenboden einen Krug. Die kleinen Blütenblätter und Staubgefäße werden über das Niveau des Blütenbodens emporgetragen. Die Wachstumsgeste des Strauches, das starke Hinaufstreben in die Höhe und Weite, beherrscht auch die Blütenbildung.*

*(Nach Rauh, z. T. verändert.)*

befindet wie die Marssphäre außerhalb der Sonnenregion. Beim Holunder und Seidelbast bilden die Blütenkronen einen kleinen Krug, der die Staubgefäße über die Blütenachse in die Umgebung hinausträgt.

An auffallend vielen Sträuchern entstehen dann fleischige Früchte, vor allem Beeren. Im Gegensatz zu den für die Kräuter charakteristischen trockenen Früchten wird in diesen Früchten ein Überschuß an lebendiger Substanz angesammelt. Der Pflanze selbst würden zur Samenbildung Früchte genügen, die mit dem Reifen austrocknen und absterben. So ist es auch bei vielen unserer Bäume. Für die Früchte dieser Bäume ist im allgemeinen die Beziehung zum umgebenden Raum charakteristisch. Sie bilden vielfach flügelartige Organe zur Bewegung in der Luft; das Wesen des Baumes, das Sich-Eingliedern in den Raum kommt bis in die Früchte zum Ausdruck. Die Sträucher stellen sich nicht wie die Bäume in die Umgebung hinein. Ihre wesentliche Wachstumsgebärde ist das Hinaufstreben in die Höhe und Weite. So strömt auch die lebendige Substanz hinauf und sammelt sich dort in den fleischigen Früchten an. Diese dienen dann im Winter den Vögeln zur Nahrung. Damit fügt sich der Strauch mit seinen Lebensprozessen in einen weiteren Naturzusammenhang ein.

Wie die Blütentriebe mit den Blüten und die Früchte haben auch die vegetativen Sprosse charakteristische Bildungen: die Dornen und die Stacheln. Die Dornen sind bei der Schlehe, dem Weißdorn, dem Sanddorn, dem Kreuzdorn und dem Stechginster umgewandelte Seitensprosse (Sproßdornen). Sie gehen also aus den Achselknospen hervor, die im allgemeinen erst im folgenden Jahr austreiben. Die Dornsprosse entwickelten sich aber noch im gleichen Jahr wie die Triebe, aus denen sie hervorbrechen. Die Sproßbildung drängt also intensiv in die Umgebung hinaus, mündet hier aber in eine starke Hemmung der Längen- und Dickenentwicklung ein. Das Wachstum dieser Dornen ist von einer starken Verdichtung und damit verbundenen Verhärtung durchsetzt. – In dieser Verbindung von übermäßiger, gleichsam überschießender Sproßentfaltung und verdichtender Hemmung offenbart sich der Mars mit seiner so stark vorwärtsdrängenden, dann aber in eine intensive Rückläufigkeit (von 14 Bogengraden) einmündenden Dynamik besonders eindrucksvoll.

Die Stacheln der Rosen, der Brombeere und Himbeere sind nicht den Dornen homolog. Sie gehen nicht auf die Umwandlung von Seitentrieben oder Blättern (wie z. B. die Dornen der Berberitze) zurück, sondern entstehen ursprünglich aus der oberflächlichen Schicht der Triebe, aus der Epidermis. In ihnen wirken dennoch ähnliche Bildekräfte wie in den Dornen, indem die Entfaltung über die Begrenzung des Sprosses nach allen Seiten hinausdrängt und hier sofort in Verdichtung und Hemmung ausläuft.

## *Die Zwergsträucher*

Zwischen den Kräutern, die aus ihren Erneuerungsknospen jedes Jahr wieder neu in den Raum des Lichtes hinaufstreben, und den Holzgewächsen, die sich in diesem Raum ausgestalten, bilden die Zwergsträucher eine besondere Wuchsform. Wir kennen sie besonders vom Heidekraut, von der Heidelbeere und der Preiselbeere. Im Gebirge, in Nadelwäldern, auf Mooren und besonders auf dem kargen Boden der Heide wachsen sie oft in großen Flächenbeständen. In Westeuropa erstreckt sich am Atlantik ein mächtiges Heidegebiet von Portugal bis Schottland, in dem nach Norden die Zwergsträucher, vor allem das Heidekraut, immer stärker den Charakter prägen. Die Zwergsträucher sind wie die Kräuter eng an den Boden gebunden. Viele von ihnen werden nicht einmal so hoch wie die größeren unter den Kräutern.

In ihrem Wuchs ähneln die Zwergsträucher den Stauden und den Sträuchern. Wie bei der Heidelbeere bleibt der Primärsproß schwach. Die Pflanze wächst mit ihren Erneuerungstrieben von Jahr zu Jahr weiter in seine Umgebung hinein. Diese Triebe verholzen und streben etwas in den Raum hinauf. Hier bildet sich im Laufe der Jahre ein kleines, verzweigtes Sproßsystem. Aus den am Boden sich ausbreitenden Trieben brechen Wurzeln hervor, die die ganze Pflanze an die Erde fesseln.

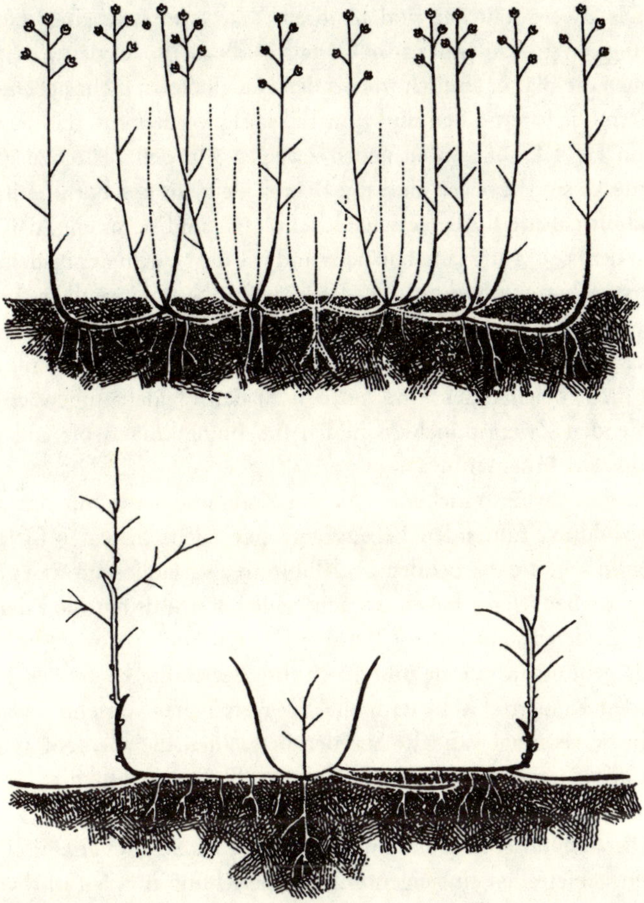

*a*

*b*

*a. Wuchsform einer blühenden Staude (im 4. Jahr) und b. eines Zwergstrauches (Heidelbeere – Vaccinium myrtillus) (nach Rauh, verändert). Bei der Staude dringt die Pflanze mit ihren Erneuerungstrieben immer weiter in die Umgebung des ursprünglichen Zentralsprosses. Ähnlich entwickeln sich die Triebe der Heidelbeere. Diese werden allerdings mehrjährig und wachsen sympodial in die Höhe.*

Die Zwergsträucher sind in ihrem Wachstum von einer Hemmung durchsetzt. Ihre ganze Gestalt bleibt klein. An den Zweigen stehen die Blätter ähnlich wie bei den Nadelhölzern dicht nebeneinander. Die Internodien sind zum Teil so stark gehemmt, daß sie wie beim Heidekraut an den neuen Zweigen von den Blättchen ganz verdeckt sind. Ebenso sind die Blätter klein, in der Form einfach und oftmals derb. Bei verschiedenen Arten sind sie so eng, daß sie sich der Form von Nadeln nähern und wie die Nadeln der Nadelhölzer vom Sonnenrhythmus des Jahres lösen. Nur bei wenigen Arten wie der Heidelbeere fallen sie im Herbst ab; sonst werden sie zwei oder mehr Jahre alt. Auch in den Blütenständen stehen die Blüten oft dicht beieinander. Und bei den zu den Heidekrautgewächsen zählenden Zwergsträuchern bilden die Blütenkronen oft eng geschlossene Innenräume.

In den Zwergsträuchern wirkt im Zusammenhang mit den zur Holzbildung führenden Lebensvorgängen (siehe Seite 129ff.) jene Hemmung, die wir bei den Nadelhölzern als Manifestation des Saturn kennengelernt haben. In den Nadelhölzern dringt die Pflanze weit in den Raum hinauf. Bei den Zwergsträuchern ist sie an die Erde gebunden. Hierin äußert sich ihre Beziehung zu den ausdauernden Kräutern. Man lernt die Zwergsträucher verstehen, wenn man sie als umgewandelte Stauden betrachtet, die aus dem Typus der ausdauernden Kräuter durch die in die Dauer führende Hemmung des Saturn hervorgehen.

Die Bestandsentwicklung im nördlichen Bereich des atlantischen Heidegebietes hat eine eigentümliche Beziehung zum Saturnrhythmus. Nach einem Brand, der z. B. durch Blitzschlag verursacht oder durch Menschen gelegt wird, folgt eine Aufbauphase von zehn Jahren. Die Heide steht dann für zehn Jahre in voller Entfaltung (Reifephase); das Wachstum der Zwergsträucher wird langsamer. Nach der etwa zehnjährigen Degenerationsphase wird die Heide wieder abgebrannt, vielfach aber schon vor Beginn dieser dritten Phase. Zwergsträucher gehören auch dort zu den charakteristischen Pflanzen, wo die Wärme mit ihrer ausdörrenden Wirkung stark in die Lebensvorgänge der Pflanzen eingreift, nämlich in verschiedenen Wüstengebieten.

Noch stärker als die Zwergsträucher sind die sogenannten Spaliersträucher an den Erdboden gebunden. Sie erheben sich mit ihren Trieben überhaupt nicht in den Raum. Hier dringen wie bei der Silberwurz, einer unserer schönsten Alpenpflanzen, lediglich die Blüten hinauf.

## *Zusammenfassung*

Man kommt zu einer zusammenfassenden Charakterisierung der wichtigsten Wuchsformen, wenn man sieht, wie sich in ihnen die ganze Pflanzenform unter dem dominierenden Einfluß eines Planeten gestaltet.

Auch wenn die folgende Betrachtung einzelner Pflanzenfamilien noch einige Präzisierungen bringen wird, kann man das Bisherige in folgender Weise zusammenfassen:

| | |
|---|---|
| Einjährige Kräuter | Die Gestaltung der Pflanze steht vorwiegend unter dem Einfluß von Erde, Sonne und Merkur. |
| Zweijährige Kräuter | Mit dem Übergang zu der längeren Entwicklung tritt der das Jahr übergreifende Venuseinfluß und damit die Blütenbildung im zweiten Jahr stärker hervor. Die gesamte Entwicklung ist das Abbild der in den Kräutern modifizierend wirkenden Marsdynamik. |
| Ausdauernde Kräuter | Als Organe des Überdauerns entstehen unter der Einwirkung des Mondes Erneuerungsknospen. Bei aller Verschiedenartigkeit der |

| | |
|---|---|
| | Gestalt erscheinen die ausdauernden Kräuter als Bildungen, die durch ihr Sproßsystem auf die Bäume hinweisen. So herrscht hier neben dem Mond vor allem der Jupiter modifizierend in der Entwicklung der Kräuter. |
| Zwergsträucher | Ihre Gestalt ist der der Stauden (ausdauernden Kräuter) ähnlich. Die Sprosse verholzen, die ganze Pflanze wird von der hemmenden Wirkung des Saturn durchsetzt. |
| Sträucher | Während bei den zweijährigen Kräutern die Erd-, Sonnen- und Merkurwirkung vom Mars lediglich modifiziert erscheint, prägt sich in den Sträuchern der Mars mit seiner Dynamik selbst aus. |
| Laubbäume | Die Gestaltung der Pflanze ist eine Manifestation des Jupiter. |
| Nadelbäume | Sie sind, so wie die Laubbäume vom Charakter des Jupiter, von dem des Saturn geprägt. |

# DIE POLARE AUSGESTALTUNG DER PFLANZE DURCH ÜBERWIEGENDEN MOND/MERKUR- UND VENUS-CHARAKTER

## *Die ein- und zweikeimblättrigen Pflanzen*

Die Urpflanze tritt in keiner Pflanzenart unmittelbar, sondern immer nur in speziellen bzw. einseitigen Gestaltungen auf. Sie ist das lebendige Bildungsgesetz in allen Pflanzen, insbesondere in den Blütenpflanzen. Von ihm aus werden die einzelnen Pflanzenformen verständlich. Nachdem Goethe 1790 in seiner Schrift *Die Metamorphose der Pflanzen* den in Verwandlungen sich entwickelnden Typus, die Urpflanze, beschrieben hatte, war der erste Schritt auf dem Weg zu einem geistigen Verstehen der Pflanzenwelt getan. Es sollte ein zweiter folgen. In dem Aufsatz «Nacharbeiten und Sammlungen» aus dem Jahre 1820 schreibt Goethe: «Weil die Lehre der Metamorphose überhaupt nicht in einem selbständigen abgeschlossenen Werke verfaßt, sondern eigentlich nur als Musterbild aufgestellt werden kann, als Maßstab, woran die organischen Wesen gehalten, wonach sie gemessen werden sollen, so war das Nächste und Natürlichste, daß ich, um tiefer in das Pflanzenreich einzudringen, mir einen Begriff der verschiedenen Gestalten und ihres Entstehens im Einzelnen auszubilden suchte.» Er weist auf sein Ziel, das ihm, wie er schreibt, jedoch «unerreichbar bleiben mußte. Denn das Unternehmen war nichts Geringeres als dasjenige, was ich im allgemeinen aufgestellt, dem Begriff, dem inneren Anschauen in Worten übergeben hatte, nunmehr einzeln, bildlich, ordnungsgemäß und stufenweise dem Auge darzustellen und auch dem äußeren Sinne zu zeigen, daß aus dem Samenkorne dieser Idee ein die Welt überschattender Baum der Pflanzenkunde sich leicht und fröhlich entwickeln könne.» (Goethe 1975, S. 144 ff.) Es geht also um eine anspruchsvolle Aufgabe, nämlich zu zeigen, wie die verschiedenen Pflanzenformen gesetzmäßig aus dem Typus hervorgehen. Nach R. Steiner muß man «aus der Urform jenen besonderen Fall, der uns vorliegt, heraus *entwickeln*. Wir dürfen den Typus der einzelnen Gestalt nicht gegenüberstellen, um zu sehen, wie er die letztere regelt; wir müssen sie aus demselben *hervorgehen* lassen» (Steiner 1979, S. 106).

Wir haben zunächst den Pflanzentypus in seinem Zusammenhang mit dem Kosmos geschildert. Diese Betrachtung steht zu der Goethes an keiner Stelle im Widerspruch. Sie baut auf ihr auf und erweitert sie um die kosmologische Dimension. Dadurch wird in der Urpflanze, wie sie Goethe beschrieben hat, der planetarische Kosmos wie im lebendigen Abbild sichtbar. Wenn wir nun im weiteren zu den besonderen Pflanzenformen übergehen, so haben wir zu verfolgen, wie sie aus dem Urbild hervorgehen und dieses sich in ihnen in einer jeweils speziellen Form ausprägt.

Geht man vom Typus und seinem Zusammenhang mit dem Kosmos zu den speziellen Formen, dann trifft man zunächst auf die Ausgestaltung des Typus in den zwei großen Formenkreisen der einkeimblättrigen (Monokotyledonen) und zweikeimblättrigen Blütenpflanzen (Dikotyledonen).

Die zweikeimblättrigen Pflanzen sind in sich stärker differenziert. Zu ihnen gehören die meisten Familien der Blütenpflanzen, unter anderem die Hahnenfußgewächse, die Rosengewächse, die Kreuzblütler, die Schmetterlingsblütler, die Doldengewächse, die Lippenblütler und die Korbblütler. Außerdem gestalten sich die Dikotyledonen auch viel reicher als Sträucher und Bäume aus als die einkeimblättrigen Pflanzen. Diese sind vorwiegend Kräuter wie z. B. die Liliengewächse, die Narzissengewächse, die Schwertliliengewächse, die Sauergräser, die Gräser und die Orchideen. Lediglich die

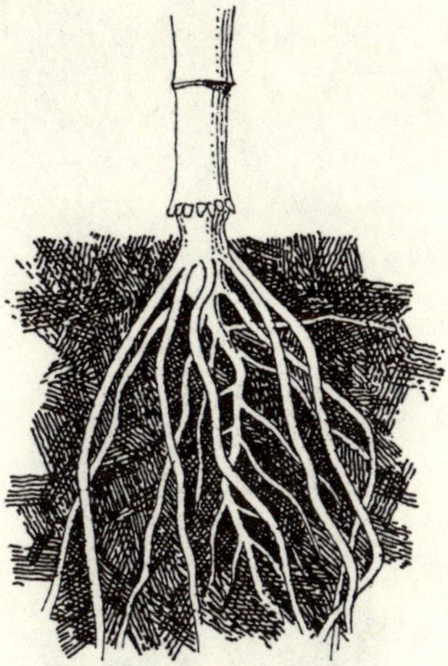

*Bei den einkeimblättrigen Pflanzen brechen die Wurzeln wie bei der Maispflanze aus dem Sproß hervor. Die Wurzelbildung ist mit dem Sproß verbunden. Insofern sind die verschiedenen Funktionen noch nicht wie bei den zweikeimblättrigen Pflanzen zu eigenen Organen ausdifferenziert. (U. W.)*

Palmen, einige Aloe- und Palmlilien-Arten, der Baum der Reisenden und der Drachenbaum sind baumförmige Gestalten.

Es geht zunächst noch nicht um die einzelnen Familien der Monokotyledonen und Dikotyledonen, sondern um deren allgemeine Bildungsgesetze. Das der Dikotyledonen stimmt im wesentlichen mit dem überein, was wir bisher geschildert haben. Es ist die vollkommenste Ausprägung des Typus. Anders ist es bei den Monokotyledonen. Deshalb werden wir so vorgehen, daß wir den Charakter der Monokotyledonen im Hinblick auf den der Dikotyledonen schildern.

Schon auf der ersten Stufe der Entwicklung treten bei den Monokotyledonen spezifische Eigenschaften auf. Die Primärwurzel bildet sich nur schwach aus, bisweilen stirbt sie sogar ab. So entwickelt

*Wie beim Salomonsiegel (Polygonatum multiflorum) entwickelt sich der Hauptsproß als Rhizom im Boden. Er verliert seinen Zusammenhang mit der Sonne und überdauert wie die Wurzel den Winter. Jedes Jahr steigen von ihm Triebe mit Blättern und nach Jahren der Erstarkung Blütentriebe in das Gebiet der Atmosphäre und des Lichtes empor. (Nach Troll, verändert.)*

sich das Wurzelsystem bestenfalls nur sehr unvollständig. Dagegen brechen aus den unteren Sproßabschnitten, meist direkt über den Knoten, Wurzeln hervor (sekundäre Homorhizie). In den Monokotyledonen ist die innere Beziehung zur Gravitation, d. h. zur Erde schwach; sonst würde sich die Primärwurzel normal entwickeln. Die Wurzeln, die aus dem Sproß entspringen, entsprechen den Seitenwurzeln. So erreicht die auf den Mond zurückgehende Wurzelbildung im Sproß der Monokotyledonen eine starke Intensität. Auch bei den Dikotyledonen ist im Stengel die Anlage zur Wurzelbildung vorhanden. Selbst wenn sich die Wurzel als eigenes Organ unten an den Sproß anschließt, können bei ihnen unter besonderen Bedingungen aus dem Stengel Wurzeln hervorbrechen. Die Fähigkeit der Wurzelbildung wird in den höheren Abschnitten des Sprosses schwächer. Im Bereich des Blütenstandes, das heißt dort, wo sich die Pflanze von den aus der Erde aufsteigenden Wirkungen löst, erlischt sie im allgemeinen. Bei den Monokotyledonen ist die Tendenz zur Bildung sproßbürtiger Wurzeln intensiver als bei den Dikotyledonen. So entwickelt sich die Pflanze unter dem starken Einfluß jener in der Wurzelbildung wirkenden Mondkräfte.

Wird dieser Einfluß besonders stark , dann erhebt sich der Sproß nicht frei nach oben in den Raum der durchlichteten Atmosphäre. Er wird zum Teil als Rhizom in die Erde, das Reich der Wurzeln, hineingebannt. So wächst er bei verschiedenen Gräsern, bei einigen Arten der Schwertlilie, beim Maiglöckchen, dem Salomonsiegel, dem Spargel, der Einbeere und anderen Monokotyledonen horizontal im Erdboden. Nur Teile des Sprosses und die Blütentriebe streben aus dem Boden in den Bereich der Sonnenwirkung. In der Dunkelheit des Erdreiches werden die Blätter nur zu blassen Schuppen. Und überall brechen Wurzeln aus den Erdsprossen hervor. In dieser Weise überwältigen die Wirkungen des Mondes diejenigen Bereiche, in denen sich die Pflanze bei ihrer typischen Entwicklung an die Sonne hingibt.

In einer anderen Weise wirkt der Mond bei den Monokotyledonen beim Entstehen der Zwiebeln; bei den Dikotyledonen findet man nur beim Tränenden Herz, einer Pflanze aus der Familie der Mohngewächse, und beim Sauerklee ziemlich unbedeutende Zwiebeln. Die Schalenzwiebeln des Schneeglöckchens, des Blau-, Gelb- und Milchsterns, der Narzissen, der Tulpe, der Hyazinthe, der Gladiole usw. sind stark modifizierte Sprosse. Der Stengel bleibt weitgehend unentwickelt. So folgt eine Anzahl von einfachen, schuppenförmigen Blättern dicht aufeinander. Sie biegen sich zusammen und

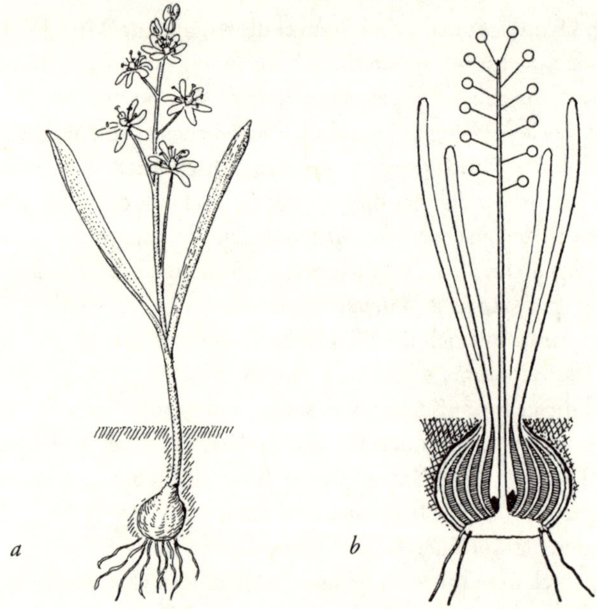


*a. Zweiblättriger Blaustern (Scilla bifolia), eine der charakteristischen Zwiebelpflanzen, die im März und April in den noch lichten Laubwäldern, am Waldrand und auf feuchten Wiesen blüht. b. Schematische Darstellung einer Hyacinthe (Hyacinthus; nach Troll, verändert).*

umschließen einen Raum mit der kleinen keimhaften Anlage jenes Sprosses und seiner Blüten, der sich dann im Frühling oder Frühsommer entfaltet. Eine solche Zwiebel ist eine mächtig angeschwollene Knospe, die in der Dunkelheit des Erdbodens wurzelt. Bei den Schuppenzwiebeln der Lilien sind die Knospen nicht so stark abgeschlossen und von der Umgebung abgesondert wie bei den Schalenzwiebeln. Organe, die auf das Wirken des Merkur (Blätter), der Sonne (Stengelanlage), der Venus (Blütenkrone) usw. zurückgehen, sind in den Zwiebeln hochgradig modifiziert. Der Mond ist nun dasjenige kosmische Prinzip, das Wirkungen, die ihm aus seinem

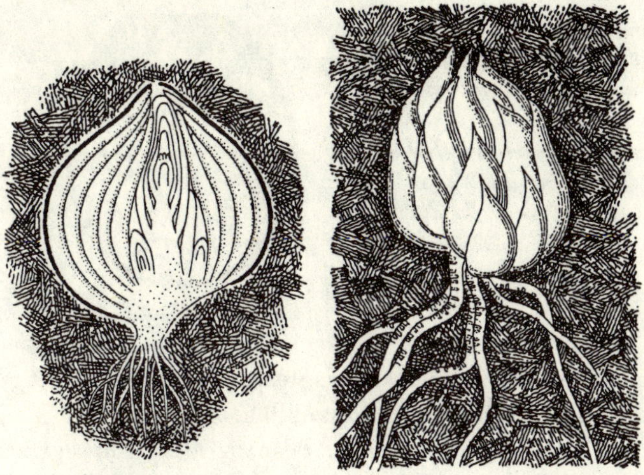

*Schalenzwiebel einer Tulpe (links) mit dem noch unentfalteten Blütensproß und den Anlagen für zwei neue Zwiebeln (nach Lorenzen, verändert); Schuppenzwiebel (rechts) einer Türkenbund-Lilie. (U. W.)*

Umkreis zufließen, gegenüber diesem Umkreis durch Reflexion in eine eigene Sondersphäre absondert. Dabei werden jene Wirkungen aber abgeschwächt, da sie durch die geringe Albedo des Mondes nur zu einem kleinen Teil reflektiert werden (gegenüber der Intensität des Sonnenlichtes ist die des Mondlichtes außerordentlich gering). So entsteht durch den Mond ein abgeschwächtes, d.h. im Vergleich zur entfalteten Pflanze kleines, in sich abgeschlossenes Abbild von Sonne, Merkur, Venus usw., d.h. eine Knospe. Im Vergleich zu den Überwinterungsknospen der Dikotyledonen sind die Zwiebeln ungewöhnlich groß. Die Wirksamkeit des Mondes ist also viel intensiver als bei der normalen Knospenbildung. So lösen sich die Zwiebeln auch nicht wie die gewöhnlichen Knospen auf, wenn sich aus ihnen unter dem Einfluß der zunehmenden Sonneneinwirkung im Frühling und Frühsommer die Tulpen, Narzissen usw. entfalten.[26]

Beim Entstehen der Rhizome wirkt der Mond vor allem im Sten-

*Bei den einkeimblättrigen Pflanzen sind die Gefäße, in denen das Wasser aus dem Boden nach oben steigt, über den ganzen Querschnitt des Stengels verstreut. Diese Gefäße gehen von den Wurzeln direkt in die Blätter, so daß diese unmittelbar mit den Wurzeln verbunden sind.*

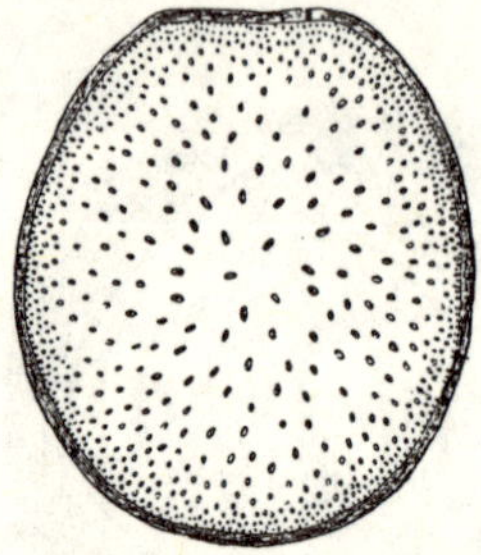

gel; in den Zwiebeln in den an den Stengel anschließenden Organen, d. h. im Entstehen der Blatt- und Blütenanlagen.

Der Stengel der einkeimblättrigen Pflanzen ist auf seinem ganzen Querschnitt von jenen Gefäßen durchsetzt, durch die das Wasser aus den Wurzeln in die Blätter emporsteigt. Bei den zweikeimblättrigen Pflanzen bilden diese Gefäße so, wie das bereits geschildert wurde (siehe Seite 96) einen Ring, aus dem die Gefäße für die Blätter entspringen. Meistens folgt bei ihnen auf die erste Phase (primäres Dickenwachstum), in der das Gewebe noch ziemlich weich bleibt, eine zweite (sekundäres Dickenwachstum ), in der von einem besonders lebendigen, teilungsfähigen Gewebezylinder (Kambium) nach innen vor allem verholzendes, dichteres Gewebe entsteht. Hier wirken von der Wurzel aus die verhärtenden Kräfte der Gravitation in die Entwicklung des Stengels hinein. Bei den Monokotyledonen mit ihrer so schwachen Primärwurzel bleibt die Entwicklung vor dem sekundären Dickenwachstum stehen. Die aufsteigende Feuchtigkeit hat eine weit größere Bedeutung im Stengel als das Verhärten unter dem Einfluß der Gravitation. So ist es auch verständlich, daß die Monokotyledonen fast ausschließlich Kräuter sind und alle Arten der Froschlöffelgewächse, der Froschbißgewächse , der Laichkrautgewächse, der Nixenkrautgewächse und der Blumenbinsengewächse in Sümpfen oder stehenden und fließenden Gewässern wachsen.

Bei den zweikeimblättrigen Pflanzen lösen sich die Blätter norma-

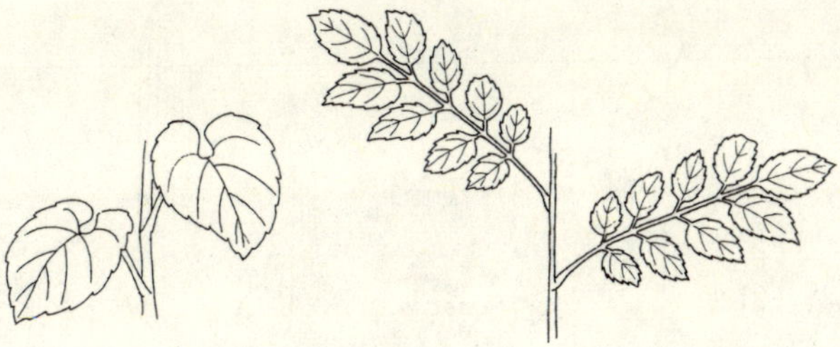

*Bei den zweikeimblättrigen Pflanzen lösen sich die Blätter vielfach durch einen Stiel vom Stengel und entfalten sich dann mit der netznervigen Blattfläche in den Licht- und Luftraum (links) oder gliedern sich in diesen sogar durch Fiederung ein (rechts; U. W.)*

lerweise vom Stengel. Durch den Stiel wird die Blattspreite in die Umgebung hinausgetragen und weitet sich dort in der durchlichteten Atmosphäre aus. An der fiederförmigen Struktur und der feinen Aufgliederung der Blattadern kann man sehen, daß die Luft ausweitend und auflösend in der Blattbildung wirkt. Vielfach sind die unteren Blätter durch die vorherrschende Feuchtigkeit rund. Dann gewinnt die Luft einen stärkeren Einfluß auf die Blattbildung. So beginnt im Entstehen eines gekerbten und gezähnten Blattrandes eine Auflösung der geschlossenen Fläche, die zum Teil die ganze

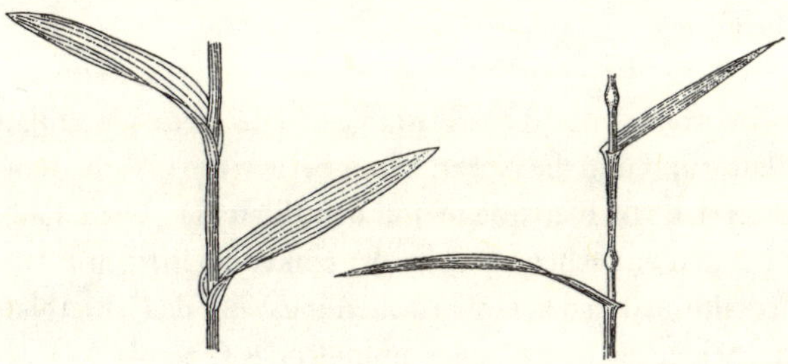

*Die parallelnervigen, in sich geschlossenen Blattflächen der einkeimblättrigen Pflanzen gehen meist unmittelbar aus dem Sproß hervor (links), bei den Gräsern (rechts) umhüllen sie zum Teil sogar den Stengel. (U. W.)*

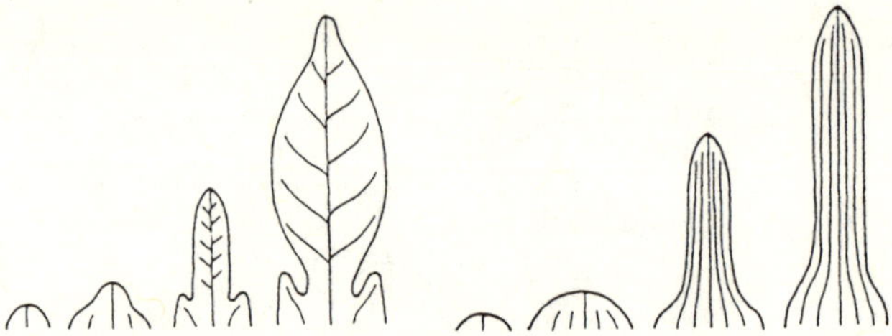

*An der Blattentwicklung sieht man, wie sich bei den zweikeimblättrigen Pflanzen (links) das Oberblatt viel deutlicher vom Unterblatt abhebt als bei den einkeimblättrigen Pflanzen (rechts; aus Rohweder /Endress).*

Blattfläche ergreift. Nach dem Höhepunkt der Entfaltung beginnt in der Regel jene Zusammenziehung, die schon im Kapitel über die Bildung der Blütenhülle beschrieben wurde. Die Blätter der Monokotyledonen sind dagegen einfach. Meistens entspringt die Blattspreite unmittelbar am Stengel. Die Blattnerven durchziehen die meist längliche Blattfläche geradlinig oder bogenförmig (parallelnervige Blätter). Die Verbindung mit der Atmosphäre ist viel geringer als bei den zweikeimblättrigen Pflanzen. Und an der parallelnervigen Struktur wie auch an dem ungekerbten Rand wird die geringere Wirkung der Luft sichtbar. Diese Blätter sind ja auch unmittelbar mit den Wurzeln, d. h. stark mit dem Element des Wassers verbunden.

Bei den zweikeimblättrigen Pflanzen gliedern sich die Blattanlagen in die Unterblatt- und Oberblattanlage. Aus dem Unterblatt gehen der Blattgrund und die Nebenblätter hervor; die Oberblattanlage entwickelt sich zur Blattspreite und dem Blattstiel. Diese Gliederung hat bei den einfachen Blättern der einkeimblättrigen Pflanzen keine Bedeutung. Bei den Gräsern allerdings wird das Unterblatt zu der Blattscheide, die den Stengel umhüllt, das Oberblatt zu der Blattfläche, die sich vom Halm in die Umgebung hinausbegibt.

Die Blattbildung der Dikotyledonen steht meistens schon sehr früh zur Blüte in Beziehung. Die Blätter ordnen sich vielfach in

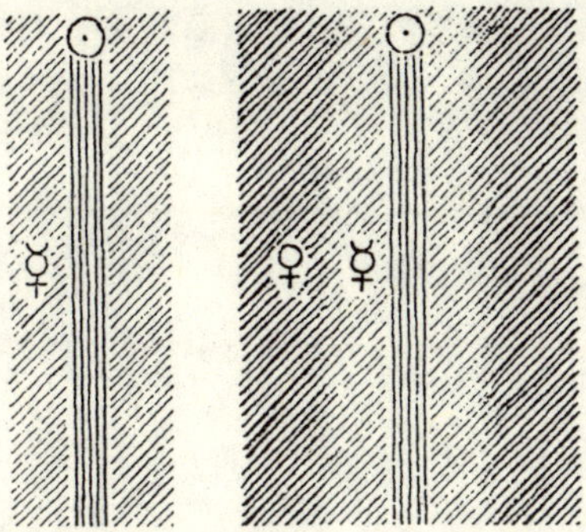


*Schematische Darstellung der aufsteigenden Sonnenbahn mit der umgebenden Merkursphäre (links) und mit der Merkur- und Venussphäre (rechts). Bei den einkeimblättrigen Kräutern gehen die Blattflächen und die Einzelblüten im typischen Fall unmittelbar aus dem Sproß hervor. Das entspricht dem Verhältnis des Merkur zur Sonne (links). Bei den zweikeimblättrigen Pflanzen werden die Blattflächen im allgemeinen durch einen Stiel in die Umgebung des Sprosses hinausgetragen. Sie befinden sich also in einer Sphäre, die vom Sproß durch einen Zwischenbereich entfernt ist. Ebenso dringen die Blüten in den Blütenständen vielfach in die weitere Umgebung des Sprosses hinaus. Blätter und Blüten stehen zum Sproß wie in dem Schema (rechts) die Venus zur Sonne.*

einer ²⁄₅-Spirale an. Jedes folgende Blatt weicht gegenüber dem vorangehenden um ²⁄₅ des Sproßumfangs, also um 144° ab. Dieselbe Gesetzmäßigkeit gestaltet, wie wir bereits gesehen haben, die Blütenkrone. Somit ist die ²⁄₅-Blattstellung ein Abbild der synodischen Venusbewegung im Bereich des Sprosses.[27] – Bei den Monokotyledonen ist dagegen die Merkurbewegung in den Blattstellungen bestimmend (siehe Seite 47ff.).

In der engen Bindung der Blätter an den Stengel der Monokotyledonen und dem stärkeren Hinausdringen bei den Dikotyledonen manifestiert sich recht anschaulich die Beziehung des Merkur und der Venus zur Sonne. Der Blattbildung liegt die Gesetzmäßigkeit des Merkur zugrunde. Diese ist aber bei den Dikotyledonen durch die

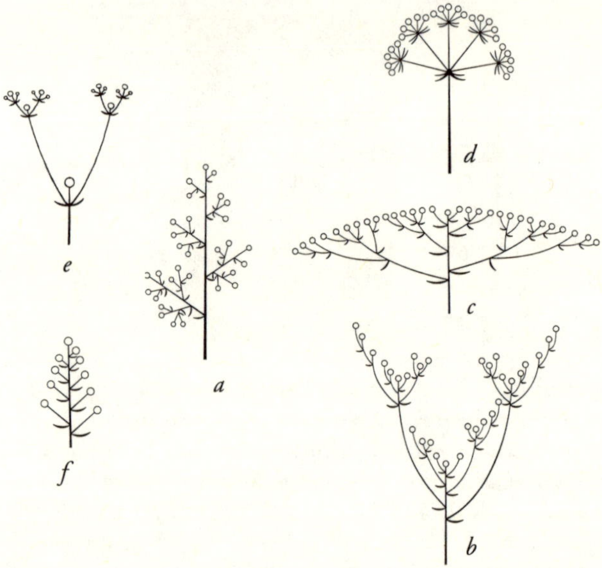


*Charakteristische Blütenstände der zweikeimblättrigen Pflanzen. Die Rispe (a) ist die Grundform. Durch starkes Wachstum der tieferen Seitentriebe entsteht die Spirre (b), durch Hemmung der Internodien am Zentralsproß und Ausbreitung in die Weite kommt es zur Schirmrispe (c). Durch Unterdrückung der Internodien am Zentralsproß und an den Seitentrieben bildet sich die Doppeldolde (d). Werden die Seitentriebe bei gegenständiger Blattstellung lang, dann entsteht das sogenannte Dichasium (e). Wenn sich die Seitentriebe nur schwach entfalten und sich an ihnen immer nur eine Blüte bildet, wird aus der Rispe der traubenförmige Blütenstand (f). (Großenteils nach Troll aus Weberling.)*

Venus modifiziert. Wie der Merkur der Sonnenbewegung folgt und sich immer in der näheren Umgebung der Sonne befindet, so entfalten sich die Blätter der Monokotyledonen in einer engen Sphäre um den Hauptsproß. Unter dem Einfluß der Venus, die sich doppelt so weit wie der Merkur von der Sonne entfernt, dringen sie bei den Dikotyledonen weiter in die Umgebung des Hauptsprosses hinaus.

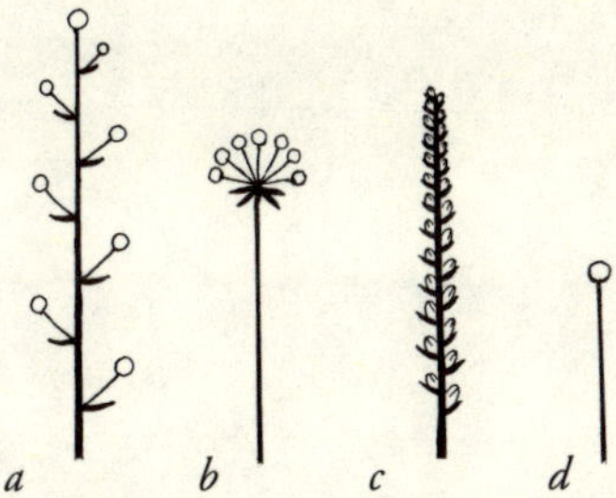


*Charakteristische Blütenstände der einkeimblättrigen Pflanzen. Bei der Traube (a) entsteht an den Seitentrieben jeweils nur eine Blüte. Werden am Zentralsproß die Internodien unterdrückt, entsteht die einfache Dolde (b). Durch Hemmung der Seitentriebe kommt es zur Ähre (c). Werden die Seitentriebe ganz unterdrückt, bildet sich nur eine Blüte (d).*

Diesen Unterschied findet man auch bei den Blütenständen. Typisch für die zweikeimblättrigen Pflanzen sind die Rispen mit ihrer starken Entfaltung. Es gibt wohl auch enge Blütenstände wie z. B. beim Wegerich, der Königskerze, dem Fingerhut, der Teufelskralle und der ganzen Familie der Kreuzblütler. Charakteristisch sind neben den Rispen des Hahnenfußes, der Rose und vieler anderer Arten Blütenstände wie die Schirmrispen des Schwarzen Holunders und Schneeballs und die zusammengesetzten Dolden der Doldengewächse. In den Blütenständen verschiedener Nelkengewächse, den sogenannten Dichasien, steigt das Blühen immer weiter in den Raum hinauf. Schließlich kann es in den komplexen Synfloreszenzen weit in die Umgebung hinausdringen.

Soweit die einkeimblättrigen Pflanzen nicht nur eine Blüte bilden wie das Schneeglöckchen, der Märzenbecher, verschiedene Narzissen, die Tulpe und die Einbeere, stehen die Blüten meist ziemlich nah um den Hauptsproß. Traube, Ähre und einfache Dolde sind die wichtigsten Blütenstände. Die Blüten und bei den Gräsern die engen Blütenstände gehen mit ihren meist kurzen Stielen direkt aus dem Hauptsproß hervor. In sogenannten Schraubeln stehen auch die Blüten der Schwertlilie und Gladiole dicht um die zentrale Achse. So löst sich die Pflanze beim Übergehen zum Blühen nur wenig

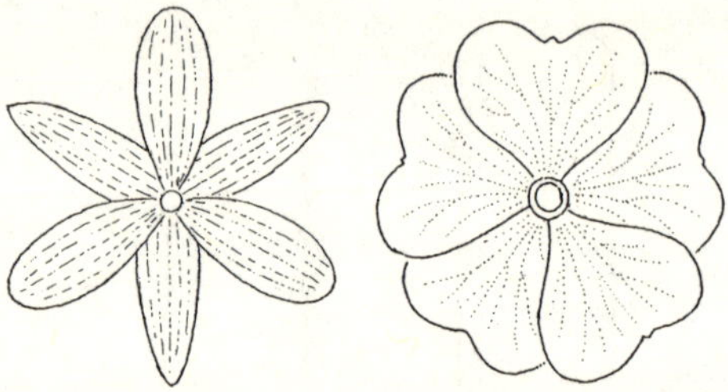

*Blütenkrone einer Tulpe (links) und einer Rose (rechts); beide von oben.*

oder überhaupt nicht von dem Hauptsproß, d. h. von der direkten Verbindung mit der Erde.

Wie sich die zweikeimblättrige Pflanze bei der Verwandlung zum Blühen weitgehend über die aus der Erde stammenden Einflüsse erhebt und mit denen der Sonne und der Venus verbindet, haben wir schon behandelt und dabei gesehen, daß die Blütenhülle mit den fünf Kelch- und den fünf Kronblättern ein Abbild der synodischen Venusbewegung ist. Bei den einkeimblättrigen Pflanzen erreicht das Blühen nicht die gleiche Vollkommenheit. Schon in der Entwicklung des Sprosses bleiben die Blätter weitgehend auf der anfänglichen Bildungsstufe stehen; es gibt keine Metamorphose, nur ein Größer- und Kleinerwerden. Und so wirkt die Gesetzmäßigkeit des Merkur stark in die Blütenkrone hinein – in der meist schmalen Form der Blütenblätter, die bisweilen wie kleine, bunt gewordene Sproßblätter aussehen; außerdem in der vielfach derben Konsistenz der Blütenblätter und vor allem in der Sechszahl. Im Entstehen der Blütenkrone wirkt immer die Gesetzmäßigkeit der Venus. Bei den Einkeimblättrigen offenbart sie sich aber, wie schon erwähnt wurde, nur unvollkommen. Denn hier erhebt sich die Pflanze im Blühen nicht ganz über die in der Sproßbildung herrschende Gesetzmäßigkeit des Merkur. So stehen die sechszähligen Blüten der Einkeimblättrigen unter dem Bildungsniveau der typischen fünfzähligen Blüten der Dikotyledonen, wie das in dem Kapitel über die Bildung der Blütenhülle beschrieben wurde (siehe Seite 63f.).

Aus allen Phänomenen geht hervor, daß sich die Monokotyledonen in ihrer ganzen Bildung gegenüber der der Dikotyledonen, d. h. gegenüber dem Typus, nur unvollständig entfalten – in der Wurzel, in den Blättern und im Blütenstand; und die Blüte erreicht nicht die vollkommene Form. Das beruht darauf, daß die Entwicklung des Sprosses durch den Mond stark beeinflußt ist und die Pflanze sich selbst in der Blütenkrone nicht ganz von diesem Einfluß befreit. So erscheint das Urbild in den Monokotyledonen in einer einseitigen Form. Die Kräfte des Mondes und des Merkur erhalten ein Übergewicht und bestimmen die Bildung des Sprosses und die der Blüte. Auf der einen Seite verbindet sich die Pflanze zu schwach mit den Kräften der Erde: Es entsteht kein selbständiges Wurzelsystem; die Wurzelbildung wird im Bereich des Sprosses gesteigert. Auf der anderen Seite vereinigt sich die Pflanze nur unvollkommen mit den rein kosmischen Kräften der Sonne. Die Wirkung der Venus ist abgedämpft, und so dringt die für den Sproß charakteristische Gesetzmäßigkeit des Merkur bis in die Blüte. In den einkeimblättrigen Pflanzen herrschen jene kosmischen Bereiche, die durch ihre Rhythmen ganz dem Jahreslauf der Sonne eingegliedert sind. Von hier aus fällt noch zusätzlich ein Licht auf die Tatsache, daß die weitaus meisten Monokotyledonen Kräuter sind, also Pflanzen, die in ihren oberirdischen Organen dem Werden und Vergehen des Jahres unterliegen.

Bei den Dikotyledonen ist die oberirdische Pflanze durch das selbständige Wurzelsystem von dem übermäßigen Mondeinfluß weitgehend befreit. Ihre Sproß- und Blattbildung wird von Kräften durchsetzt, die von vornherein zur Blütenbildung in Beziehung stehen. So sind sie durch die in ihnen wirkenden Venuskräfte zur Weite des Kosmos hinorientiert wie die Monokotyledonen durch den Mond zur Erde. Aus dem synodischen Rhythmus der Venus, der weit über den Jahresgang der Sonne hinausgreift, und dem verhärtenden Einfluß der Erde (Gravitation) auf den Stengel wird es verständlich, daß gerade bei den Dikotyledonen viele Pflanzen als mehrjährige Sträucher und Bäume nicht mehr dem Jahreslauf unterworfen sind.

# PFLANZENFAMILIEN ALS AUSDRUCK VORHERRSCHENDER PLANETENWIRKUNGEN

In den folgenden Abschnitten wendet sich die Betrachtung noch mehr zum Speziellen. Es soll von dem gewonnenen Standpunkt aus der Blick auf eine Reihe von Familien aus dem Kreis der Blütenpflanzen gelenkt werden. Damit betreten wir ein Gebiet, das in seiner inneren Struktur bisher weithin undurchdrungen ist. Die vergleichende Pflanzenbetrachtung hat mit großer Sorgfalt die Gestaltzusammenhänge zwischen den Arten und Gattungen aufgedeckt und so die verschiedenen Familien im Überschauen der gesamten Blütenpflanzen gefunden. Sie faßt die Familien aufgrund allgemeinerer Formähnlichkeiten auch zu höheren systematischen Einheiten zusammen wie etwa die Liliengewächse, die Narzissengewächse, die Schwertliliengewächse, die Agavengewächse und die Schmerwurzgewächse zur Ordnung der *Liliiflorae*. Die Frage aber, wie es komme, daß es gerade solche Familien wie z. B. die Liliengewächse, die Hahnenfußgewächse, die Rosengewächse oder die Doldengewächse gibt, ist bisher kaum ernsthaft in Angriff genommen worden. Die Paläobotanik weist bestenfalls auf, von wann an in den geologischen Formationen Abdrücke von Pflanzen bestimmter Familien aufzufinden sind.

Gerade im Zusammenhang mit dem Problem, die Vielfalt der Pflanzen ordnend zu gliedern, hat Goethe davon gesprochen, daß es neben der Idee der Metamorphose, dem in allen Pflanzen gleichermaßen wirkenden Bildungsprinzip, ein zweites, entgegengesetztes

Prinzip gebe, den Spezifikationstrieb. Gegenüber der Metamorphose-Betrachtung, die auf das Allgemeine, überall lebendig sich Verwandelnde hinschaut und deshalb «ins Formlose» führe, sei der Spezifikationstrieb «das Beharrungsvermögen dessen, was einmal zur Wirklichkeit gekommen» (Goethe 1975, S. 121). In ihm liegt der Grund dafür, daß der Typus mit seiner fließenden Lebendigkeit des Gestaltens in bestimmten, festen Formen erscheint. Beide Prinzipien wirken immer zugleich. Goethe hat wohl darauf hingewiesen, daß in manchen Pflanzengruppen wie bei den Enzianen die Formbeharrung, bei anderen wie den Rosen die Formverwandlung vorherrscht. Genauer hat er sich aber nicht über diesen Spezifikationstrieb geäußert.

Wir können das, was diesem in die Vielfalt der Formen führenden Prozeß zugrunde liegt, nicht auf der Ebene der in der Genetik und Phylogenetik beschriebenen Mutationen und Selektionen suchen. Denn gerade hier ist das Entstehen der umfassenderen Formenkreise, also der Klassen, der Ordnungen und Familien völlig ungelöst. Überhaupt kann die Frage nach inneren Gesetzmäßigkeiten solange nicht aufgeworfen werden, als man nur Begriffe anwendet, die das Hervortreten neuer Formen für ein Spiel des Zufalls halten, in das für die Erhaltung und weitere Entwicklung die Bedingungen der Umwelt richtungsgebend eingreifen sollen.

Den Schlüssel zum Verständnis der einzelnen Blütenpflanzenfamilien haben wir wie bei den Wuchsformen im Typus, in der Urpflanze selbst zu suchen. In jeder einzelnen Pflanzengestalt kann man nicht nur deren Besonderheit, sondern auch den allgemeinen Typus erkennen. Dieser offenbart sich da in einer jeweils speziellen Ausprägung. Das macht auf eine wichtige Tatsache aufmerksam: daß es nämlich der Typus selbst ist, der sich in viele besondere Gestalten hineinbegibt und durch diese deshalb hindurchleuchtet. Die Spezialisierung vollzieht sich nach Maßgabe derjenigen Prinzipien, die im Typus selbst wirken.

Das soll nun am Beispiel einiger Pflanzenfamilien dargestellt werden, die in unserer mitteleuropäischen Vegetation anzutreffen sind. Es ist keineswegs beabsichtigt, eine Übersicht über die bei uns vorkommenden Gruppen der Blütenpflanzen zu geben. Die folgenden Kapitel sollen vielmehr an einigen charakteristischen Familien darstellen, wie man in die in diesen Familien sich offenbarenden Bildungsgesetze eindringen und sich den Blick für sie und für die Beziehung der Familien untereinander erwerben kann.

## *Die Gräser*

Folgt man nicht der botanischen Systematik, sondern der Bedeutung der Pflanzen im ganzen Naturzusammenhang, so stehen die Gräser wohl an erster Stelle. Zwar gibt es Pflanzenfamilien, die artenreicher sind, so die Korbblütler, die Orchideen, die Schmetterlingsblütler und die Rötegewächse. Doch bestimmen sie bei weitem nicht so das Bild der irdischen Vegetation wie die Gräser. Diese bilden auf weiten Flächen einen grünen Teppich des Lebens, in den die anderen Blütenpflanzen nur wie eingestreut erscheinen. Besonders weit dehnen sich die Grasländer in der tropischen Zone, also dort, wo die Erde unter der stärksten Sonneneinwirkung steht. Sie überziehen hier vor allem die Ebenen, auf denen die Sonne ungehemmt vom Aufgang bis zum Untergang mit ihrer Licht- und Wärmestrahlung wirkt.

In die Grasfluren dringt die Sonne mit ihrem Licht stark hinein. Auf halber Höhe der Grashalme herrscht noch mehr als 50 Prozent der vollen Lichtfülle. In einem Kleefeld z. B. wird das Licht viel schneller abgedämpft als in einem Getreidefeld. Die Gräser wachsen und leben viel mehr in der von der Sonne durchstrahlten Atmosphäre als die meisten anderen Pflanzen. Sie sind aber auch mit der Erde besonders stark verbunden. Ihre Wurzeln dringen wohl nicht weit in die Umgebung, durchsetzen den Boden aber ungewöhnlich intensiv. Bei einer einzeln wachsenden Roggenpflanze, die also nicht wie auf

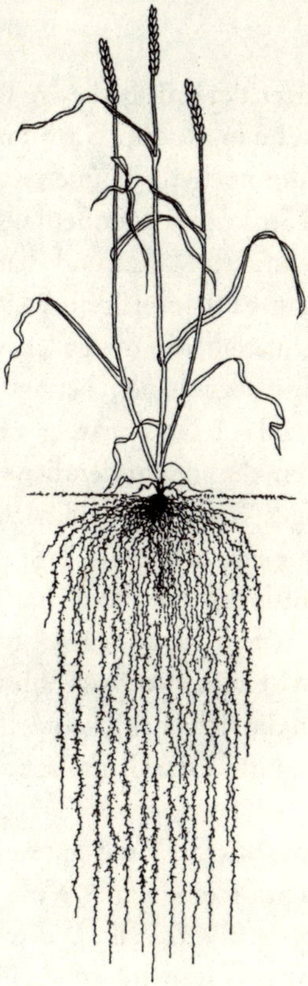

*Saatweizen (Triticum aestivum; nach Kutschera). Aus einem Korn entwickeln sich durch Bestockung mehrere Halme. Unter der Erde bildet sich eine Büschelwurzel, die den Boden intensiv durchsetzt und über zwei Meter in die Tiefe dringt.*

dem Acker von Nachbarpflanzen eingezwängt ist, werden die Wurzelfasern insgesamt 80 km lang. Zudem sind bei den Gräsern die Wurzelhaare besonders reich entwickelt. Durch dieses Verwobensein mit der Erde können die Gräser die Feuchtigkeit gerade in trockenen Gebieten vollständig aufsaugen.

So gliedert sich die Pflanze bei den Gräsern besonders intensiv und ausgewogen in die Naturverhältnisse ein. Indem sie aus ihrer Verbindung mit der Erde und deren Feuchtigkeit sich in den Halmen bis hinauf zu den Ähren und Rispen der Atmosphäre und Sonne hingibt, bildet sich überall, sogar in den Grannen, lebendige Substanz. Es gibt keine andere Pflanzengruppe, die im Ganzen der Erde in diesem Umfang die von der Sonne ausgehenden Kräfte in die Substanzbildung aufnimmt – mit den Gräsern kann man nur noch die Bäume vergleichen; diese lagern aber die entstehenden Stoffe gleich großenteils als Holz ab. Die Gräser stehen durch ihre schmalen Halme und Blätter, die wenig Schatten werfen, nicht nur als ganze Pflanzen in einer Lichtfülle; in vielen von ihnen strömt das Licht stärker in die Lebensvorgänge hinein als sonst bei Pflanzen. Im allgemeinen beträgt die Lichtausnützung 5 bis 10 %; bei einer Anzahl von Gräsern steigt sie bis auf 24 % an. Hierauf beruht unter anderem die außerordentliche Vegetationskraft der Gräser, die bei günstiger Witterung bald nach einem Brand oder einer Mahd neue Halme emporsprießen läßt. Das Leben vieler Tiere wie das der Rinder, Antilopen, der Pferde und Zebras ist ganz an die grasbewachsenen Flächen gebunden. Und dadurch, daß es vor Jahrtausenden gelungen ist, die lebendigen Substanzen durch die Züchtung des Getreides in die sich entwickelnden Samenfrüchte zu lenken, wurden gerade die Gräser die Grundlage auch der menschlichen Ernährung.

In den Gräsern entfalten aber auch die aus der Erde im Stengel nach oben drängenden Kräfte der Gravitation eine starke Wirksamkeit. Bei keiner anderen Pflanzengruppe ist die Gestalt so deutlich durch den Zentralsproß bestimmt. In den langen Internodien äußert sich ein starkes Aufwärtsstreben, das beim Bambus von einer unvergleichlichen Intensität ist. Die «größten Arten erreichen in 40 Tagen ihre volle Höhe, wobei sie durchschnittlich 1 m am Tag wachsen» (Warburg 1926, S. 368). Unter der enormen Wirkung der Gravitationskräfte werden die Bambushalme so hart, daß man sie als Pfosten verwenden und aus ihnen Möbel, Fensterrahmen, Leitern und Hauswände herstellen kann. Auch bei unseren Gräsern bildet sich dicht unter der Oberfläche des Stengels eine Schicht verholzten, faserigen Gewebes, das dem Halm in der Form eines Hohlzylinders besondere Festigkeit gibt. So ist z. B. der Halm des Roggens mit einem Schlankheitsgrad (Quotient aus Länge und Durchmesser) von 500 : 1 ein statisches Meisterwerk. Wie stark bei den Gräsern die Beziehung zur Gravitation ist, kann man sehen, wenn ein liegender Halm sich wieder an den Knoten Stück um Stück negativ gravitropisch aufrichtet.

Bei unseren Gräsern wird der untere Teil der Blätter, das Unterblatt, in das vertikale Wachstum des Stengels einbezogen und umhüllt diesen als Blattscheide. So haben die Blätter selbst etwas vom Charakter des so intensiv emporstrebenden Stengels. An den Halmen entwickeln sich zunächst sogar die schmalen Oberblätter in der vertikalen Richtung des Sprosses. Mit ihrer langgestreckten, eingerollten Form wirken sie wie das oberste Stück der Halme. Wenn sie sich dann entfalten und allmählich zur Seite neigen, schiebt sich aus der Hülle ihres Unterblattes die Spitze des nächsten Blattes hervor. So steigt die Pflanze Stufe um Stufe immer aus dem Inneren empor, bis schließlich die Ähren oder Rispen den Abschluß bilden. Beim Weizen entstehen die Ähren bereits im Zentrum des noch knospenähnlich unentfalteten Halmes unten im Boden. Dann folgt die rasch aufwärts strebende Streckung, durch die Stengel, Blätter und zuletzt die Ähren nach oben in die Erscheinung treten. Wenn die Gräser in ihren Formen verhärten, bewahren sie in den Knoten lebendiges, wachstumsfähiges Gewebe.

Diese ganze Bildung muß man mit einer anderen im Zusammenhang sehen, bei der auch ein Organ von anderen umhüllt wird: mit der Schalenzwiebel, jener vom Mond geprägten Gestalt. Während bei der Zwiebel Sproß und Blätter im Knospenzustand verharren, kommen sie beim Gras zur stärksten aufsteigenden Entfaltung. Der Grashalm erscheint wie eine stark vertikal auseinandergezogene Zwiebel. Durch die Sonnenwirkung, vor allem aber durch die verdichtende Gravitation wird der schleimig-feuchte Charakter der Zwiebel in das Gegenteil verwandelt: in den trockenen, luftdurchzogenen Halm. An den sproßbürtigen Wurzeln, der Verwandtschaft des Halmes mit der Zwiebel, der parallelnervigen Struktur der Blätter und ihrer so charakteristischen ½-Stellung sieht man deutlich, daß die Gräser zu den monokotylen Pflanzen gehören. Bei den zwiebelartigen Liliengewächsen dringt aus der großen Knospe der Sproß mit seinen Blättern und den Blüten hervor. Bei den Gräsern setzt sich die knospenhafte Absonderung in den Blattscheiden am ganzen Sproß fort. Bei den Liliengewächsen manifestiert sich der Mond eindrucksvoll im Anschwellen der Knospe zur Zwiebel. Im Grashalm durchdringt die Wirkung des Mondes aber den ganzen Sproß. Hier kommt sie in Verbindung mit der Sonne; vor allem wird sie intensiv von den Kräften der Erde durchsetzt. Das äußert sich nicht nur in der Verhärtung des Stengels. In den Blättern kommt es zu einer Mineralisierung, bei der Kieselsäure in der äußersten Schicht, der Epidermis, abgelagert wird, d. h. dort, wo die Gräser das Licht aufnehmen. Die dem Licht gegenüber so offene Kieselsäure hat einen positiven Einfluß auf das Wachstum der Gräser, vor allem beim Getreide. Kieselsäure wird auch in die Gerüstsubstanzen des Halmes eingelagert. Sie erhöht die Standfestigkeit und damit das Darinnenstehen der Gräser in der vom Licht erfüllten Umgebung.

Viele Gräser bilden unter dem Einfluß der sproßbürtigen Wurzeln Rhizome, an denen sich wie bei den Zwiebeln nur die Unterblätter entwickeln. Diese umschließen den Erdsproß mit seinen kürzeren Internodien. Wenn in den Trockenperioden der Tropen die oberirdischen Teile der Gräser verdorren, schützen die trockenen Blattscheiden die zarten Sproßvegetationspunkte. Hier überdauern diese die lange Trockenzeit ähnlich wie die Zwiebeln im Schutz der vertrockneten äußeren Zwiebelschalen.

Das Blühen ist bei den Gräsern ganz verhalten. Bei den Ährengräsern ordnen sich die sogenannten Ährchen dicht an der zentralen Achse an. Bei den Rispengräsern werden sie in die Umgebung hineingetragen. Diese Ährchen entsprechen den Seitentrieben (Paracladien) eines Blütenstandes, allerdings im knospenhaft unentfalteten Zustand. Bei genauerem Betrachten bemerkt man, daß jedes Ährchen aus mehreren einfachen Blüten besteht, die sich wie die Blätter des Halmes in der strengen ½-Stellung an eine kurze Achse anglie-

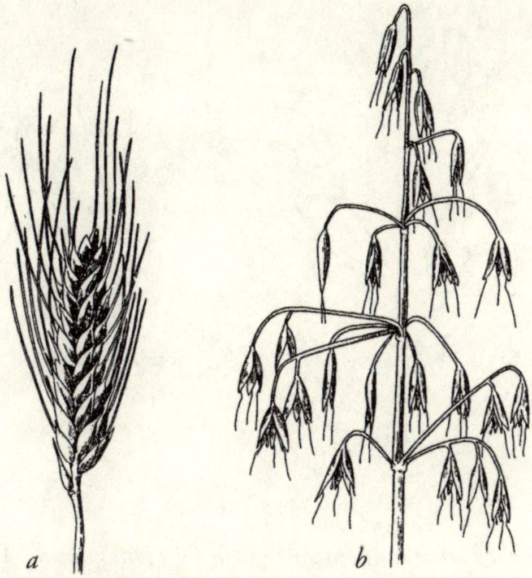

*Die beiden Hauptformen des Blütenstandes bei den Gräsern; a. die Ähre (Einkorn, Triticum monococcum) und b. die Rispe (Hafer, Avena sativa; beide aus Rauh).*

dern. So dringt die Wirkung des Mondes bei den Gräsern nicht nur in der Bildung des Halmes im Sproß nach oben, sie beherrscht auch den Blütenstand, indem sie die Blütentriebe im Knospenzustand zurückhält. Die kleinen Blättchen, die Spelzen, sind wie eine Fortsetzung der grünen Blätter in den knospenhaften Blütenstand. Unter dem starken Einfluß des Mondes entwickelt sich keine Blütenkrone. In der Blütenbildung, die bei den Monokotyledonen ohnehin unvollkommen bleibt, findet sich bei den Gräsern nichts vom Charakter der Venus. Jene zwei kleinen Gebilde, die die vergleichende Morphologie als unentwickelte bzw. verkümmerte Anlagen von Blütenblättern betrachtet, die sogenannten Lodiculi, drücken beim Aufblühen die Spelzen auseinander. In dem Spalt zwischen den Spelzen dringen nun die zwei zarten, federartig zerteilten Narben des

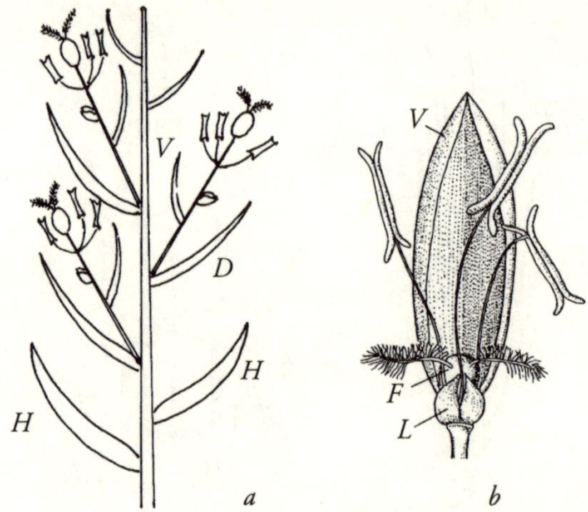


*a. Schematische Darstellung eines Ährchens (H - Hüllspelzen, D - Deckspelzen, V - Vorspelzen). b. Eine einzelne Blüte aus einem Ährchen. (V - Vorspelze, F - Fruchtknoten, L - Lodiculae, die durch Anschwellen das Ährchen etwas öffnen; sie sind zwei Blütenblättern homolog; aus Strasburger).*

Fruchtknotens nach außen; ebenfalls die drei Staubbeutel, die an hauchdünnen Staubfäden hängen und die feinsten Bewegungen des Windes mitmachen. Das Blühen spielt sich also wie das Wachstum der Halme und die Entfaltung der schmalen Blätter ganz in der von Licht und Wärme erfüllten Atmosphäre ab. Hier wird der Blütenstaub auch von den Bewegungen der Luft zu den Narben der anderen Gräser getragen.

Nach der Bestäubung entwickeln sich dann bei unseren Gräsern die trockenen Körner. Sie sehen nicht wie Früchte aus, sondern wie Samen. Die Fruchtschale, aus der sich sonst die Früchte bilden, ist mit der Samenschale verwachsen und wird mit dieser zusammen zur Samenhülle. So entsteht die für die Gräser charakteristische Karyopse, bei der die Fruchtentwicklung durch das Übergewicht der Mondwirkung unterdrückt, d. h. von der Samenbildung absorbiert wird.

Fast alle Gräser sind mehrjährige Pflanzen. Durch ihre starke Beziehung zum Mond entstehen im Herbst Überwinterungsknospen. Dabei wird ein Teil der in der Assimilation gebildeten Substanzen in den unterirdischen Organen für die neue Entfaltung der Halme im kommenden Jahr gespeichert. Vor Jahrtausenden ist es dem Menschen gelungen, die Wirkung des Mondes etwas abzudämpfen und die der Sonne bei der Züchtung des Getreides zu steigern. Alle Getreidearten sind einjährige Pflanzen, bei denen die in den Blättern entstehenden Substanzen vor allem nach oben und letztlich in die schwellenden Körner steigen und hier reifen. Der Reifungsprozeß, der in den Ähren und Rispen von der Milchreife zur Vollreife, zum Teil auch bis zur Totreife fortschreitet, wenn der Weizen und Roggen erst in diesem späten Zustand geschnitten wird, ergreift mit seiner austrocknenden Wärme die ganze Getreidepflanze. Das warme Gelb eines reifen Weizenfeldes ist das wohl schönste Bild der in der Natur sich vollziehenden Reifeprozesse. Das Licht und die Wärme der Sonne haben das Leben so weit durchwirkt, daß sie in der Materie wie von innen sichtbar werden.

## *Die Windengewächse*

Die Winden, die im Hoch- und Spätsommer an den Zäunen, auf den Äckern, Feldern und Wiesen und am Rande des Gebüschs ihre großen weißen oder zart rötlichen Blütentrichter zur Sonne hin entfalten, gehören zu den eindrucksvollen Pflanzen unserer Vegetation. Von den über 1600 Arten ihrer Familie sind die drei bei uns vorkommenden nur ein kleiner Ausschnitt. Dennoch kann man an ihnen wichtige Zusammenhänge kennenlernen. In ihnen prägt sich der Charakter der Windengewächse nämlich besonders deutlich aus.

Die Winden sind in vielem den Gräsern geradezu entgegengesetzt gebildet. Die Triebe sind so schwach, daß sie äußere Stützen brau-

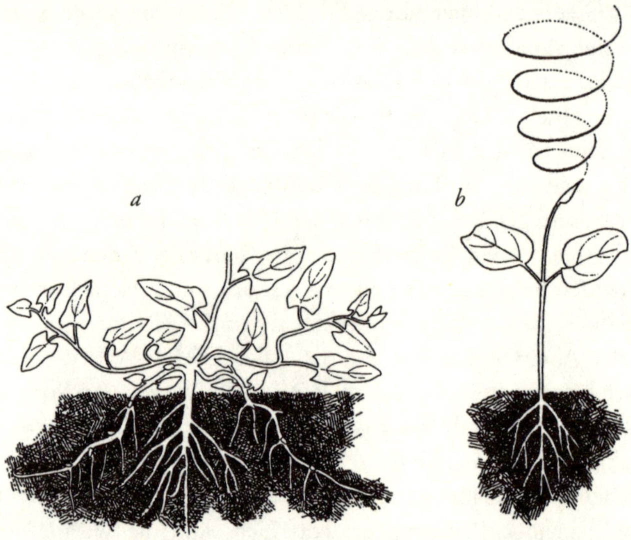


*a. Junge Pflanze der Zaunwinde (Calystegia sepium; aus Hegi). Die aus den Achseln der Keimblätter hervorwachsenden Triebe dringen in den Erdboden. Dort durchläuft die Pflanze einen wesentlichen Teil ihrer Entwicklung. Von diesen Erdsprossen steigen die Windesprosse in die Lichtwelt hinauf. b. Keimpflanze der Prunkwinde (Pharbitis purpurea; nach Rawitscher, verändert). Schon der junge Sproß vollführt um eine ideelle Achse eine regelmäßig aufsteigende Spiralbewegung.*

chen, um sich über den Erdboden zu erheben. Wo diese fehlen, breiten sie sich am Boden aus. Von einer Zaunwinde, die sich an einem Maschenzaun oder einem Strauch emporgewunden hat, sieht man vor allem die schönen, einfachen Blätter. Diese wenden ihre Fläche dem Sonnenlicht zu und bilden des öfteren eine fast geschlossene, grüne Fläche. Aus dieser treten die großen weißen Trichterblüten leuchtend hervor. Von Sprossen oder gar Sproßsystemen ist kaum etwas zu sehen. Löst man die Pflanze von ihrer Stütze, dann bemerkt man, wie dünn und kraftlos die Internodien sind. Sie sind nicht oder

*Strandwinde (Convolvulus soldanella; aus Hegi), eine weltweit verbreitete Pflanze, die bei uns vor allem am Strand der ostfriesischen Inseln wächst. Ihre Erdsprosse dringen bis 1,5 Meter tief in die Erde ein. Aus diesen gehen die am Boden liegenden Triebe hervor. Die Strandwinde blüht zwischen Juni und August.*

nur wenig stärker als die Blatt- und Blütenstiele. Die Blätter und Blüten sind wie an einem Faden befestigt. Derjenigen Bildung, die bei den Gräsern eine so hohe statische Vollkommenheit erreicht, fehlt alles an Festigkeit und Tragkraft. Von einem Sproß kann man kaum sprechen. Dieser Internodienfaden hat keine innere Beziehung zur Sonne und zur Erde (Gravitation). So gruppieren sich Blätter und Blüten nicht wie sonst um den Sproß, sondern streben von den Internodien weg dem Lichte zu.

Schon an den Keimpflanzen kann man bemerken, wie die von der Sonne ausgehende Gestaltung zurücktritt und andere Kräfte den sich entwickelnden Sproß bestimmen. Bei der in den Gärten oft lästig wuchernden Ackerwinde bleibt der Hauptsproß schwach; er geht bald zugrunde. Dagegen sprießen aus den Achseln der beiden Keimblätter Seitentriebe hervor. Vor allem aber wächst die Wurzel tief in den Erdboden hinein. Von dort geht dann auch die weitere Entwicklung aus. Im zweiten Jahr entfalten sich da unten Knospen zu den bekannten Erdsprossen (siehe Abbildung Seite 184, links).

Bis hierher ist die Pflanze ganz vom Mond geprägt (siehe Seite 120f.). Erst aus diesem dunklen Dasein dringen jene Triebe an das

Licht empor, die dann windend in den Licht- und Luftraum hinaufstreben. Auch die Strandwinde der ostfriesischen Inseln und die Zaunwinde durchlaufen in Erdsprossen zunächst einen sonnenfernen Entwicklungszustand. Bei der Strandwinde bleiben die ans Licht kommenden Triebe am Boden. Es fehlt ihnen nicht nur wie unseren Winden die innere Beziehung zur Sonne und die Festigkeit, sie gehen im Licht auch nicht zu der kreisenden Bewegung des Windens über. Andere Arten, z. B. die schöne, aus dem tropischen Amerika stammende Prunkwinde, entwickeln sich direkt aus der Keimpflanze nach oben weiter. Hier beginnt sich der Haupttrieb bald kreisend zu bewegen. Er wendet sich zur Seite und wächst, indem sich seine Spitze spiralförmig aufsteigend nach allen Seiten dreht (siehe Abbildung Seite 184, rechts).

Auch später, wenn die Windenpflanzen schon weit herangewachsen sind, vollführen ihre Triebspitzen immer noch diese kreisenden Bewegungen. So entwickelt sich die Pflanze in aufstrebenden Spiralen. Nach der ersten vom Mond bestimmten Bildungsstufe der Erdsprosse offenbart sich nun ein zweites kosmisches Prinzip. Der Sproß bildet in seiner Entwicklung jene Spiralbewegung ab, mit der der Merkur – allerdings in viel größeren Zeiträumen – die aufsteigende Sonne umkreist.

Häufig kann man beobachten, wie Acker- oder Zaunwinden an Grashalmen emporranken. Hier treten zwei Prinzipien von außen zusammen, die sonst in der Pflanze innerlich vereinigt sind. Man schaut im Abbild auf die Erd-Sonnen-Bewegung und den sie umkreisenden Merkur hin. Und wie im Kosmos der Merkur in ostwestlicher Richtung vor der Sonne vorbeizieht, so windet der Sproß – wie bei den meisten Windenpflanzen – in einer Linksspirale; er steigt auch von links nach rechts am Halm empor.

Goethe sagt in seinem Aufsatz «Über die Spiraltendenz der Vegetation» von der windenden Pflanze: Sie «sucht das außer sich, was sie sich selbst geben sollte und nicht vermag» (Goethe 1975, S. 229). Das ist die auf Sonne und Erde zurückgehende Vertikaltendenz. Indem diese fehlt, treten auch die von der Sonne ausgehenden Gestaltungen zurück (vgl. Seite 32f.). So strecken sich die Internodien ähnlich wie bei den im Dunklen heranwachsenden Trieben früher und intensiver als sonst bei Kräutern. Die zarten, unentwickelten Blätter kommen vorzeitig aus der Endknospe hervor, fast noch als eng anliegende Schuppen. Wo in der Ausgestaltung des Sprosses das Zusammenwirken von Sonne und Erde ganz zurücktritt, bekommt das andere Gestaltungsprinzip die Oberhand: die Blattbildung. Die Blätter sind der stärkste Ausdruck der in den Pflanzen wirkenden Spiraltendenz. Im typischen Fall entstehen sie am Sproß in aufsteigenden Spiralen. Von dieser Bildungstendenz wird nun die Pflanze bestimmt. Wie sonst nur die Blätter nimmt die Triebspitze die horizontale Lage ein und wächst in der zum Umkreis gewendeten Spiralbewegung in die Höhe hinauf. Die Blätter selbst durchlaufen, wo sie nun gleichsam zu früh aus der schützenden Hülle der Endknospe hervorkommen, von ihrer ersten Anlage am Vegetationspunkt bis zur endgültigen Größe eine zeitlich ausgedehntere Entwicklung als sonst. Auch insofern leben sich die Windengewächse besonders stark in der Blattbildung aus.

So muß man beim tieferen Eindringen in die Pflanzengestaltung zwischen Sprossen unterscheiden, in denen das Zusammenwirken von Sonne und Erde (Zentralsproß der Kräuter), die Gesetzmäßigkeit des Mondes (Erdsprosse, Rhizome), des Mars (Bogentriebe der Sträucher), des Jupiter und Saturn (Stämme und Zweige der Bäume) und des Merkur (eben die Windesprosse) zum Ausdruck kommen. Weil in den Windesprossen Merkur so intensiv wirkt, sprießen sie unentwegt weiter; es entsteht keine Endblüte. Die Blüten, die einzeln oder in kleinen Gruppen in den Achseln der Blätter entstehen, folgen meistens so locker aufeinander, daß man den Eindruck gewinnt, es gäbe bei den Winden keinen Blütenstand. Er ist durch das immer weitergehende Sprießen und die langen Internodien ganz aufgelöst. Auch in die Blütenbildung spielt die übermäßige Internodienstreckung in modifizierter Form hinein. Die verschiedenen Organe Kelch, Blütenkrone, Staubgefäße und Fruchtknoten entste-

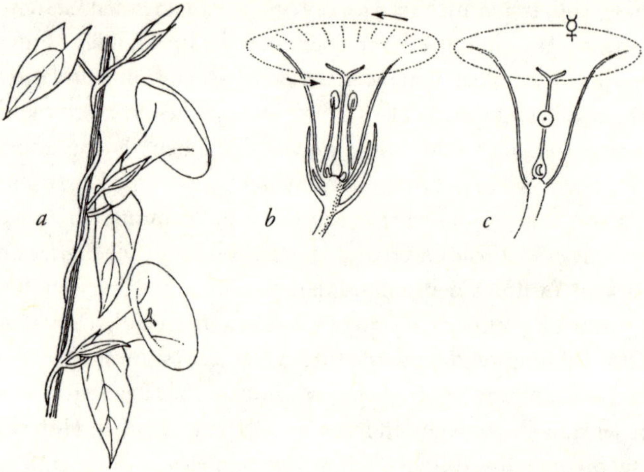


*a. Windender Sproß einer Zaunwinde (Calystegia sepium). Sie wächst vor allem an feuchten Standorten im Gebüsch, in Hecken und an Zäunen. Ihre Blüten entstehen von Juni bis September nur an lichten Stellen. Das Aufblühen und die Blütenform zeigen ein starkes Hinstreben zur Sonne. Im Gegensatz zur Ackerwinde öffnen sich bei der Zaunwinde Blüten auch in hellen Mondnächten.*
*b. Längsschnitt durch eine Blüte der Zaunwinde. Die Blütenkrone dringt aus der Hülle der Vorblätter und des Kelches hervor. Die Pfeile geben die Drehrichtung der sich entfaltenden Blütenkrone an.*
*c. Innerhalb der Blüte ist der Griffel das Abbild der Sonne. In seiner Umgebung entfaltet sich die Blütenkrone in einer Spiralbewegung ähnlich wie der Merkur im Umkreis der Sonne. (U. W.)*

hen mit ihren Anlagen am Vegetationspunkt nämlich nicht gleichzeitig, sondern deutlich nacheinander. Das für die Blattbildung charakteristische Aufeinanderfolgen in der Zeit ist hier in der Blütenbildung nicht vollständig überwunden.

Bei der Zaunwinde ist der Kelch von einem Paar kleiner Blätter umgeben. Die Blütenkronen kommen bei den Windengewächsen zum Teil also aus einer doppelten Blätterhülle hervor. Sie öffnen sich

*Dreifarben-Winde (Convolvulus tricolor; aus Hegi, verändert); eine einjährige Pflanze des westlichen Mittelmeer-Raumes.*

in einer Spiralbewegung und weiten sich dabei zu einer eigenartigen Trichtergestalt. Am Grunde sind die Windenblüten eng. Die Staubgefäße schließen sich dicht um den Stempel zusammen. Erst am Saum wendet sich die Blütenkrone aus der Tiefe aufsteigend der Sonne zu. So trifft man auch in den Blüten auf die Gebärde des Merkur: zum einen in der Tatsache, daß die Blütenkrone sich in einer aufsteigenden Spirale entfaltet, und zwar in einer Linksspirale wie der Sproß; zum anderen auch in der Form. Diese weist darauf hin, daß die Blüte am Grunde noch die Enge der Blütenachse wie in einer Hohlform fortsetzt und erst allmählich sich in die für das Blühen charakteristische Weite hineinbegibt. In der Gesamtheit der Blütenblätter gestaltet sich die Windebewegung bis dahin aus, daß der Rand der Blütenkrone sich im ganzen Umfang zum Umkreis hin orientiert. Die Blütenkrone ist die in eine Raumform übergegangene Gebärde des Windens.

Nicht alle Windengewächse bringen den Merkur so stark zur Offenbarung wie die Acker- und Zaunwinde. Die im Mittelmeergebiet heimische Dreifarben-Winde bildet zum Beispiel einen senkrecht aufstrebenden Zentralsproß. Dennoch hat die Pflanze in ihrer ganzen Gestalt, nicht nur in der Form der Blüten, den Windencharakter. Der Sproß bildet nämlich zunächst nur Blätter. Blüten entstehen wie bei der Acker- und Zaunwinde erst aus den Achseln der älteren Blätter. Hier bestimmt also auch der Merkur, allerdings zusammen mit einer stärkeren Wirkung der Erde (Gravitation), die Form. – In wärmeren Gebieten der Erde werden die Windengewächse sogar Sträucher mit windenden Zweigen.

Nach Julius kann man alle windenden Pflanzen als eine Wuchsform auffassen, die innerhalb der verschiedensten Pflanzenfamilien auftritt. In unserer einheimischen Vegetation kommen in folgenden Familien windende Arten vor: bei den Osterluzeigewächsen (Pfeifenstrauch), den Schmetterlingsblütlern (Bohne), den Maulbeergewächsen (Hopfen), den Knöterichgewächsen (Windenknöterich, Heckenknöterich), den Geißblattgewächsen (Wohlriechendes Geißblatt, Wald-Heckenkirsche), bei den Windengewächsen und den nahe verwandten, parasitischen Seidengewächsen (mit ihrer einzigen Gattung Seide). Allen gemeinsam ist die merkurhafte Entwicklung der Sprosse: das mit dem Winden zusammenhängende starke Wachsen der Internodien und die Bildung der Blüten und Blütenstände in den Achseln der Blätter. Am reinsten manifestiert sich der Merkur aber in den Windengewächsen. Hier prägt er sich bis in die Blüten aus. Unter den Windengewächsen erscheinen die krautigen Formen wie unsere Akker- und Zaunwinde als die charakteristischsten Formen. An ihnen kann man eben verfolgen, wie sich die Pflanze zunächst unter dem Einfluß des Mondes entwickelt und erst dann in den höheren Bereich merkurhafter Bildung erhebt. Und nur in wenigen Arten kommt es wie bei der Dreifarben-Winde zum Zusammenwirken von Sonne und Erde wie normalerweise im Stengel der Kräuter.

Von dieser Anschauung der Windengewächse aus kann man ein ziemlich weites Gebiet überblicken. So wird eine Pflanzengattung bis in den Namen mit dem Merkur in Zusammenhang gebracht: das Bingelkraut heißt seit dem Altertum Mercurialis. Das Waldbingelkraut, das im Frühling in Buchen- und Auenwäldern ganze Flächen bedeckt, wächst unter der Erde mit einem Rhizom. Aus diesem steigt ein grüner Trieb mit zunehmend größeren, einfach geformten Blättern auf. Die Blütenstände mit den kleinen grünlichen Blüten gehen aus deren Achseln hervor. Wie bei den Winden hat der Sproß einen stark vom Merkur bestimmten Charakter. Das wird dadurch unterstrichen, daß die Blütenbildung nur wie in einem zarten Anflug vorhanden ist. Dort, wo sich bei Kräutern die Triebe vorwiegend in der Bildung von Blättern ausleben, trifft man ganz allgemein auf die Signatur des Merkur.

## *Die Seerosengewächse*

In den Lebensvorgängen der Pflanzen sind Wasser und Luft von besonderer Bedeutung. Diese zwei Bereiche des äußeren Naturdaseins, die vor allem in den Blättern zusammenwirken, sind in verschiedener Hinsicht recht unterschiedlich. Das Wasser sondert sich bei all seiner inneren Beweglichkeit von der Umgebung ab. Es bildet eine deutliche Grenzfläche, die einen Innenraum von der Umgebung abtrennt. Diese bewegliche Grenze bleibt erhalten, auch wenn an ihr unentwegt Flüssigkeit verdunstet oder Luft in den Wasserraum hineindringt. Die Luft kennt dagegen keine solche Absonderung eines Eigenraumes. Es gibt bei ihr gleichsam nur ein Innen, das sich grenzenlos und mit der Tendenz leichtester Regsamkeit und Beweglichkeit nach allen Richtungen des Raumes ausdehnt. Durch das Wasser kann die Pflanze ihre beweglich-lebendigen Gestalten mit deren begrenzten Formen bilden und erhal-

*Weiße Seerose (Nymphaea alba). Blüten und Blätter dieser eigentümlich schönen Pflanze leben schwimmend an der Oberfläche ruhiger Binnengewässer. Die Blüten – die größten innerhalb unserer einheimischen Pflanzenwelt – blühen zwischen Juni und August etwa eine Woche. Ihr Öffnen (etwa 7 Uhr) und Schließen (gegen 17 Uhr) folgt dem täglichen Sonnengang. (U. W.)*

ten; durch die Luft steht sie mit der ganzen Umgebung und dem aus dem Kosmos zuströmenden Licht in Zusammenhang.

Nun sind Wasser und Luft mit verschiedener Intensität an den Gestalten der Pflanzen beteiligt. Man kann sich z. B. vorstellen, daß die Luft stark in die Bildungsvorgänge bestimmter Pflanzen hineinwirkt und ihren Charakter in den entstehenden Formen zum Ausdruck bringt. Das führt zu Formen, die wenig in sich abgeschlossen sind, die sich auflösen und stark in die Umgebung eingliedern. Selbstverständlich bleibt der Zusammenhang des Lebens erhalten. Seine Gestaltung verliert aber den kompakten Zusammenhalt; sie dehnt sich zentrifugal aus, indem sie ihre Formen in die Umgebung hinein aufgliedert. Dieses Bildungsprinzip wird uns z. B. an den Blättern verschiedener Hahnenfußgewächse und den stark aufgefiederten Blättern der Doldengewächse entgegentreten, auch an deren Blütenständen, die sich so vollkommen in die Atmosphäre eingliedern.

Bei den Seerosengewächsen ist aber das Wasser in den Lebens- und Gestaltungsprozessen das bestimmende Element. Die meisten Gattungen und Arten dieser kleinen Familie leben in den Subtropen und Tropen. In unserer heimischen Pflanzenwelt finden wir nur die Weiße und die Glänzende Seerose, außerdem die Gelbe und die Kleine Teichrose.

Die Seerosengewächse gehören ausgesprochen zu den ruhigen Gewässern des Binnenlandes. Mit ihren Blättern, vielfach auch mit den Blüten, leben sie ganz an die Oberfläche von Seen, Teichen und Buchten hingegeben. Über ihnen weitet sich der Himmel, wie es nur über dem Wasser möglich ist. Hier, an der Grenzfläche zur Atmosphäre wird das Licht zum Teil wie an einem Spiegel reflektiert. In diesen glitzernden, lebendig bewegten Wasserspiegel sind die Seerose und die Teichrose wie eingewoben. Den Luftraum berühren sie mit ihren Blättern gerade. Wie Blätter und Blüten mit der Grenzwelt des Wassers zur Luft verbunden sind, so die Sprosse mit dem unteren Grenzbereich des Wasserraumes. Dort wachsen sie als Rhizome und wurzeln im schlammigen Grund. Von hier steigen die langen Blüten- und Blattstiele wie dünne, grüne Taue durch den Wasserraum zur Oberfläche empor. So leben die Seerosengewächse in allen Bereichen des Wassers und wenden sich von dessen Oberfläche aus dem Himmel zu. Die Blüte der Teichrose dringt, wie aus einem anderen Weltbereich auftauchend, wenige Zentimeter in den Luftraum hinauf, der unmittelbar über dem Wasser aber noch von kühler Feuchte durchsetzt ist.

Durch die spiegelnde Grenzfläche flutet das Licht zum Teil in den Wasserraum hinunter. Schaut man aus dem Inneren dieses Wasserraumes direkt nach oben, so dringt der Blick durch ein großes rundes Loch in die Atmosphäre hinaus. Zu den Seiten hin ist die Wasseroberfläche aber durch die Totalreflexion ein undurchdringlicher, silberglänzender Spiegel. So entsteht im Wasser durch diese silbrig reflektierende Grenze, in der sich unter Umständen der Untergrund spiegelt, ein weiter, von der Atmosphäre abgesonderter Lichtraum. Dieser Lichtraum ist das irdische Abbild der Mondsphäre: Wie der Mond draußen im Kosmos durch seine Spiegelung einen Eigenraum abgesonderten Sonnenlichtes bildet, so entsteht im Wasser durch diese

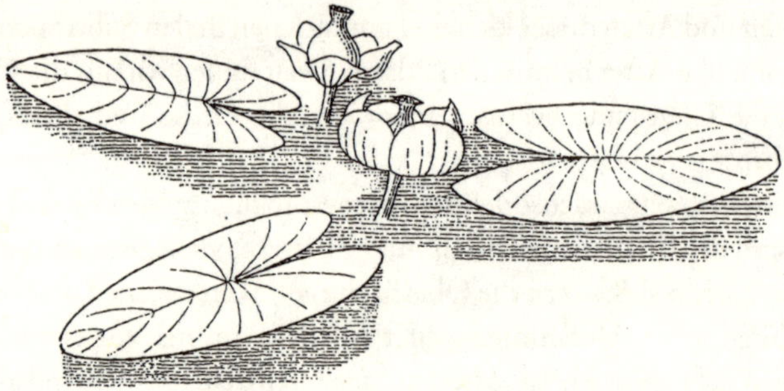

*Teichrose, Mummel (Nuphar luteum). Wie bei der Seerose steigen Blätter und Blüten aus einer Tiefe von 4 bis 5 Metern zur Oberfläche empor. Unten im schlammigen Grund wurzelt das Rhizom. Es wird zehn Zentimeter dick und zwei Meter lang. (U. W.)*

Reflexion eine von der Sonne isolierte Lichtsphäre. Bei seinem Gang durch den Kosmos wird der Mond als Neumond für einige Tage unsichtbar. Er befindet sich im Lichtbereich der Sonne und gibt für kurze Zeit sein reflektierendes Wesen auf. Die durch den Mond entstehende Lichtsphäre ist gleichsam offen wie der Lichtraum des Wassers in jenem «Loch». – Die Atmosphäre ist auf der Erde das Gebiet der unmittelbaren Sonnenwirkung, der unter der Atmosphäre liegende Wasserraum der Bereich mondhaft modifizierter Sonnenwirkung.

In dieser Welt leben die Seerosengewächse. So unterliegen die Sprosse der See- und Teichrosen einer starken Mondeinwirkung; als Rhizome sind sie von der Wurzelbildung durchsetzt, die sie an den Grund der Gewässer fesselt. Die Stiele der Blätter und Blüten kann man kaum mit denen anderer Pflanzen vergleichen. Sie gelangen von unten lediglich bis an die Grenze der Atmosphäre, d. h. jenes Bereiches, in dem sie sich sonst entwickeln. Während sie dort von der Luft ganz umgeben sind, dringt diese – wie in einer Umkehrung der Verhältnisse – durch die langen «Stiele» in einem besonderen Gewebe, dem sogenannten Aerenchym, in die Tiefe des Wasserraumes hinunter. Die Blattflächen gehören mehr zur Wasserfläche als zur Atmosphäre. Sie machen die feinsten Wellenbewegungen mit. Und wie in das Wasser dringen das Licht und die Luft von oben in die Blätter und deren Lebensprozesse hinein – sonst nehmen die Blätter die Luft von unten her auf. Ihre runde Form ist der denkbar größte Gegensatz zu den gefiederten Blättern etwa der Doldengewächse; sie ist der Ausdruck einer stark in sich abgeschlossenen, nach allen Seiten sich ausweitenden Bildung. Hier offenbart sich die Eigenart des sich gleichmäßig ausbreitenden und sich abgrenzenden Wassers. In ihrer Gestalt und in ihrem Lebensumkreis haben diese Blätter kaum noch eine Beziehung zum Merkur: Sie entwickeln sich im Mondbereich des Wassers, steigen an dessen Grenze und entrollen hier ihre Fläche. Sie bleiben diesem Grenzbereich verhaftet und berühren lediglich jene Region von unten, in der sich Sonne und Merkur im Pflanzenreich offenbaren.

Auch die Blütenknospen entwickeln sich weitgehend im durchlichteten, kühlen Wasserraum und schweben zu dessen Oberfläche hinauf. Hier öffnen unsere einheimischen Seerosengewächse zwischen Juni und September ihre Blüten. Diese wenden sich der Sonne mit ihrer mächtigen, hochsommerlichen Lichtwirkung von der feuchten, kühlen Wasserfläche aus zu. Die Blüten der Seerosen öffnen sich morgens, wenn die Sonne schon über den Horizont emporgestiegen ist und sich bereits im Wasser spiegelt; vor Sonnenuntergang schließen sie sich wieder. Ein solches Sich-Öffnen der Blüten zur aufsteigenden Sonne und ihr Sich-Schließen beim Schwächerwerden des Lichtes findet man bei einer Reihe von Pflanzen. Bei der Seerose hat diese sogenannte Photonastie aber dadurch einen besonderen Charakter, daß die äußersten, auf der Unterseite grünen (Kelch-)Blätter die Blüten nachts wieder völlig umschließen. Die Seerose blüht also jeden Morgen erneut aus der Knospe auf und schließt sich gegen Abend wieder in ihr ab. Die Seerosen bewahren in ihrer ganzen Blütenbildung etwas von diesem mondhaften Knospendasein. Wenn sich die Blüten am Mor-

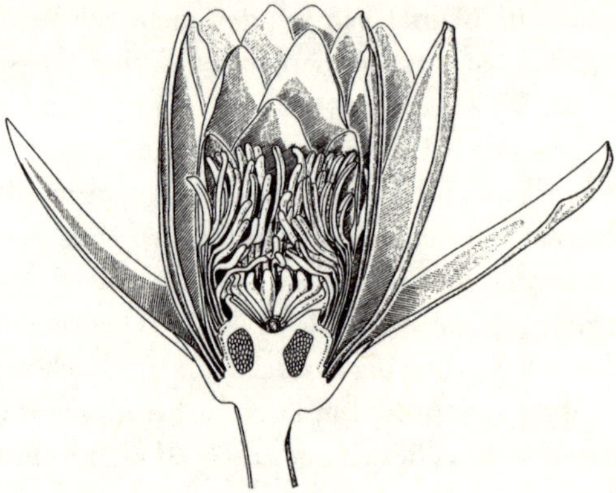

*Längsschnitt durch die Blüte einer Weißen Seerose (Nymphaea alba); die Narbe sitzt unmittelbar auf dem Fruchtknoten, der von dem Gewebe des Stengels umschlossen ist. (Nach Troll aus Weberling.)*

gen öffnen, machen die inneren Blütenblätter die Entfaltungsbewegung nur wenig mit; sie wenden ihre Flächen mehr dem Blüteninnenraum als der Sonne zu. Lediglich die äußersten Blätter entfalten sich voll und liegen wie flache Schalen auf dem Wasser. Inmitten der strahlend weißen Blütenblätter leuchten aus der Tiefe die gelben Staubbeutel sonnenhaft auf.

Blütenblätter und Staubgefäße entspringen bei der Seerose eigenartigerweise nicht am Blütengrund, sondern in Spiralen aufsteigend am Fruchtknoten. Der Blütenboden hat sich emporgewölbt und umschließt wie die Wand eines Fruchtknotens die zahlreichen Fruchtblätter. Er wird von jener für den Fruchtknoten charakteristischen, in die Absonderung führenden Mondgebärde ergriffen. Die Seerosen blühen also nicht aus der Sonnenregion, sondern aus dem Mondbereich der Blüte. Damit hängt eine weitere Besonderheit der Seerose zusammen: die allmähliche, durch viele Zwischenformen verlaufende Metamorphose der Blütenblätter in Staubgefäße. Dieses langsame Sich-Hindurchringen der Staubgefäße zu ihrer vollen Ge-

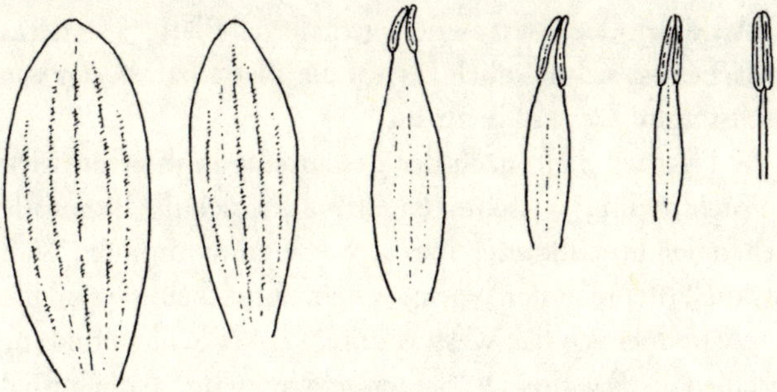

*Stadien der allmählichen Umwandlung von Blütenblättern in Staubgefäße bei der Weißen Seerose (Nymphaea alba).*

stalt weist darauf hin, wie diese Entwicklung sich gegen besondere Widerstände vollzieht. Auf eine Bildung wie die der Staubgefäße, die ihrem Wesen nach über den Sonnenbereich und mit der Verstäubung über alles Feuchte hinausdringt, üben die in den Seerosen herrschenden Mondwirkungen einen hemmenden Einfluß aus.

Die Teichrosen entringen sich etwas dem Mondbereich der Wasserfläche. Ihre leuchtend gelben Blüten erheben sich nicht nur über dem Wasserspiegel, sondern entfalten sich hier zu einer Blütenschale, die auch in der Nacht offenbleibt. Blütenblätter und Staubgefäße entspringen dem Blütengrund. Noch stärker dringen die Lotosblumen aus dem Wasser in die Atmosphäre hinauf. Ihre Blüten sehen aus wie reine, aufsteigende Seerosenblüten, denen die groben äußeren Blätter und die Übergangsstadien zu den Staubgefäßen fehlen; die runden, schildförmigen Blätter sind wie emporgehobene Seerosenblätter, die zu einer geschlossenen Fläche zusammengewachsen sind. Bei zwei Gattungen (*Brasenia, Cabomba*) bleibt die Pflanze mit ihren Blättern im Wasserraum; nur die Blüten und, bei *Cabomba* ein Teil der Blätter steigen bis an die Grenze des Sonnen-Luft-Bereiches. Die Wasserblätter lösen sich bei Cabomba ähnlich denen des Wasser-Hahnenfußes auf. Diese Blätter werden im allgemeinen als gefiederte Blätter beschrieben. Das ist aber ungenau. Durch diese Bezeichnung wird der Gegensatz zu den gefiederten Blättern verdeckt. Die Blattfläche löst sich nämlich bis auf die Blattadern in das vom Licht durchstrahlte Wasser hinein auf.

Wenn die Pflanzen dann nach der Bestäubung in ihrer Entwicklung zur Fruchtbildung fortschreiten, krümmen sich die Blütenstiele und ziehen den Fruchtknoten in den Wasserraum hinunter. Während sonst die Früchte in der Wärme reifen, entwickeln sie sich hier im kühlen Mondbereich des Wassers unter starker Schleimbildung. Später zerfallen die Früchte. Die Samen schweben durch die lufthaltige äußere Samenschale zur Oberfläche und treiben hier eine Zeitlang in den Strömungen der Gewässer. Dann löst sich das Schwimmorgan auf, der Same sinkt auf den Grund und keimt dort.

So sind die Seerosengewächse ein Pflanzentypus, dem der Mond bis in die Einzelheiten der Bildung das Gepräge gibt. Am reinsten manifestiert sich dieser Typus in den Seerosen selbst. Wenn man blühende Seerosen auf einem Teich betrachtet und sich der eigenartigen, traumhaft-unirdischen Stimmung hingibt, die aus den glitzernden Wellen, den in ihnen lebenden Blättern und den aus ihnen sich der Sonne so rein zuwendenden Blüten aufsteigt, verbindet man sich mit der vollkommenen irdischen Offenbarung des Mondes.

Es gibt noch eine Steigerung: die Königliche Seerose, die im Amazonasgebiet vor allem südlich des Äquators wächst (von 4° nördlicher bis 15° südlicher Breite). Dort entwickelt sie sich zusammen mit dem anschwellenden Wasserstand und dem höher steigenden Mond vom Dezember bis zum Juni und Juli. Dann steigt zwischen den mächtigen Schwimmblättern die große Blütenknospe aus dem Wasser und blüht am späten Nachmittag in die nächtliche Mondwelt hinein auf. Am frühen Morgen schließt sich die Blüte, und erst, wenn die Sonne wieder sinkt, öffnet sie sich für eine zweite Nacht, nun aber nicht mehr weiß, sondern rosa.

## *Die Kreuzblütler*

Die gemäßigten Zonen sind jene Bereiche der Erde, in denen stärker als sonst ein harmonischer Wechsel der Jahreszeiten herrscht. Mit dem Höhersteigen der Sonne erwacht im zeitigen Frühling das Leben der Vegetation. Es entfaltet sich im Sprießen bis zum Höhepunkt des Blühens im Hochsommer im Zusammenhang mit der zunehmenden Wirksamkeit der Sonne. Während des Herbstes geht es in den Ruhezustand der Knospen und der Samenkörner über, oder es stirbt ganz ab. Es folgen dann die dunklen und kalten Monate des Winters. Einige Pflanzenfamilien sind fast ausschließlich in diesen Gebieten der Erde beheimatet. Dazu gehören neben den Primelgewächsen, den Hahnenfußgewächsen, den Rosengewächsen, den Nelkengewächsen, den Schmetterlingsblütlern und den Doldengewächsen auch die Kreuzblütler. Von den 140 einheimischen Arten sind mehr als 60 einjährig, z. B. der Senf, der Hederich und Rettich, die meisten Kresse-Arten und verschiedene Arten der Rauke. Sie gehen mit ihrer Entwicklung ganz im Werden und Vergehen des Jahreslaufes auf. Aber auch fast alle anderen Kreuzblütler sind Kräuter, die mit ihren Trieben und Blütenständen jedes Jahr neu heranwachsen.

Das sprießende Wachsen hat zum Teil eine starke Dynamik. So gelangen manche Kreuzblütler schon vier Wochen nach dem Keimen zur neuen Samenbildung. Da sie eine reiche Samenproduktion haben und durch ihre Vitalität auch unter ungünstigen Bedingungen gedeihen, verbreiten sie sich allenthalben ziemlich rasch. Eine ganze Reihe der charakteristischen Unkräuter gehört deshalb zu den Kreuzblütlern. Rauh führt in seinem Buch *Unkräuter* 24 Arten auf, unter ihnen den Hederich, den Acker-Senf, das Hellerkraut und das Hirtentäschelkraut.

Das aufwärtsstrebende Sprießen steht bei den Kreuzblütlern ganz im Vordergrund. Beim Hirtentäschelkraut folgt auf den Sproß mit den Blättern der Blütenstand, an dem die Blüten mit ihren kurzen

*Gemeines Hirtentäschelkraut (Capsella bursa pastoris), ein häufiges Unkraut auf Äckern, in Gärten, an Wegen und Schuttplätzen; es blüht vom zeitigen Frühling bis in den Spätherbst.*

*Hirtentäschelkraut (Capsella bursa-pastoris): a. junger Blütentrieb, b. älterer Blütentrieb mit vielen Blüten an der Spitze und Schötchen (aus Troll), c. offenes Schötchen (aus Strasburger).*

Stielen wie bei allen Kreuzblütlern unmittelbar aus der zentralen Achse entspringen. An der Spitze findet man dicht gedrängt eine größere Zahl von Blütenknospen. Etwas tiefer ist die Anordnung durch die Streckung der Achse lockerer. Hier blühen die kleinen Knospen auf. Einige Wochen später ist der traubenförmige Blütenstand deutlich länger. An seiner Spitze sieht man wieder viele kleine Blütenknospen. Weiter unten sind die Früchte schon reif und entlassen die Samenkörner. In dieser Weise geht das Sprießen immer weiter. Es entsteht keine Endblüte, in der die Entwicklung zu ihrem Abschluß kommen könnte. So ist es bei allen Kreuzblütlern. Man spricht in der Botanik von offenen Blütenständen. Das Prinzip des sukzessiven Fortschreitens – jene Gesetzmäßigkeit, die für die Entwicklung des grünen Sprosses charakteristisch ist, die immer wieder erneute Bildung – kommt in der Region des Blühens nicht zu seinem Ende. Es setzt sich mehr oder weniger ungehemmt in die höhere Region hinein fort. Grohmann schreibt: «Wir erkennen darin die Tendenz des vegetativ-lebendigen Sprossens wieder» (Grohmann 1991, Bd.2, S. 73). Die Pflanze erhebt sich ihrem Typus nach gerade durch die Überwindung des Sprießens zum Blühen. Das geschieht bei den Kreuzblütlern nur sehr unvollkommen.

Dieses immer weiter drängende Sprießen, das vom Blühen nicht zurückgedämmt wird, ist Ausdruck einer ungewöhnlich starken Vitalität. Die innere Dynamik des Lebendigen wirkt vor allem in der Bildung jener Substanz, die Träger der Lebensprozesse ist, in der Eiweiß- bzw. Plasmabildung. Diese ist aber, wie man aus vielen Phänomenen weiß, vom Schwefel abhängig. So findet man in den Kreuzblütlern mehr Schwefel als sonst in den Blütenpflanzen. Und Schwefelmangel beeinträchtigt die Entwicklung der Kreuzblütler besonders empfindlich. Aus dem Eiweißstoffwechsel entstehen dann die schwefelhaltigen Senföle, die dem Rettich, dem Radieschen, dem Meerrettich und den Samenkörnern des schwarzen und weißen Senfs den scharfen Geschmack verleihen.

In der *Metamorphose der Pflanzen* unterscheidet Goethe neben der regelmäßigen Metamorphose, bei der die Pflanze durch Verwandlung zu immer neuen Stufen der Bildung fortschreitet, die unregelmäßige oder rückschreitende Metamorphose. «Denn wie in jenem Fall die Natur zu dem großen Zweck (der Fortpflanzung durch zwei Geschlechter) hineilt, tritt sie hier um eine oder einige Stufen rückwärts» (Goethe 1975, S. 20). Das bekannteste Beispiel ist die Bildung von Blütenblättern anstelle von Staubgefäßen in den gefüllten Blüten. Wenn man den Begriff der rückschreitenden Metamorphose erweitert, kann man ihn auf die pflanzliche Entwicklung überhaupt anwenden. Der Blütenstand der Kreuzblütler wäre dann Ausdruck einer zur Pflanzenform gewordenen rückschreitenden Metamorphose. Die den Sproß bildenden Kräfte von Sonne und Erde (Stengel) und Merkur (die immer neue Bildung von Blättern) setzen ihr Wirken in die Region des Blühens fort. Es entstehen nun Blüten wie auf der vorangehenden Stufe Blätter. Der Blütenstand der Kreuzblütler ist keine normale Blütentraube. Bei einer solchen entstehen die Blüten immer aus der Achsel von Blättern und sind mit ihrem Stiel kurze blühende Seitentriebe. An den Blütenständen der Kreuzblütler findet man allenfalls am Anfang solche Blätter. Die Blüten gehen wie Blätter unmittelbar aus dem Sproß hervor.

Wenn die Pflanze beim Blühen das Sprießen nicht überwindet, hat das Auswirkungen auf die Blütenbildung. So bleiben die Blüten bei den Kreuzblütlern klein. Sie erreichen nie die Entfaltung wie bei den Rosengewächsen, den Nelken oder den Hahnenfußgewächsen. Und in ihrer Form weichen sie stark vom Typus, das heißt von der Manifestation der Venus mit der Fünfzahl der Kelch- und der Kronblätter ab. Der Kelch wird von vier schmalen Blättern gebildet. Es sind eigentlich zwei Paar Kelchblätter, von denen das eine etwas tiefer steht als das andere. Es folgen vier Blütenblätter, die von oben betrachtet ein Kreuz bilden und der Familie den Namen gegeben haben. Von den sechs Staubgefäßen stehen zwei wiederum etwas tiefer. So bemerkt man, daß selbst in den Blüten das Sprießen nicht ganz zurückgedrängt wird. Der Fruchtknoten entsteht aus zwei Fruchtblättern und wird im Innern durch ein Septum der Länge nach in zwei Fächer aufgeteilt.

Wodurch werden die Blüten gegenüber dem Typus der Blütenpflanzen so stark abgewandelt? In die zentrale Achse des Blütenstandes wirken die aus der Erde aufsteigenden Kräfte der Verhärtung unmittelbar hinein. Dadurch wird sie auffallend steif. Die Blüten, die hier entstehen, entwickeln sich unter einem starken Einfluß des Merkur. Das Zentrum der Blüte, der Blütenboden, ist immer, wie wir in einem früheren Kapitel gezeigt haben, ein Abbild der Sonne. Nun sondern sich die Blüten bei ihrer Bildung gerade von der

*a. Blütentrieb des Schmalblättrigen Doppelsamen (Diplotaxis tenuifolia; aus Troll), b. Blüte einer Aubrietie (Aubrietia deltioidea), zwei der viel Kalchblätter sitzen tiefer an der Blütenachse als die beiden anderen (aus Troll); c. gestieltes Blütenblatt eines Kreuzblütlers (Rettich, Raphanus sativus) mit fiederförmiger Struktur der Adern (aus Hegi); d. Offene Schote eines Kreuzblütlers (Acker-Schöterich, Erysimum cheiranthoides; aus Strasburger).*

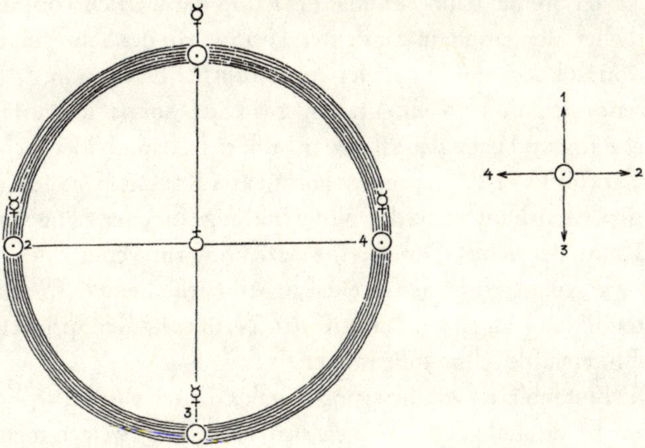

*Zusammenhang von Sonnenbewegung und siderischem Merkurzyklus. Von der Erde aus gesehen hat der Merkur in der Folge der vier siderischen Umläufe die rechts wiedergegebenen Stellungen zur Sonne. Bei (1) steht er hinter der Sonne, bei (2) in größter westlicher Elongation (am Morgenhimmel), bei (3) vor der Sonne, bei (4) in größter östlicher Elongation (am Abendhimmel).*

zentralen Achse und den hier herrschenden Kräften der Erde ab. Dieses Abbild der Sonne steht nicht wie sonst bei den Blüten in der Fortsetzung eines Sprosses und damit der irdischen Wirkungen. Deshalb kommen für die Bildung der Blütenkrone nicht die synodischen, von der Erde aus sich ergebenden Rhythmen, sondern die siderischen Rhythmen in Betracht.

Der siderische Rhythmus von Merkur beträgt 88 Tage. In diesem Zeitraum durchmißt die Sonne knapp ein Viertel des Tierkreises. Dann hat Merkur von der Sonne aus wieder die gleiche Stellung zum Kosmos. Im Laufe eines Jahres vollendet der Merkur vier solcher siderischer Umläufe um die Sonne (4 x 88 = 352 Tage). So entsteht ein Quadrat oder ein Kreuz der Sonnenstellungen im Tierkreis. War Merkur bei der ersten Position in oberer Konjunktion hinter der Sonne, dann befindet er sich in der zweiten Position in westlicher Elongation, in der dritten Position vor der Sonne in unterer Konjunktion und in der vierten in östlicher Elongation.

Wenn sich diese Konfiguration zwischen Sonne und Merkur gleichzeitig im Leben der Pflanze manifestiert, dann bilden sich um ein Zentrum vier Blätter in der Form eines Kreuzes. Das geschieht bei den Kreuzblütlern in der Blütenbildung. In jeder Blüte wirken die Kräfte der Venus. Durch seine Beziehung zur Venus kann Merkur, wie wir schon früher gesehen haben (siehe Seite 64ff.), in die Blütenbildung hineinwirken. Auf den Nachklang des Sprießens in der Blüte wurde schon hingewiesen.

Die Blütenblätter weichen ganz charakteristisch von der typischen Form ab. Sie sind gestielt. Wo sie sich ausweiten, zweigen meistens von der zentralen Ader Seitenadern ab. Es ist, wie wenn die Form des Laubblattes dem Blütenblatt aufgeprägt wäre; diese wirkt ganz offensichtlich in die Blütenkrone hinein. Die Metamorphose von der Bildung des Laubblattes zu der des Blütenblattes ist unvollkommen.

So zeigt sich im Ganzen des Blütenstandes das Fortwirken der im grünen Sproß gestaltenden Kräfte von Sonne, Erde und Merkur und in der Blütenkrone die Signatur des Merkur – in der Vierzahl der Blütenblätter und in ihrer Form. Diese Kräfte prägen sogar den Früchten ihren Charakter auf. Es kommt nie zu der für die Frucht typischen sphärenhaften Ausweitung. Bei einem Teil der Kreuzblütler wird die Frucht zu einer langen dünnen Schote, bei einem anderen Teil zu einem kürzeren flachen Schötchen. In den Schoten wirkt das für den Stengel charakteristische enge Wachstum, in den Schötchen das Ausweiten in die Fläche wie bei den Blättern. Wenige Kreuzblütler bilden kleine einsamige Schließfrüchte, die ganz von der Samenbildung geprägt sind.

So kann man sehen, wie die Kreuzblütler dadurch ihre Formen bilden, daß die im grünen Sproß herrschenden Kräfte ihr Wirken bis in die Blüten und Früchte fortsetzen. Weil das Blühen dem grünen Sproß bei den Kreuzblütlern so nahe steht, ist die Entwicklung der

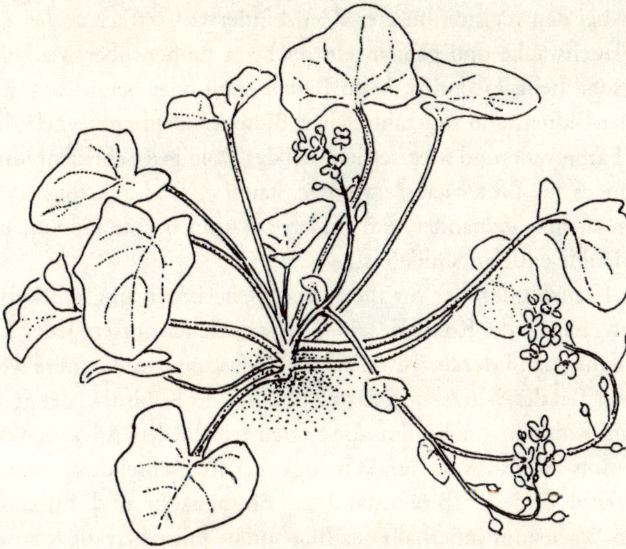

*Echtes Löffelkraut (Cochlearia officinalis). Bei diesem Kreuzblütler der Küstengebiete Mittel- und Nordeuropas entwickelt sich vor allem eine Rosette mit einfachen fleischigen Blättern. Der Sproß und Blütentrieb erheben sich nur wenig, maximal 30 Zentimeter über den Grund.*

Sprosse mit der der Blütenstände in der vielfältigsten Weise miteinander verflochten. Das Löffelkraut bleibt in der Entwicklung seiner Blätter auf der untersten Stufe stehen; an langen Stielen entstehen wie beim Scharbockskraut rundliche Blattspreiten. Aus der Rosette dieser Blätter steigt dann der Sproß auf, der in den Blütenstand übergeht. Bei der kleinen Teesdalie (Bauernsenf) entsteht eine Rosette aus fiederteiligen Blättern. In ihrer Mitte und in den Achseln der Blätter entspringen mehrere Blütenstände. Die Knoblauchsrauke bildet einen aufsteigenden Sproß mit einer größeren Zahl von Blättern, die in ihren Formen nicht weit über die rundlichen unteren Blätter hinauskommen. Bei dem starken Übergewicht dieses Sprosses bleiben die Blütentrauben kurz. Die Verwandlung im Bereich des Sprosses ist bei den meisten unserer Kreuzblütler viel stärker als bei der Knoblauchsrauke und geht in ein reicheres Blühen über wie beim Ackersenf, beim Hederich, beim Barbenkraut oder beim Raps. Ein schöner Blütenstand mit zahlreichen Blütentrauben entwickelt sich beim Färberwaid und Meerrettich. Bei der Doldigen Schleifenblume kommt es im Blütenstand zu einer Stauung. Dadurch folgen die Blüten dicht aufeinander und bilden zusammen eine Gestalt, die einer Dolde entfernt ähnlich ist.

Ein Kreuzblütler, der für die menschliche Ernährung große Bedeutung hat, ist der Kohl mit seinen verschiedenen Sorten. Jeder Teil der Pflanze kann durch schwellendes Wachstum zum Gemüse werden: ein Teil der Wurzel und das Hypokotyl zur Kohlrübe, der Stengel zum Kohlrabi, die Endknospe zu den verschiedenen Formen des Kopfkohls (Weiß-, Rot- und Wirsingkohl), die Achselknospen zum Rosenkohl und der Blütenstand zu Blumenkohl und Brokkoli. Durch Wachstum innerhalb der Blattspreite entstehen die krausen Blätter des Grünkohls. Mit diesem Anschwellen sind bestimmte Veränderungen verknüpft. Der Einfluß der verhärtenden Kräfte wird abgedämpft; das Gewebe bleibt weich. In ihm reichern sich nahrhafte Inhaltsstoffe wie Zucker, Eiweiß und Fett an. Und die verschiedenen Arten des Kohls können nach der Ernte längere Zeit gelagert werden. Diese Eigenschaften – das schwellende Wachstum, das Anreichern von Inhaltsstoffen, das Sich-Lösen aus dem Zusammenhang der äußeren Kräfte und das Dauerhaftwerden – treten sonst beim Reifen der Früchte auf (siehe Seite 87f.). Jene obersonnigen Kräfte, die nach dem Blühen im Heranwachsen und Reifen von Früchten tätig sind, wirken beim Kohl im Bereich der vegetativen Organe und in der Anlage des Blütenstandes. Die verschiedenen Arten des Kohls entstehen wie alles Gemüse durch eine Verlagerung des Fruchtbildungsprozesses in die Region des sprießenden Wachsens. Durch ihre Vitalität im Bereich des Sprießens haben die Kreuzblütler eine besondere Voraussetzung für dieses mächtige Anschwellen. Im ersten Jahr der Entwicklung konzentriert sich die Vitalität in den verschiedenen Formen des Kohls. Überwintert eine der Kohlpflanzen, dann entwickelt sich im folgenden Jahr ein mächtiger Blütenstand.

Aus allem, was man bei der Betrachtung der Kreuzblütler kennenlernt, wird verständlich, daß die meisten von ihnen den Höhepunkt der Entfaltung mit dem Blühen schon im Mai und Juni erreichen. Das ist jene Zeit des Jahres, in der im Rhythmus der Natur das sprießende Wachstum seine größte Intensität hat. Im Leben unserer Pflanzenwelt haben die Kräfte von Erde, Sonne und Merkur ihre stärkste Wirksamkeit.

## *Die Hahnenfußgewächse*

Wie bei den Gräsern, den Seerosen- und Windengewächsen und den Kreuzblütlern tritt auch innerhalb anderer Pflanzenfamilien deren Typus in den einzelnen Gattungen und Arten deutlich in Erscheinung. Hat man einmal ein Hirtentäschelkraut oder eine Rapspflanze genau betrachtet, so wird man in der Vielfalt der Blütenpflanzen auch die anderen Kreuzblütler entdecken. Man hat den Eindruck, daß eine Grundform nur wenig nach verschiedenen Seiten, besonders im Verhältnis der einzelnen Pflanzenteile zueinander, variiert als die verschiedenen Gattungen auftritt. Auch bei den Storchschnabelgewächsen, den Lippenblütlern und den Kardengewächsen entfaltet sich der Typus in einem relativ engen Gestaltungsspielraum. Genau umgekehrt liegen die Verhältnisse bei den Hahnenfußgewächsen. Der Familientypus ist hier von solch fließender Variabilität, daß es schwerfällt, eine durch die verschiedenen Gattungen hindurchziehende Grundform zu entdecken. Zunächst kann man kaum begreifen, weshalb etwa das am Boden lagernde Scharbockskraut mit der zersprühenden Gestalt der Wiesenraute oder die

Jungfer im Grünen mit der Akelei in einer Familie zusammengefaßt werden. Selbst der Fachbotaniker bewegt sich auf einem etwas schwankenden Boden. Er findet kaum feste Merkmale, nach denen er klassifizieren kann. So konnte man sich lange nicht darüber einigen, ob man die Pfingstrose zu den Hahnenfußgewächsen zählen solle oder ob sie mit ihren verwandten Arten eine gesonderte, und zwar den Hahnenfußgewächsen ziemlich fern stehende Familie ausmache. Der Typus der Hahnenfußgewächse ist von einer solchen Beweglichkeit, daß er die vom Verstand aufgestellten Grenzen z. B. gegenüber den einkeimblättrigen Pflanzen souverän überspielt: Das Scharbockskraut keimt mit nur einem Keimblatt, die Blätter verschiedener Hahnenfußarten sind parallelnervig und die Blüten vieler Anemonen sechszählig. Man muß bei keiner Familie mehr als bei den Hahnenfußgewächsen alle engen Verstandeskategorien ablegen, um in den Zusammenhang der Gestaltungen einzudringen.

Ein weiterer Wesenszug der Hahnenfußgewächse zeigt sich in der Tatsache, daß sie fast ausnahmslos in den gemäßigten und kalten Breiten der Erde vorkommen, das heißt in jenen Regionen, in denen ein regelmäßiger Wechsel der Jahreszeiten im Pflanzenleben wirkt. Fast alle Gattungen und Arten der Hahnenfußgewächse gehören einer bestimmten Jahreszeit an – vom Vorfrühling bis in den Spätherbst, sogar bis in den Winter. So entwickeln sie sich unter ganz spezifischen Verhältnissen im Zusammenwirken der irdischen und kosmischen Kräfte. Zum Sommer wächst hier die Macht der Sonne, zum Winter mit den länger werdenden Nächten die des Mondes. Dieser Rhythmus durchzieht die Hahnenfußgewächse wie kaum eine andere Familie. Bis auf die Waldrebe sind die Hahnenfußgewächse Kräuter: Im Wachsen und Vergehen ihrer Triebe offenbart sich der Sonnengang, im Zurücktreten in den Knospenzustand der Gang des Mondes. Diese Beziehungen kann man nun bis in viele Einzelheiten verfolgen.

Als eine der frühesten Pflanzen unter den Hahnenfußgewächsen blüht in den Gärten der Winterling. Die zartgelben Blüten dieser kleinen Pflanze öffnen sich schon im Februar. Sie erheben sich wenig

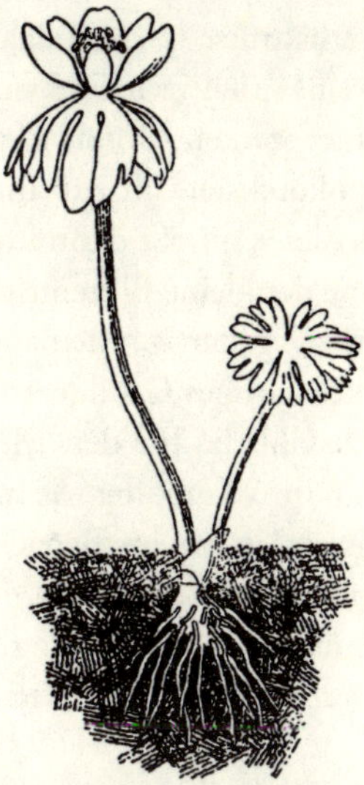

*Winterling (Eranthis hiemalis). Vom Sproßsystem hat sich nur eine Knolle entwickelt, die aus dem Keimsproß (Hypokotyl) hervorgegangen ist. Von dieser Knolle dringen im Februar und März die Blütentriebe bis zu 15 cm über den Erdboden empor. Das dreiblättrige, lappig gegliederte Involukrum bildet sich wie ein Kelch direkt unter der zarten gelben Blüte. Diese öffnet sich etwa eine Woche lang jeden Morgen; abends (gegen 19 Uhr) schließt sie sich wieder. Den Winterling trifft man im Gebüsch, unter Hecken und in Wäldern vor allem in der Umgebung von alten Burgen, Schlössern und Klöstern, wo er ursprünglich kuliviert wurde. (Nach Troll, verändert.)*

über den Hüllkelch, der aus drei lappenförmig geteilten Blättern besteht. Schon im Frühsommer ist der Winterling wieder verschwunden. Er ruht bis zum kommenden Jahr als Knolle in der Erde. Seine Entfaltung liegt also ganz in jener Zeit des Jahres, in der die Sonne wohl wieder stärker zu wirken beginnt, der Mond aber in den langen Nächten als Vollmond noch wesentlich höher steht als die Sonne an den noch kurzen Tagen.

Diese kosmischen Verhältnisse spiegeln sich darin, daß die Pflanze nie zur Entwicklung eines richtigen Sprosses kommt. Der Sproß bleibt als Ausdruck einer starken Mondwirkung von der Keimung an gehemmt; das Hypokotyl schwillt zur unterirdischen Knolle an (siehe Seite 117f.). Aus dieser sprießt dann im Vorfrühling mit dem Höhersteigen der Sonne der kleine Blütentrieb hervor. An ihm sind Blatt- und Blütenbildung eigenartig miteinander verschmolzen. Aus Blättern entsteht ein kelchartiges Gebilde, und in der Blütenkrone erscheint mit der Sechszahl die für den Merkur charakteristische Signatur. So schaut man im Winterling wie in einem Spiegel auf die kosmischen Verhältnisse: Aus einem Bereich mondhaft geprägter Pflanzenbildung steigt ein Trieb empor, in dem die mit dem Sonnenbereich zusammenhängende Gestaltung in einem weitgehend unentfalteten und innerlich undifferenzierten Anfangszustand festgehalten ist.

Dieses Bild führt unmittelbar zu den Anemonen weiter. Das Weiße und Gelbe Buschwindröschen sind im allgemeinen schon im März voll entfaltet. Die Sonne wirkt stärker, der Mond ist etwas zurückgetreten, hat aber immer noch große Macht. Bei den Buschwindröschen ist der Sproß nicht so gehemmt wie in der Knolle des Winterlings; als Rhizom wird er aber doch ganz vom Mond beherrscht. Aus diesen Erdsprossen steigen einzelne Blätter und Blütentriebe nach oben. Sie ähneln denen des Winterlings, werden aber größer und sind in allen ihren Gliedern wesentlich mehr entfaltet. Das Gelbe Buschwindröschen bildet oft zwei, bisweilen sogar drei Blüten. Indem es sich im Blühen stärker vom vegetativen Leben befreit, tritt in der einfachen Blütenhülle mit der Fünfzahl der Blütenblätter schon das Bild der Venus auf. Damit erreicht die Blütenbildung eine höhere Stufe.

Eine Gestalt von rätselhafter Schönheit unter den Hahnenfußgewächsen, die zum Teil noch vor dem Winterling blüht, ist die Christ- oder Schneerose. Aus dem dunklen, mondhaften Rhizom erhebt sich zuweilen schon im tiefsten Winter der Blütentrieb. Er ist

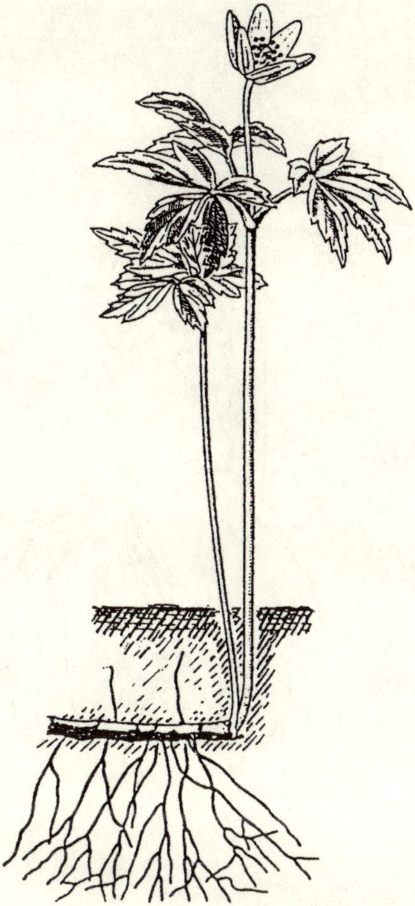

*Weißes Buschwindröschen (Anemone nemorosa). Im März, April und Mai findet man in Wäldern und im Gebüsch vielfach die Blütentriebe dieser zarten Frühlingspflanze. Ihre Sprosse wachsen als Rhizome im Boden. Von dort dringen die Blütentriebe in das noch nicht vom Laub abgedämpfte Licht. Die weißen, zuweilen rötlichen Blüten schließen sich am Abend und bei trübem Wetter und neigen sich dann – wie vor dem Aufblühen – nach unten. (Aus Troll, verändert.)*

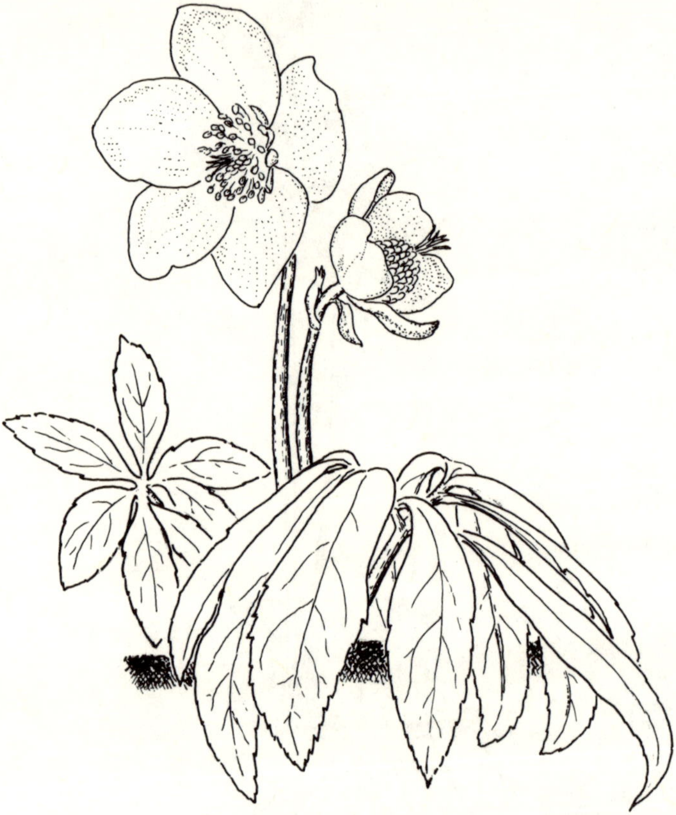

*Christrose (Helleborus niger). Sie ist eine der wenigen Pflanzen, die im Winter blühen, vom Dezember bis in den April. Wegen der schönen weißen Blüten wird sie gerne in Gärten angepflanzt. Aus einem schwarzbraunen Wurzelstock entspringen die fußförmig geteilten Blätter und die Blüten. In den Blüten entstehen zwischen den Blütenblättern und den Staubgefäßen tütenförmige Nektarien. In der Natur findet man die Christrose nur selten, in Buchen-Tannenwäldern, im Gebüsch und an steinigen Hängen der Kalkalpen bis in eine Höhe von 1800 Metern.*

bleich, gefleckt und trägt wenige blaßgrüne Blätter. Diese haben die Gestalt von Knospenschuppen. Sie werden in der Morphologie wohl immer wieder als Beispiel für Hochblätter angeführt; das beruht aber auf ungenauem Vergleich der Formen.[28] Bei der Christrose setzt sich der Knospenzustand noch in den Blütentrieb fort – auch bei den anderen Nieswurz-Arten. Die großen Blüten wenden sich mit ihren fünf weißen Blütenblättern zur Seite, leicht nach unten. Sie sehen aus, als ob sie traumhaft einen weiten Raum umspannen würden. Das Rätsel der Christrose wird in den folgenden Wochen noch greifbarer. Die Blütenblätter fallen nicht ab, wie sonst die Kelch- und Blütenblätter; sie werden grün und umgeben die reifenden Balgfrüchte. Sie nehmen etwas von dem überdauernden Charakter der Laubblätter an. In ihrer Gestalt sind sie aber einfach, in ihrer Struktur parallelnervig. Solche grünen Blätter findet man sonst nur bei aufbrechenden Knospen als die ersten, auf die Knospenschuppen folgenden Blattgebilde. Wenn Pflanzen sich entfalten, lassen sie im allgemeinen den Knospenzustand rasch hinter sich, indem sie richtige Blätter bilden und sich über diese dann zur Blütenbildung erheben. Bei der Christrose, auch bei den anderen Nieswurz-Arten, kommt die Pflanze an den Blütentrieben aber überhaupt nicht zur richtigen Blattbildung. Der Knospencharakter der Blätter setzt sich in die Blütenhülle hinein fort. Der Mond als das in der Knospenbildung wirkende Gestaltungsprinzip (siehe Seite 121ff.) dringt bis in die Blüte hinein.

Im Winter bekommt die Erde überall dort, wo sie vom Schnee bedeckt wird, selbst etwas vom Spiegelungscharakter des Mondes. Sie nimmt nicht wie im Sommer das Sonnenlicht in ihre Lebensvorgänge auf, sondern strahlt es zurück. Inmitten dieser winterlichen Natur blüht die Christrose. Das ist ihr eigentümlicher Zauber: daß in ihr das Blühen von den Kräften des Mondes durchzogen ist. Die inmitten von Eis und Schnee in den langen Nächten blühende Christrose ist eine schöne und reine Offenbarung der winterlichen Natur. – Die derben Laubblätter, die sich im späten Frühling entfalten, überdauern den Herbst und dringen mit ihrem Leben auch in die Mondzeit des Jahres hinein. Sie sterben erst im folgenden Jahr, wenn neue Blätter sich entwickelt haben. Die Christrose ist als ganze Pflanze mit dem Winter und dem in ihm herrschenden Mond verbunden.

Bei den anderen Nieswurz-Arten werden die Blütentriebe größer. Sie verzweigen sich und tragen meist viele grünliche Blüten. Die stärkere Entfaltung entspricht dem stärkeren Sonneneinfluß im März und April. Aber auch bei diesen Verwandten der Christrose haben an den Blütentrieben alle Blattgebilde den Charakter von Knospenblättern.

Erst bei der Sumpfdotterblume, die vom März an auf feuchten Wiesen und an Bächen und Teichen aus dem satten Grün ihrer Blätter leuchtend hervorblüht, treten die Mondwirkungen zurück. Die Sprosse verzweigen sich oft schon am Grunde, dringen aber nicht weit in den Luftraum hinauf, so daß die Pflanze gedrungen, buschig-quellend aussieht. Die Blätter breiten ihre geschlossene Fläche ziemlich gleichmäßig nach allen Seiten aus. Hat man ein Bild vom Wasser, das sich wie im Tropfen gegenüber dem umgebenden Raum beweglich abgrenzt, dann gewinnt man den Eindruck, daß sich das Leben in diesen Blättern vorwiegend im Milieu des Feucht-Wäßrigen ausgestaltet. Selbst die obersten Blätter haben noch bis in ihre Konsistenz diesen Charakter; sie sind lediglich kleiner und etwas zarter.

In der Sumpfdotterblume tritt uns ein weiterer Wesenszug der Hahnenfußgewächse entgegen. Die grüne Blütenknospe erhebt sich über das Niveau der Blätter, schwillt an und entfaltet sich schließlich in dem leuchtend warmen Gelb. Die Blütenkrone ist fünfzählig, es fehlt ihr aber der Kelch, wie den meisten Hahnenfußgewächsen. Der Kelch ist ja jene Bildung, in dem sich die Blütenblätter und die übrigen Blütenorgane wie in einem vom Blattbereich losgelösten Organ entwickeln. Er ist der Ausdruck für die gegenüber dem vegetativen Leben selbständig werdende Blütenbildung. Wo der Kelch

*Sumpfdotterblume (Caltha palustris). Eine häufig auf sumpfigen Wiesen, an Bächen und Weihern wachsende Pflanze. Ihre sattgelben Blüten heben sich nur wenig über die saftigen Blätter hinaus. Während sie sich öffnen, weicht das Grün des Knospenzustandes dem Gelb der entfalteten Blütenkrone. Die Sumpfdotterblume wächst in der Ebene, in den Mittelgebirgen und in den Alpen bis 2500 Meter Höhe. Blütezeit: März, April. (U. W.)*

fehlt, stehen Blatt- und Blütenbildung noch in engem Zusammenhang. Bei der Sumpfdotterblume hebt sich das Blühen erst allmählich aus dem Bereich der mehr stofflichen Lebensprozesse heraus. Auch wenn die Blütenkrone die für die vollkommene Blütenbildung charakteristische Fünfzahl der Venus aufweist, wirkt in ihr noch das vegetative Leben nach. Die Blütenblätter sind gegenüber denen des Buschwindröschens oder des Hahnenfußes ziemlich dick und stofflich. Vor allem unterscheiden sie sich untereinander in ihrer Form. Das erste Blütenblatt wirkt noch etwas unförmig. Erst bis zum letzten ringt sich die vollkommene Form heraus. So spielt das vegetative Leben noch in das Blühen hinein. – In Christrose, Winterling und den frühen Anemonen durchdringt der Mond stark die Pflanzenbildung. Davon hat sich die Sumpfdotterblume weitgehend befreit. Sie hat ihr Dasein vorwiegend im vegetativen Sprießen, im Merkurbereich der Pflanze. Ihr Blühen ist ein Sich-Herausringen der Blütenbildung aus der Region des vegetativen Lebens.

Im Hahnenfuß strebt die Pflanze dann weit in den Licht- und Luftbereich hinauf. Sie beginnt ihre jährliche Entfaltung auch unten im feuchten, erdnahen Gebiet, zuweilen sogar mit Blättern, die denen der Sumpfdotterblume ähneln. Dann durchdringt aber ein mächtiger Entfaltungsprozeß das ganze Wachstum. Die Internodien werden lang, die Blätter gliedern sich mit ihren handförmig geteilten Spreiten der Umgebung ein, und die Pflanze verzweigt sich zu einer lockeren Blütenrispe mit den gelben, hell leuchtenden Blüten. An der ganzen Gestalt sieht man, wie sich das Blühen weit über das vegetative Leben hinaushebt.

Die für den Hahnenfuß so charakteristischen, handförmig geteilten Blätter haben ein anderes Verhältnis zur Umgebung als die Blätter der Sumpfdotterblume. Diese begeben sich wohl in den Luftraum hinein, sind in ihrer Gestalt aber geschlossen. Sie offenbaren die vom Zentrum in die Umgebung dringende Gebärde des Merkur. Bei den meisten Hahnenfußarten sind die Blätter zur Umgebung hin offen. Die Glieder ihrer Blattspreite verbinden sich mit der

*Scharfer Hahnenfuß (Ranunculus acer); charakteristische Pflanze der sommerlichen Wiesen. Die Blütenblätter sind genau besehen blütenblättrige Nektarien, der Kelch entspricht der Blütenkrone der Sumpfdotterblume und anderer Hahnenfußgewächse.*

Umgebung, indem sie in diese hinausstrahlen. Durch diese Form der Blätter scheint der Charakter der Venus hindurch, die sich ja nicht nur für kurze Zeit in den Sonnenumkreis hinausbegibt, sondern zu dessen Weite in Beziehung tritt.

Das Hinausdringen in den Raum durchzieht bei allen Hahnenfußarten mit handförmig geteilten Blättern die ganze Pflanze bis in die Verzweigung. An den zum Teil sich weit ausbreitenden, zart werdenden Trieben löst sich das Leben in der Blattmetamorphose immer mehr von dem vegetativen Sprießen. So erringt das Blühen gegenüber der Sumpfdotterblume seine reine Form.

Innerhalb der Hahnenfußgewächse ist der Hahnenfuß eine der wenigen Gattungen, die eine vollkommene Dikotylenblüte mit einem fünfgliedrigen Kelch und einer ebenfalls fünfzähligen Blütenkrone bilden. Durch den Kelch sondert sich der Blüteninnenraum mit den Kronblättern, den Staubgefäßen und Fruchtblättern richtig von der tieferen Blattregion ab. Der Hahnenfuß ist eine Pflanzengestalt, die sich dadurch so stark mit der Lichtwelt des Sommers verbindet, daß der Venus-Charakter die gesamten Bildungsprozesse durchzieht.

Bei genauer Betrachtung bemerkt man, daß aber auch der Hahnenfußblüte eine einfachere Blütenform zugrunde liegt. Im Sinne der vergleichenden Morphologie sind nämlich die fünf gelben Blütenblätter Nektarien, die die Gestalt von Kronblättern angenommen haben. Der oft gelbliche Kelch wäre demnach die eigentliche Blütenhülle. Diese Blütengestalt macht besonders deutlich darauf aufmerksam, wie mächtig sich die Venus in der Blütenbildung zur Geltung bringt: Sie wandelt eine Blüte, die dem Typus nach nur eine einfache Blütenhülle hat, so um, daß aus deren Organen eine Blüte mit Kelch und Blütenkrone hervorgeht.

Verschiedene Hahnenfuß-Arten schließen sich in ihren Formen weniger stark gegenüber der umgebenden Welt auf als etwa der Scharfe Hahnenfuß oder der Knollige Hahnenfuß. Ihre Blätter bleiben einfach oder sind sogar parallelnervig (Zungen-Hahnenfuß, Brennender Hahnenfuß, Grasblättriger Hahnenfuß und andere).

Sie alle wachsen ähnlich der Sumpfdotterblume an feuchten, nassen Standorten. Der Charakter der Blätter durchzieht die ganze Gestalt. Die Triebe verzweigen sich kaum und bilden nur wenige Blüten. Beim Scharbockskraut lagern die Sprosse sogar am Boden und heben sich nur wenig in den Raum des Lichtes hinauf. – So spielt sich innerhalb der zahlreichen Hahnenfuß-Arten gleichsam jener Prozeß ab, durch den sich das Pflanzenwesen von seiner Bindung an das merkurhaft-vegetative Dasein in seiner ganzen Gestalt zu der mit dem Blühen verbundenen Hingabe an die Licht- und Luftwelt befreit.

Eine Pflanze, die sich in ihrer Bildung zwischen die Sumpfdotterblume und die voll entwickelte Hahnenfußform hineinstellt, ist die Trollblume. Sie blüht im Frühsommer und Sommer auf feuchten, moorigen Wiesen. Ihr aufstrebender Sproß verzweigt sich nur wenig. Die handförmigen Blätter sind breitlappig, krautig und weniger ausstrahlend als bei den meisten Hahnenfuß-Arten. So wirkt diese Pflanze in ihrer ganzen Gestalt eng. Diese Eigenart bestimmt die Trollblume bis in das Blühen. Den Blüten fehlt ein Kelch. Sie heben sich nur wenig über den Blattbereich hinaus. Ihre grünen Knospen schwellen zu leuchtend gelben Blütenkugeln an. Diese umgeben mit ihren vielen Blütenblättern locker einen Innenraum, der sich nie ganz zur Sonne hin öffnet. Die Trollblume kommt insofern nicht zur vollen Entfaltung des Blühens.

In Sumpfdotterblume, Trollblume und Hahnenfuß offenbart sich ein durchgehender Prozeß. Diese Pflanzen wachsen und blühen, wenn die Sonne im Übergang vom März zum April gegenüber dem Mond wieder ihre volle Herrschaft erlangt und nun bis zu ihrem höchsten Stand im Juni emporsteigt. In diesem Zeitraum entfaltet sich zunächst bei der Sumpfdotterblume der Sproß und an ihm die Blätter. Von der Sumpfdotterblume zur Trollblume bis hin zum Hahnenfuß ringt sich die Blütenbildung bis zu ihrer vollkommenen Form durch, indem sich die Pflanze immer mehr mit der mächtiger werdenden Sonnenwirkung verbindet. Bei der Sumpfdotterblume überwiegt noch deutlich die Blattbildung, das heißt die Pflanze gestaltet sich besonders unter der Sonnen- und Merkurwirkung. Durch die Verfeinerung der Blätter in der Metamorphose kommt dann beim Hahnenfuß die Blütenbildung und damit der Einfluß der Venus zur vollen Geltung.

Ihren Höhepunkt erreicht die Blütenbildung bei der Akelei in den Monaten Juni und Juli. Vom Hahnenfuß zur Akelei hin entfaltet sich die ganze Pflanze noch um einen bedeutenden Schritt. Die beim Hahnenfuß handförmige Blattbildung löst sich in gefiederte Blätter auf, und die Blüten heben sich weit über die Region des vegetativen Lebens hinaus. Dort hängen die großen blauen, violetten, rötlichen oder gelben Blütengestalten zur Seite oder nach unten gewendet. Fünf weit ausgebreitete Blütenblätter umgeben einen inneren Blütenraum, den die fünf großen Nektarien bilden. Die äußeren Blütenblätter haben die spitze Form wie sonst die Kelchblätter. Die Nektarien ähneln denen anderer Hahnenfußgewächse (z. B. denen der Christrose, des Winterlings oder des Eisenhuts), die sich allerdings als kleine Gebilde im Inneren der Blüte befinden. Die Akelei weist also wie fast alle Hahnenfußgewächse auf eine Blüte mit einfacher Blütenhülle hin. Kelch und Nektarien werden aber von einem intensiven Blütenimpuls ergriffen und zu jener wunderbaren doppelten Blütenkrone umgewandelt. In dieser Metamorphose erreicht die Venus ihre wohl schönste Offenbarung. Der blütenkronenartige Kelch bildet zusammen mit dem tiefen Blüteninnenraum eine Gestalt von ganz besonderer Intimität. In der Hahnenfußblüte, in der die Nektarien sich zu der leuchtend gelben Blütenkrone entfaltet haben, erlebt man die Gebärde einer besonderen Form von Hingabe. Diese Hingabe ist bei der Akelei vertieft, indem die äußeren Blütenblätter sich ganz öffnen und einen Innenraum von seltener Tiefe umschließen.

Das Gegenbild zu diesen Blüten findet man bei den durchweg einjährigen Kräutern des Schwarzkümmels, vor allem bei der Jungfer im Grünen. Diese Pflanzen bilden merkwürdig haarfein zerteilte, fiederförmige Blätter. Sonst haben gefiederte Blätter wie etwa bei der

*Gemeine Akelei (Aquilegia vulgaris). Diese schöne Pflanze wächst in lichten Laubwäldern, in lockeren Gebüschen und auf Wiesen. In den Alpen findet man sie bis in 2000 m Höhe. Ihre unteren Blätter (hier nicht abgebildet) gliedern sich weit in den Raum hinein. Trotz der starken, dreifachen Aufteilung haben die kleinen Teilblättchen auffallend gerundete Formen. Sie sind von besonders zarter Konsistenz. Die unentfaltete Blütenknospe ist zuerst grün und dann farblos. Erst mit dem Aufblühen erscheint die intensive blau-violette Farbe. Blütezeit: Juni bis August. (U. W.)*

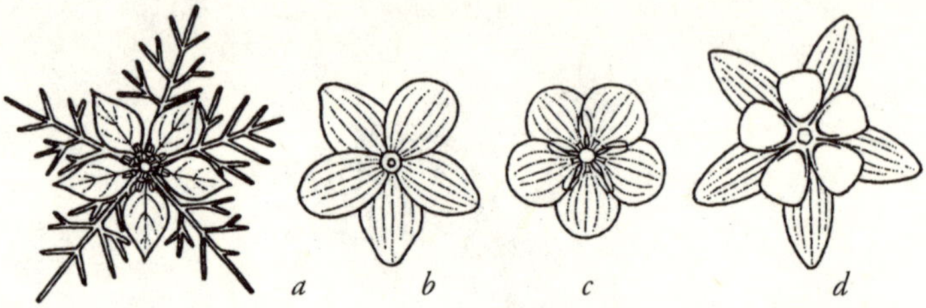


*Vier Stufen in der Ausgestaltung der Blütenkrone. – Bei der Jungfer im Grünen (Nigella damascaena, a) haben die matt bläulichen Blütenblättchen die Form von einfachen Laubblättern. Der «Kelch» wird aus gefiederten Blättern gebildet, wie sie am ganzen Sproß wachsen. – Bei der Sumpfdotterblume (Caltha palustris, b) vollzieht sich noch innerhalb der Blütenkrone eine Metamorphose. Erst allmählich tritt die vollkommene Form der Blütenblätter auf. – Die Blütenkrone des Scharfen Hahnenfußes (Ranunculus acer, c) geht aus Nektarien hervor. Im botanisch exakten Sinne ist nur der Kelch die Blütenhülle. – Diese Blütengestalt steigert sich in der Intensität blütenhafter Entfaltung bei der Akelei (Aquilegia vulgaris, d). (U. W.)*

Akelei den Charakter eines besonders starken Sich-Verbindens mit der Atmosphäre. Beim Schwarzkümmel stoßen sie in den Raum hinaus. Am Hauptsproß und an den Seitentrieben entstehen unvermittelt die stumpfbläulichen Blüten; bei der Jungfer im Grünen sind sie von einem Kranz jener Blätter wie überspült. Die Blüten treten kaum in Erscheinung. Ihre Blütenblätter sind spitz, wie eine Zwischenform zwischen einfachem Laubblatt und Kelchblatt; sie sind wie eine frühe Stufe der Metamorphose zu vollkommenen Kronblättern – weit unter dem Gestaltniveau der Sumpfdotterblume. Die Blütenbildung steckt tief im Vegetativen. Selbst den Staubgefäßen haftet in ihrer grünlichen Färbung noch der Charakter des Vegetativen an. Nur der Fruchtknoten hat eine vergleichsweise normale Gestalt. Aber auch er ist innerhalb der Hahnenfußgewächse recht ungewöhnlich gebildet. Sonst entstehen nämlich bei den Hahnenfußgewächsen aus den einzelnen Fruchtblättern Balgfrüchte wie bei der

Christrose, der Trollblume, der Akelei, dem Rittersporn oder Eisenhut oder aber viele kleine Schließfrüchte wie etwa bei den Anemonen, dem Hahnenfuß oder dem Adonisröschen. Selbst in den Fruchtblättern tritt die Pflanze also noch zum umgebenden Raum in Beziehung, besonders schön beim Hahnenfuß und in den Fruchtständen der Küchenschelle und Waldrebe. Beim Schwarzkümmel, am stärksten bei der Jungfer im Grünen verwachsen die Fruchtblätter zu einem gemeinsamen Fruchtknoten. In der Bildung dieses einheitlich sich gegenüber der Umgebung absondernden Organs manifestiert sich eine besonders intensive Mondwirkung. Sie ist in der ganzen Blüte das dominierende Prinzip.

Als einjährige Kräuter verbinden sich die Schwarzkümmel-Arten nicht voll mit jenen kosmischen Bereichen, die sich in der Blütenbildung offenbaren (siehe Seite 110ff.). Diese ist stärker von Merkur und Mond geprägt: vom Merkur, indem sich die Blüten nicht richtig aus der Region der Blätter herausheben, vom Mond in der Ausgestaltung des Fruchtknotens.

Wie die Akelei weit über das Niveau gewöhnlicher Blütenbildung hinausdringt, so bleibt die Jungfer im Grünen mit ihren Blüten tief unter diesem Niveau. Als einziges Hahnenfußgewächs bildet das Adonisröschen Blüten mit einem echten Kelch, aus dem dann eine leuchtende Blütenkrone hervortritt. Im Gegensatz zum Hahnenfuß handelt es sich um echte Blütenblätter, die bei den beiden im Sommer blühenden, einjährigen Arten, dem Sommer-Teufelsauge und dem Brennenden Teufelsauge meist eine fünfzählige Krone bilden und insofern die Venus in vollkommener Gestalt zur Offenbarung bringen.

In dieser Weise schaut man auf einen einheitlichen Prozeß, der sich durch die bisher betrachteten Gattungen der Hahnenfußgewächse als «geistiges Band» hindurchzieht. Fast alle Botaniker, die die Hahnenfußgewächse dargestellt haben, haben auf die vielfältigen Blütenformen als ein besonderes Stilelement dieser Pflanzenfamilie hingewiesen. Diese Blütenformen sprechen ihre Eigenart aus, wenn man bemerkt, wie sie sich zu den verschiedenen Zeiten des Jahres aus den Lebensprozessen der Pflanzen ganz unterschiedlich herausbilden. Sie sind kein unauflösbares Rätsel, sondern das volle, vielseitige Bild der sich zum Blühen erhebenden Pflanze. Betrachtet man die im Jahreslauf nacheinander hervortretenden Formen von der Christrose bis zum Adonisröschen, so erscheint die Vielgestaltigkeit der Pflanzen und ihrer Blüten wie eine über die verschiedenen Gattungen und Arten ausgebreitete Metamorphose, die von dem knospenartig-mondhaft bestimmten Blühen der Christrose über die unentfalteten, merkurhaften Blütentriebe des Winterlings und der Anemonen sich in vielen Stufen bis zur vollen Befreiung der Blütenbildung vom vegetativen Dasein beim Hahnenfuß und dem Adonisröschen erhebt. Und in einer Steigerung des Blütenprozesses dringt die Pflanze in der Akelei über diese Stufe bereits hinaus.

An die Akelei schließt in gewisser Weise die Wiesenraute an. Ihre Blätter sind ähnlich denen der Akelei gefiedert. Die Auflösung der Blattfläche in viele kleine Einzelblättchen geht aber noch weiter. Die Blätter sehen aus wie ein sich aufteilendes System von Stielen, an deren Enden die kleinen Fiederblättchen stehen. Sie zergliedern sich so stark, daß ihre Blattfläche in dem Luftraum aufgelöst erscheint. Über diese zentrifugale Blattbildung streben die lockeren Blütenstände auffällig hinaus. Die Blütenkronen der Einzelblüten sind klein, sie fallen meist sogar vorzeitig ab. Die Blüten bilden also keinen Innenraum. Im Gegenteil: die vielen Staubgefäße strahlen unvermittelt in den Raum hinaus. Dadurch, daß ihre Staubfäden zum Teil bunt gefärbt sind, gewinnt man das Bild eines zersprühenden Blühens. Bei der Akeleiblättrigen Wiesenraute werden selbst die vielen kleinen Fruchtknoten von diesem Bildungsprozeß ergriffen, indem sie sich auf kleinen Stielchen über den Blütengrund hinausheben. Das Blühen läßt die Region der umhüllenden Blütenkrone gleichsam unter sich und lebt sich in der hinausstrahlenden Gebärde der Staubblätter aus. Dieses Bildungsprinzip durchdringt die Wiesenraute bis in die Form ihrer Blätter. Man findet in unserer ganzen Vegetation sonst keine andere Pflanze, in der der Mars-

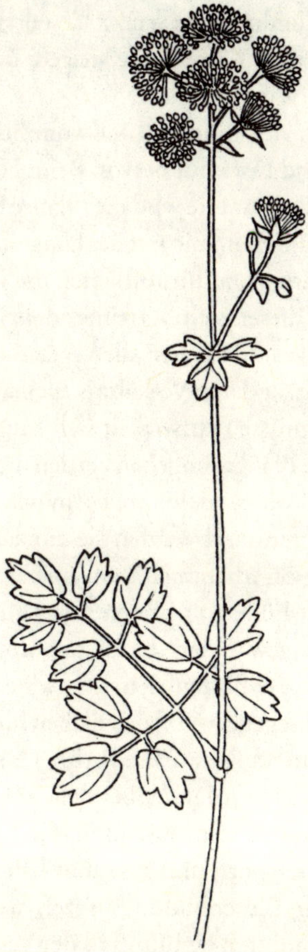

*Akeleiblättrige Wiesenraute (Thalictrum aquilegifolium). Sie wächst auf dem feuchten Untergrund von Moor- und Waldwiesen, im lichten Gebüsch und in Auwäldern bis weit über einen Meter Höhe heran. Über die weit ausgebreiteten, dreifach gefiederten Blätter der unteren (hier nicht abgebildeten) Sproßregion erheben sich die lockeren Blütenstände mit ihren zersprühenden, zart violetten Blüten. Sie blühen zwischen Mai und Juli vor allem in den Bergen. (U. W.)*

Charakter der Staubblattbildung die ganze Gestalt in dieser Weise prägt. Bei der Kleinblättrigen Wiesenraute steigert sich dieser Auflösungsprozeß sogar bis zur Windblütigkeit.

Am prachtvollsten tritt der Blütenprozeß vom Sommer bis zum Herbst bei Rittersporn und Eisenhut hervor. Beim Hahnenfuß, aber auch bei der Akelei und Wiesenraute wird die Pflanze bei ihrem Übergang zum Blühen im Zusammenhang mit der Umgestaltung der Blätter insgesamt lockerer, zarter und unstofflicher; die Blüten sind nur die letzte, reinste Stufe dieser sich verfeinernden Lebensprozesse. Beim Rittersporn und Eisenhut stehen die vegetativ-grüne und die blühende Region in einem anderen Verhältnis zueinander. An den so intensiv aufstrebenden Sprossen entwickelt sich zunächst ein ausgedehnter Blattbereich. Die Blätter umgeben bei den meisten Arten den Sproß ziemlich dicht und verwandeln ihre Form nur wenig. Nur unmittelbar unter dem Blütenstand werden sie einfacher. Über diese reich entwickelte Blattregion erhebt sich dann ein mächtig aufsteigender Blütentrieb mit einer Fülle von Blüten. Hier mündet nicht wie sonst bei den Hahnenfußgewächsen die Metamorphose in die Bildung einzelner Blüten ein; der Blütentrieb steigt wie ein selbständiger, höherer Bereich über das vegetative Pflanzenleben hinaus.

Bei den anderen Hahnenfußgewächsen trifft man durchweg auf geschlossene (monotele) Blütenstände, bei denen der Zentralsproß in eine Endblüte ausläuft. In dieser kommt die Entwicklung der Pflanze an ihr Ende. Rittersporn und Eisenhut haben offene (polytele) Infloreszenzen. Der Blütenbildungsprozeß wird nicht durch eine Endblüte, d. h. nicht durch den Einfluß der Venus begrenzt. Er vollzieht sich ausschließlich an längeren oder kürzeren Seitentrieben, die sich, wie wir verschiedentlich gesehen haben, dadurch entwickeln, daß sich die Sproßbildung durch Jupiter und Saturn in den Umkreis des Zentralsprosses entfaltet.

Dadurch hat der Sproß hier einen anderen Charakter als bei den anderen Gattungen der Hahnenfußgewächse. Bei den Anemonen, bei der Sumpfdotterblume bis hin zum Hahnenfuß und der Akelei ist er das Abbild der Sonne in ihrer Beziehung zur Erde und besonders zu den sonnennahen Planeten Merkur und Venus. Indem der Sproß über den Bereich der geschlossenen Blütenstände hinausstrebt, wird er das Abbild der Sonne, soweit diese zu den rein obersonnigen Planetensphären des Jupiter und des Saturn in Beziehung steht. Das kommt auch in der eigentümlichen Gestalt der Rittersporn- und Eisenhutblüten zum Ausdruck. Mit ihrer zweiseitig symmetrischen Form stellen sie sich in einer besonderen Weise in den Raum. Wenn von einem Sproß radiäre Blüten wie bei den Blütentrauben der Kreuzblütler entspringen, streben die einzelnen Blüten zur Umgebung hin. Von dieser Geste findet man nichts beim Rittersporn und Eisenhut. Deren Blüten, vor allem die des Eisenhuts, haben den Charakter von in sich ruhenden Gestalten. Sie streben nicht in den Umkreis hinaus, sie stehen als selbständige Blütengestalten in dem den Sproß umgebenden Raum darinnen. Bei den Ritterspornblüten vertieft sich das obere Blütenblatt zu einem sackförmigen Sporn. In diesen dringen die zwei Nektarien hinein. Die Blüten wenden sich an den oft mächtigen Blütentrauben gleichmäßig nach allen Seiten. An den Eisenhutblüten wölbt sich ebenfalls das obere Blütenblatt zu einem hohen Innenraum. Auch die beiden seitlichen Blütenblätter dehnen sich mit ihrer Fläche besonders nach oben aus; die zwei unteren Blütenblätter sind dagegen schmal. So wenden sich die Blüten aus dem hohen Innenraum in einer ernsten Gebärde nach außen. Die Blüten werden noch wesentlich stärker als beim Rittersporn von einer nach oben drängenden Bildungsgebärde geprägt. Es strebt also nicht nur der Blütenstand als ganzer in das Gebiet der obersonnigen Wirkungen hinauf, auch in der einzelnen Blüte offenbart sich diese zur Höhe sich weitende Gestaltung.

Der ernste, in sich zentrierte Ausdruck der Eisenhutblüten und ihres ganzen Blütenstandes erscheint wie eine Steigerung der schon im Sproß und den Blättern wahrnehmbaren Tatsachen. Durch die meist dichte Beblätterung wirkt die Pflanze in sich geschlossen. Außerdem sind die tief handförmig geteilten Blätter im allgemeinen recht dunkel, ihre einzelnen Lappen lang und eng. Nur der schon vom Juni an gelb blühende Wolfseisenhut hat mit seinen locker stehenden, helleren und breiteren Blättern einen weniger strengen Charakter. Seine Gestalt ist der des Rittersporns ähnlich, der in all seinen Bildungen bewegter und offener aussieht. Bei den anderen Arten des Eisenhutes wird das Wachstum der Internodien im Hauptsproß, oft auch an den Blütentrieben, und das flächige Ausbreiten in den Blättern aber gehemmt. In all diesen Tatsachen, der so stark individualisierten Blütenform, der bis zur anfänglichen Verholzung gehenden Hemmung im Hauptsproß und der in den Blättern äußern sich deutlich die Gesetzmäßigkeiten des Saturn.

Auch bei Rittersporn und Eisenhut fehlt den Blüten ein Kelch. Man kann an den aufblühenden Blütentrauben verfolgen, wie die kleinen grünen Knospen allmählich farbig erblühen. Selbst hier geht das Blühen unmittelbar aus einem mehr vegetativen Zustand hervor, nur daß sich dieser Vorgang für die meisten Blüten weit über der Region der Blätter vollzieht und unter dem Einfluß von Jupiter und Saturn eine nahezu übermäßig gesteigerte Kraft hat.

Überall schaut man bei den Hahnenfußgewächsen in vielerlei Gestalt auf den gleichen Prozeß: auf das Sich-Herausheben des Blühens aus dem vegetativen Leben. In dieser engen Beziehung zwischen dem niederen und höheren Bereich des Pflanzenlebens und dem Hervorgehen der Blütenbildung aus den vegetativen Gestaltungen liegt das geistige Zentrum der Hahnenfußgewächse. Erblickt man, wie sich dieser ganz spezifische Vorgang der Metamorphose, des Sich-Herausringens der Blütenform aus den Bildungen von Sproß und Blättern, in all den verschiedenen Pflanzenformen vollzieht, dann erfaßt man den Typus der Hahnenfußgewächse in seinen vielfältigen Offenbarungen. Er ist der Ausdruck einer vielseitig variierten Offenbarung der Venus und ihres Zusammenhangs mit dem Merkur. So wird aus dem Typus auch verständlich, daß die Hahnenfußgewächse fast ausnahmslos Kräuter sind; sie gestalten sich aus Verhältnissen, die im untersonnigen Weltbereich ihren Ursprung haben.

*Blauer Eisenhut (Aconitum napellus). Die in allen Teilen giftige Pflanze wächst in den Mittelgebirgen und in den Alpen (bis 3000 m), besonders auf dem nährstoffreichen Boden der Rinderweiden und an Almhütten. Aus dem unteren Sproßbereich gehen rübenartige Wurzeln hervor, an denen sich die Erneuerungsknospen bilden. So entstehen meist dichte Gruppen, die durch die dunkle Farbe der Blätter und Blütenstände ernst und streng wirken. Die Gestalt der Blüten ist stark in sich konzentriert. Dem entspricht ihre blaue oder blauviolette Farbe. Der Blaue Eisenhut blüht im Spätsommer (Juli, August; U. W.)*

In unserer Darstellung tritt auch deutlich hervor, wie die Ausgestaltung des Hahnenfußtypus mit den kosmischen Verhältnissen des Jahresganges, d. h. mit dem Darinnenstehen der Erde im Kosmos zusammenhängt. Vom Winter bis zum Frühjahr erhält der Typus seine besondere Ausformung durch die auf der Erde herrschende Macht des Mondes und ihr allmähliches Zurückweichen gegenüber der zunehmenden Sonnenwirkung (Christrose, Winterling, frühe Anemonen). Dann offenbart sich in den Formen, die der Hahnenfußtypus durchläuft, die zum Sommer ansteigende Herrschaft der Sonne und der mit der Sonne eng verbundenen Planeten Merkur und Venus (Sumpfdotterblume, Trollblume, Hahnenfuß) und zur Zeit des Hochsommers die Sonne (Schwarzkümmel) und die Venus (Adonisröschen und Akelei). Besonders vom Hochsommer an wird der Hahnenfußtypus von den Bildungsgesetzen der obersonnigen Planeten durchprägt (Wiesenraute, Rittersporn, Eisenhut).

Am breitesten entfaltet sich von allen Gattungen die des Hahnenfußes in einer Vielzahl von Arten. Sie bringt auch den Typus, das Sich-Herausgestalten der Dikotylenblüte aus dem Bereich der Sproß- und Blattbildung am reinsten zur Erscheinung. In einer Pflanze wie dem Scharfen Hahnenfuß oder dem Knolligen Hahnenfuß ist man der Idee, dem Typus der Hahnenfußgewächse gleichsam besonders nahe.

Von diesen Anschauungen aus möchte man die Pfingstrose zu den Hahnenfußgewächsen zählen. Denn keine andere Pflanzengattung bildet einen Kelch, an dem man die Umwandlung des Laubblattes in das Kelchblatt so anschaulich verfolgen kann. Aus den mächtig anschwellenden Blütenknospen brechen dann die großen Kronblätter leuchtend hervor – wie der Sproß mit seinen mächtigen Blattgebilden aus den Überwinterungsknospen. Mit dieser Kelch- und Knospenbildung weist die Pfingstrose aber schon auf eine höhere Stufe der Pflanzenbildung hin, auf der die Blüten sich nicht nur aus dem Vegetativen herausheben, sondern durch den Kelch die Eigenständigkeit gegenüber den vorausgehenden Stufen der Entwicklung voll erreicht haben.

Zur vollen Selbständigkeit der Blütenbildung gegenüber dem mehr stofflich verhafteten Leben in den Blättern und Stengeln erhebt sich die Pflanze bei den Rosengewächsen. Sie bilden alle einen Kelch, der ein zweites, höheres Knospendasein umschließt. In diesem entstehen abgesondert und losgelöst von der vorausgehenden vegetativen Entwicklung die Blütenkrone und die übrigen Blütenorgane. Besonders an den aufblühenden Rosen kann man sehen, welche Vollkommenheit die Blüte bereits in der Knospe erreicht. Der Kelch ist jenes Organ, durch das die Pflanze zur höheren Stufe der Gestaltung, zur Blüte, vollständig aufsteigt.

Gegenüber den Hahnenfußgewächsen, deren Blütenformen eng mit den Gestaltungsverhältnissen der übrigen Pflanze zusammenhängen, haben die Blüten der Rosengewächse einen ausgesprochen einheitlichen Charakter. In ihnen kommt die für die Dikotylen charakteristische fünfzählige Blüte besonders rein zur Erscheinung. Die weitgehend ungetrübte Offenbarung der Venus gehört zum Typus der Rosengewächse. Die Blütenbildung hat sogar eine besondere Macht, denn selbst an den Bäumen entstehen vollkommene Blüten. Und ein blühender Kirschbaum oder ein blühender Apfelbaum ist die höchste Steigerung von Fülle und Schönheit des Blühens. Die vorher strenge Baumgestalt ist vollständig in einer Hülle zarter und lichter Hingabe an die Frühlingssonne untergetaucht.

Bereits an den grünen Trieben kündigt sich bei den Kräutern, den Sträuchern und den Bäumen die spätere Blüte an. Überall bilden sich die Blätter aufsteigend in 2/5-Spiralen, in denen die Gesetzmäßigkeit der Venus wie vielfach bei den Dikotylen schon auf der vegetativen Stufe aufleuchtet. Doch auch die Blattbildung ist im Verhältnis zu den meisten anderen Pflanzenfamilien bemerkenswert. Am Grunde, wo die Blätter am Stengel ansitzen, findet man Nebenblätter. Sie entsprechen dem Unterblatt, das im allgemeinen gegenüber dem Oberblatt, d. h. dem Blattstiel und der Blattspreite, ganz zurücktritt. Wie in nur wenigen anderen Familien entwickelt sich die Pflanze als Rosengewächs schon in den Blättern so vollständig, daß auch das Unterblatt in verschiedenartigen Formen der Nebenblätter deutlich hervortritt. Aus dem Unterblatt entstehen dann die Blätter des Kelches und der Blütenkrone.

Vor allem streben die Rosengewächse aber wie keine andere Pflanzengruppe über die Blütenbildung hinaus zur letzten Stufe pflanzlicher Entfaltung, zur Frucht. Sonst werden die reifenden Früchte meist nur zu trockenen Behältern der Samen. Besonders bei den Bäumen unter den Rosengewächsen wird zusätzlich zu den Samengehäusen in den Früchten Substanz gebildet, bei der die Reifung nicht in die Ausdörrung, sondern in die Verfeinerung führt. In den Äpfeln, Birnen, Kirschen, Pflaumen usw. gelangt die Pflanze zu dieser über die normale Entwicklung hinausgehenden Substanzbildung.

So offenbart sich die Pflanze in den Rosengewächsen auf allen Stufen ihrer Entwicklung mit besonderer Vollkommenheit. Auch das Sproßsystem bildet sie vielfältig in Kräutern, Sträuchern und Bäumen aus. Die Pflanze gestaltet sich nicht wie in den bisher betrachteten Familien in einem besonderen Bereich ihrer Bildung oder nur in einer Wuchsform, sondern in umfassender Weise aus. Die Rosengewächse sind ein universeller Pflanzentypus.

Die botanische Systematik unterscheidet nach der Form der Früchte vier Gruppen (Unterfamilien). Die Spiraeoideen, von denen bei uns verschiedene Arten des Spierstrauches angepflanzt werden und der Geißbart in feuchten, schattigen Wäldern und Bergschluchten mit seinen gefiederten Blättern und aufgeteilten weißen Blütenähren wächst, bilden ähnlich wie viele Hahnenfußgewächse nur trockene Balgfrüchte mit zahlreichen Samenkörnern. Der Typus der Rosengewächse offenbart sich hier besonders in der Fülle der Blüten, die die Zweige der Spiräen oft ganz überdecken, und in verholzenden Stengeln. Mit dem Verholzen durchsetzen bei fast allen Rosengewächsen, auch den Kräutern, ein Prozeß wärmehafter Aus-

*Blutauge (Comarum palustre). Diese Pflanze nasser Standorte bildet wohl schöne Blütenknospen, vollzieht die Metamorphose zur Blütenkrone aber sehr unvollkommen. Die Blütenblätter haben die Form kleiner Kelchblättchen. Sie stehen zwischen den viel größeren Kelchblättern. Auch die rotbraune Farbe drückt aus, daß das Blutauge nicht bis zum richtigen Blühen kommt. Man findet diese eigenartigen Blüten in den Monaten Juni und Juli. (U. W.)*

trocknung und eine stärkere Verdichtung durch die Gravitationskräfte der Erde die Pflanze. Mit wärmehaften Prozessen ist sonst immer der Übergang vom sprießenden Wachsen zur Blütenbildung und besonders zur Fruchtentwicklung verbunden. Bei den Rosengewächsen durchziehen sie im Gegensatz zu den Hahnenfußgewächsen von vornherein die ganze Pflanzenbildung. Diese steht also meist schon auf der Stufe des vegetativen Wachsens zu den späteren Stufen in Beziehung.

So findet man unter den Rosengewächsen keine Wasserpflanzen wie bei den Hahnenfußgewächsen. Lediglich das Blutauge lebt auf Mooren und Torfwiesen. Sein kriechender, rhizomartiger Sproß wächst dort in dem wasserdurchtränkten Untergrund. An den aufsteigenden Trieben entstehen über den wenigen, fingerförmig geteilten Blättern einige dunkelrote, trübe Blüten. Die Blütenhülle besteht im wesentlichen nur aus dem Kelch. Die Blütenblätter sind winzig klein. Die Feuchtigkeit und die mondhafte Gestaltung des Sprosses lassen den Blütentrieb sich nur bis zum Kelch voll entwikkeln. Die Umwandlung zur Blütenhülle und zu den anderen Blütenorganen kann sich gegenüber diesen Wirkungen nur unvollkommen durchsetzen. Der Typus gestaltet sich hier sehr einseitig, vor allem im Vegetativen aus.

Das Blutauge gehört schon zur zweiten, außerordentlich vielgestaltigen Gruppe der Rosengewächse, den Rosoideen. Bei diesen entwickelt sich in den einzelnen Fruchtblättern nur ein Samenkorn. Viele dieser Fruchtblätter schließen sich aber wie bei den Himbeeren, Brombeeren und Rosen zu höheren Fruchtbildungen zusammen. Die Kräuter unter ihnen bilden allerdings fast ausschließlich in ihren Fruchtständen nur kleine trockene Früchte. Zu ihnen gehören die verschiedenen Arten des Frauenmantels mit ihren schönen runden oder fingerförmig geteilten Blättern. An deren Rand sieht man morgens oft eine Kette klarer Wasserperlen, in denen sich das Licht der Sonne leuchtend-glitzernd bricht. Blüten entstehen recht zahlreich in meist lockeren Blütenständen, bleiben aber sehr klein und

*Echte Nelkenwurz (Geum urbanum); ganze Pflanze und Fruchtstand. Bei diesem häufigen Kraut unter den Rosengewächsen hat der Sproß mit seinen schönen Blättern ein deutliches Übergewicht gegenüber den kleinen gelben Blüten. Die Nelkenwurz wächst vor allem an Hecken und Waldrändern, aber auch an offenen Standorten. Hier blüht sie von Mai bis Oktober. (Aus Göbel.)*

bilden überhaupt keine Blütenkronen. Mit ihrer grünlichen Farbe heben sie sich nur wenig von den Blättern ab. Sie strömen aber einen starken, süßen Duft aus. Auch die Tatsache, daß die Blätter zu den Blütenständen hin keine Metamorphose durchlaufen, sondern nur kleiner werden, zeigt, wie der Frauenmantel jenes Rosengewächs ist, das stark das Gepräge des Merkur trägt.

Bei den Fingerkräutern, den Erdbeeren und den verschiedenen Nelkenwurz-Arten kommt die Venus in meist leuchtend gelben oder weißen Blüten voll zur Offenbarung. Bei den Arten mit kriechender Sproßachse stecken sie noch tief im Grün der Blätter. Bei den anderen, besonders denen der Nelkenwurz und Erdbeere, dringen die Einzelblüten und rispenartigen Blütenstände deutlich über den vegetativen Bereich hinaus. Und hier kommt es bei den Erdbeeren zum ersten Mal zur Bildung von saftigen Früchten. Im exakt botanischen Sinn dürfte man die roten Erdbeeren allerdings nicht als Früchte bezeichnen. Denn aus den Fruchtblättern gehen nur die kleinen Körnchen an der Oberfläche der Erdbeere hervor. Das weist aber gerade auf die besondere Fruchtbildung der Rosengewächse hin. Nach der Bestäubung schwillt die Blütenachse an. Es entwickelt sich also der schon in der Knospe sich aufwölbende Blütenboden, d.h. das in der Blüte vorhandene Abbild der Sonne (siehe Seite 56), zur Frucht weiter. Dadurch werden die kleinen austrocknenden Fruchtkörner, die echten Früchte, weit nach allen Richtungen des Raumes hinausgetragen. Die Fruchtbildung greift also tiefer in die Pflanze ein als sonst, bis in jenen Bereich, der sonst nur den Untergrund der Fruchtbildung abgibt.

Zu einer höheren Offenbarung als bei den Fingerkräutern und den verschiedenen Arten der Nelkenwurz kommt der Typus beim Odermennig, beim Mädesüß und dem Wiesenknopf. Hier steigert sich das Blühen zu weit über den Blattbereich hinausdringenden Blütenständen. Der Odermennig entwickelt eine stark emporstrebende Blütenähre mit vielen leuchtend gelben Blüten – ähnlich einer kleinen Königskerze. Beim Mädesüß breiten sich die Blüten-

*(a) Blütenstand des Gemeinen Odermennigs (Agrimonia eupatoria), (b) des Echten Mädesüß (Filipendula ulmaria) und (c) des Großen Wiesenknopfes (Sanguisorba maior). – Der Gemeine Odermennig blüht an trockenen Hängen, auf Wiesen und an Wegrändern von Juni bis August. Das Echte Mädesüß wächst auf feuchten Wiesen und an Gräben zu einer Höhe von über einem Meter. Es blüht zersprühend ebenfalls von Juli bis August. Der Große Wiesenknopf lebt auch auf feuchten Wiesen. Er blüht zwischen Juni und September. (U. W.)*

stände hoch über den ziemlich großen, gefiederten Blättern wie Dolden mit zahlreichen weißlichen, zersprühenden Blüten aus. Ihre Glieder entspringen allerdings nicht wie bei echten Dolden aus einem gemeinsamen Punkt, sondern übereinander aus dem Sproß. Sie streben zur Peripherie hin immer stärker in die Höhe. Diese sogenannten Spirren gleichen im Aufbau am ehesten den Kronen der Laubbäume mit ihrer hypotonen Förderung der Seitentriebe. Beim Wiesenknopf dringen die einzelnen Blüten nicht so stark in die Weite. Sie bilden eng zusammengedrängt rundliche Blütenköpfchen, die durch lange Internodien noch stärker als beim Odermennig und Mädesüß über die vegetative Region emporgetragen werden. Auf den Wiesen des Hochsommers sieht man häufig die braunroten Köpfchen des Großen Wiesenknopfes über dem Niveau der meisten anderen Pflanzen. Hier wenden sich die kleinen Blüten nach allen Richtungen. – Es gibt nur wenige Pflanzen, bei denen sich das Blühen so vollkommen dem Raum zuwendet. Diese Blütenköpfchen sind wie eine höchste Steigerung des Blühens. Sonst treten die Blüten und Blütenstände immer nur zu einem engeren oder weiteren Ausschnitt des Raumes in Beziehung; hier orientieren sie sich zum gesamten Umkreis hin. So bilden die Einzelblüten auch keine Blütenkronen mehr. Diese treten gegenüber dem Ganzen des Blütenköpfchens zurück. Damit gliedert sich die Blütenbildung vollständig in die umgebende, von Licht und Wärme durchtränkte Atmosphäre ein.

Durch ihre Staubgefäße und die Anlage zur Fruchtbildung steht die Pflanze in ihren Blüten immer schon mit der obersonnigen Planetenwelt im Zusammenhang. Diese kann aber stärker in die Pflanzenbildung eingreifen. Das geschieht bei den Rosengewächsen in einer ersten Stufe im Blütenbereich selbst, und zwar in der Ausgestaltung dieser Blütenstände. Beim Odermennig entwickelt sich der Hauptsproß weit über das normale Maß hinaus zum Blütensproß wie bei den zweijährigen Pflanzen unter dem Einfluß des Mars. Beim Mädesüß entfaltet sich in der Höhe der Blütenstand als Abdruck des Jupiter in die Umgebung des Hauptsprosses und wird den Blütenständen der Doldengewächse ähnlich. Dieses Sich-Hinwenden zum Umkreis steigert sich, eigenartig verknüpft mit einer starken Hemmung bzw. Zusammenziehung auf ein Zentrum, beim Wiesenknopf als Ausdruck des im Blütenbereich sich offenbarenden Saturn. – So kann man bemerken, daß sich der Typus innerhalb unserer Rosoideen-Kräuter nahezu urbildhaft nach den Gesetzen der Planetenwelt in den verschiedenen Gattungen entfaltet.

Zu bedeutenderen Gestaltungen kommt der Typus dann in zahlreichen Sträuchern, das heißt jener Wuchsform, in der der Mars sich durch die gesamte Pflanzenbildung hindurch ausprägt. Eine eigenartige Gestalt unter diesen Sträuchern ist die Himbeere. Ihre Triebe steigen senkrecht aus dem Erdboden und neigen zur Spitze hin leicht zur Seite. Im ersten Jahr bilden sie nur die gefiederten, großflächigen Blätter. Aus den oberen Achselknospen entspringen dann im zweiten Jahr die kurzen Blüten- und Fruchttriebe. Wenn die Himbeeren reif sind, stirbt die Pflanze ab. Sie unterliegt dem zweijährigen Marsrhythmus. Inzwischen sind aber schon neue Sprosse aus der Erde hervorgekommen. Sie entspringen alle den unterirdisch wachsenden Sproßachsen. Die Himbeertriebe sind also nur die in die Lichtwelt emporstrebenden Glieder einer sonst im feuchten Untergrund mondartig verhafteten Pflanze. Die nahe verwandte Brombeere entwickelt sich, so wie das bereits (siehe Seite 150f.) geschildert wurde, über dem Erdboden. Sie wurzelt an den Spitzen der langen, bogenförmigen Wandertriebe wieder in den Untergrund ein. Aus den höchsten, mittleren Abschnitten dieser Bogen entspringen im folgenden Frühjahr die Blütenstände. Erst bei den Rosen befreit sich der Strauch von dieser Bindung an die Erde, das heißt von den Resten mondhafter Beeinflussung, und dringt nun weit in den Raum hinaus.

Bei diesen Sträuchern entwickeln sich die Blütentriebe von vornherein auf einer höheren Stufe als bei den Kräutern. Ihre Knospen entstehen bereits über der Erde, das heißt in jenem Bereich, in den die Kräuter immer erst wieder neu hinaufdringen müssen. Durch das Verholzen sind die Sträucher stärker von wärmehafter Austrocknung durchdrungen. Die Blütenbildung setzt also dort an, wo das pflanzliche Leben sich schon aus dem Zusammenhang mit der Feuchtigkeit des Bodens gelöst hat. Am wenigsten trifft das für die Himbeere zu. Hier ist die Verholzung noch recht schwach; die Blüten sind unscheinbar. Bei der Brombeere werden die Triebe kräftiger und härter. Brombeersträucher wachsen auch schon an trockenen, warmen Standorten. An schön geformten Rispen entstehen viele Blüten mit rötlich-weißen Kronblättern. Zur völligen Verholzung bringt es aber erst die Rose. Ihre Triebe wachsen im Laufe der Jahre zu starken Ästen heran. Und hier, wo im Holz alles Weiche und Feuchte überwunden ist, das man selbst noch im Brombeergestrüpp findet, erreicht die Blütenbildung die für die Rose sprichwörtliche Schönheit und Fülle.

An der Rosenblüte ist eigentlich alles ungewöhnlich. Es gibt nur wenig andere Blütenknospen, die während ihrer Entwicklung stärker anschwellen, d. h. sich intensiver innerhalb der Knospenhülle entwickeln. Die Kelchblätter sind auffallend dick, an der Innenseite meist etwas pelzig und bilden so eine kräftige Umhüllung. An den Spitzen sieht man noch einen Nachklang des Rosenblattes. Der Kelch weist also anschaulich darauf hin, daß er durch Zusammenziehung aus den Blättern hervorgegangen ist. Vor allem wegen der verschiedenen Form seiner einzelnen Blättchen ist er vielfach beschrieben worden. In der Folge dieser Blätter vollzieht sich auf der Stufe des Kelches noch eine zweite Metamorphose. So tritt auf dem Weg zur Rosenblüte das Prinzip der Verwandlung und Entwicklung so eindringlich wie sonst bei keiner Pflanze in Erscheinung.

Nun folgt ein zweiter Knospenzustand, die noch unentfaltete Blütenkrone. Schon als Knospe ist die Rosenblüte von vollkommener Schönheit. Die Blütenblätter entfalten sich dann bei der Heckenrose zu jenen weiten, zarten, rötlichen Kronen, die sich in der Gebärde reinster Hingabe der Sonne zuwenden. Aus dem Zentrum dieser Blü-

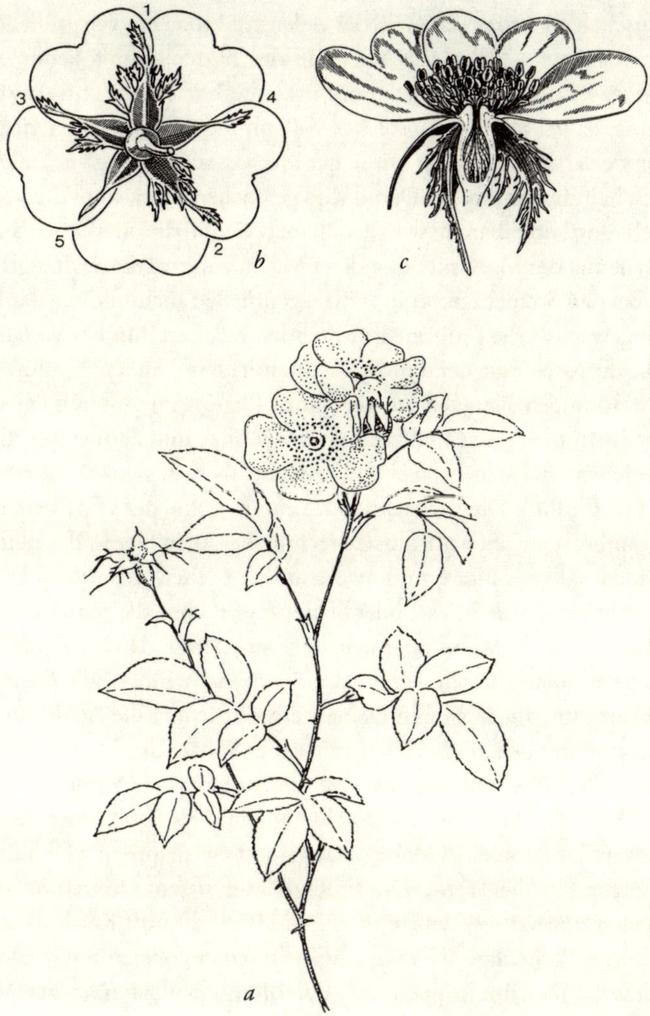


*Heckenrose (Rosa canina). a. Blütentrieb; b. Blüte von unten, an den Formen der Kelchblätter ist die zeitliche Aufeinanderfolge deutlich zu sehen; c. Blüte im Längsschnitt (b und c aus Troll).*

tenschalen leuchtet das Gelb der vielen zur Höhe hin versprühenden Staubgefäße. – Alles, was man von der Blütenbildung kennt, den Knospenzustand, die Metamorphose, die Entfaltung und Ausdehnung, ist bei der Rose zu solcher Vollkommenheit gesteigert, daß an ihr vieles, was man sonst nur in der Idee fassen kann, bis zur äußeren Erscheinung kommt. – Damit dies geschehen kann, muß die Venus sich dort offenbaren, wo die Pflanze durch die in ihr wirkende Dynamik des Mars mit besonderer Macht zur Entfaltung drängt.

Bei den Sträuchern beginnt die eigentliche Fruchtbildung der Rosengewächse; die Erdbeere ist unter den Kräutern nur ein Vorläufer. Die Entwicklung der Früchte steht mit dem starken Einfluß der obersonnigen Planeten auf die ganze Pflanze im Zusammenhang. Sie ist immer eine Manifestation des Jupiter und Saturn im Pflanzenleben. Bei den Sträuchern gewinnt aber auch noch der Mars einen Einfluß. Die sogenannten Sammelfrüchte der Himbeere und Brombeere stehen der Erdbeere recht nahe. Auch hier ist der Blütenboden aufgewölbt. Um ihn herum entstehen aus den kleinen Fruchtknoten kleine rote oder blaue Steinfrüchte, die zusammen die «Beere» bilden. Wenn man sich vergegenwärtigt, daß die zapfenförmige Blütenachse ein Abbild der Sonne ist, dann erfaßt man: die «Beere» umgibt mit ihren kleinen Einzelfrüchten die Achse wie im Kosmos der (siderische) Mars mit seiner Sphäre die Sonne.

Bei der Rose wirkt das stärkere und dauerhaftere Sproßsystem in die Blütenbildung und die Früchte hinein. Der Sproß wächst nämlich in der Form eines kleinen Kruges um das ursprüngliche Blütenzentrum in die Höhe. Die Fruchtblätter sitzen dadurch an dem Boden des Kruges, des sogenannten Hypanthiums; Kelch, Blütenkrone und Staubgefäße entspringen an seinem oberen Rand. Durch diese Umgestaltung prägt sich der Blüte der Charakter des Mars stärker auf (siehe Seite 151f.) als bei der Himbeere und Brombeere. Dieses ausgehöhlte, der Blüte angefügte Sproßglied entwickelt sich zum Fruchtfleisch der Hagebutte. Hier verwandelt sich ein Sproßglied, d. h. ein Teil der vegetativen Pflanze zur Frucht. Die substanzumwandelnde, verfeinernde Kraft der Fruchtbildung greift also wesentlich stärker als bei der Himbeere und Brombeere und tiefer als bei der Erdbeere in die Pflanze ein.

Die übrigen Sträucher unter unseren Rosengewächsen, d. h. jene, die nicht zu den beiden Gattungen *Rubus* und *Rosa* gehören, haben eine andere Gestalt als die bisher besprochenen. Weißdorn, Felsenbirne, Mispel, Zwergmispel und Schlehe bilden keine Bogentriebe, sondern eine Anzahl zum Teil kräftiger Stämme, aus denen von unten an Seitenzweige entspringen. Sie werden nur wenige Meter hoch, aber schon der Baumgestalt ähnlich. Ihre Früchte gleichen im Aufbau auch denen der baumförmigen Rosengewächse: dem Apfelbaum, dem Birnbaum, der Quitte, der Eberesche, der Süßkirsche, der Sauerkirsche, der Traubenkirsche, der Pflaume und den anderen, bei uns nicht mehr gedeihenden Fruchtbäumen.

In diesen Bäumen kommen die Rosengewächse zu ihrer höchsten Entfaltung. Sie dringen weit über den Erdboden hinaus und durchlaufen ihre ganze Entwicklung von den Knospen bis zu den Früchten oben im Raum der Atmosphäre, des Lichtes und der Wärme, das heißt in der engsten Verbindung mit dem Kosmos. Innerhalb der vielen Ausformungen des Typus kommt hier der Jupiter zur vollen Offenbarung. Jene Kräfte, die die Pflanze zur letzten und höchste Stufe ihrer Entwicklung, zur Frucht, führen (siehe Seite 87ff.), durchdringen nun die ganze Gestaltung. Und die Fruchtbildung selbst erreicht ihren größten Reichtum und ihre stärkste Macht.

Sie erfährt bei den Pomoideen (Apfel, Birne, Quitte, Eberesche, Weißdorn, Mispel, Felsenbirne) gegenüber den Rosen eine letzte Steigerung. Die Sproßachse umschließt die Fruchtblätter vollständig. Blütenhülle und Staubgefäße entwickeln sich nun über den im Sproß ruhenden Fruchtblättern. Diese sind gleichsam in die vom Jupiter durchwirkte Sproßbildung aufgenommen, die sich dann wie eine mächtig ausweitende Sphäre zur Frucht fortentwickelt. – Bei den vielen Arten der Gattung Prunus (Aprikose, Kirsche, Mandelbaum, Pfirsich, Pflaume, Schlehe, Traubenkirsche), den Prunoideen, entsteht im Zentrum der Blüte dagegen nur ein Fruchtknoten, aus dem die Steinfrüchte hervorgehen.

Wo Früchte mit reichem Fruchtfleisch entstehen, steht dies mit der ganzen Baumgestalt im Zusammenhang. Es ist eine bekannte Tatsache, daß zum Beispiel an einem Apfelbaum während der Fruchtentwicklung das gesamte vegetative Wachstum, insbesondere unter der Erde, gehemmt ist. Ein Baum, der wie die Eberesche nur kleine Früchte bildet, hat eine andersartige vegetative Entfaltung als ein Apfelbaum. Die Eberesche bildet in ihrer lichten Krone jedes Jahr längere Triebe mit Fiederblättern und mit lockeren, doldenähnlichen Blütenständen. An diesen reifen dann später die Vogelbeeren mit spärlichem Fruchtfleisch. Gegenüber der Eberesche wirkt der Apfelbaum trotz seiner weiten Krone eng und dicht. Seine schönen Blüten brechen unvermittelt aus den Knospen hervor. Sie haben sich im Jahr zuvor unter dem Einfluß des Mondes gebildet und entfalten sich nun lediglich in der Frühlingssonne. Die Blätter sind einfach und stehen größtenteils an kurzen, gehemmten Trieben; deren Wachstum mündet rasch in die Ruhe der Knospenbildung ein. Die nach außen strebende, vegetative Entfaltung ist bei allen Fruchtbäumen in dieser Weise zurückgehalten. An ihre Stelle tritt die höhere Stufe eines verwandelten vegetativen Wachsens in den Früchten. Beim Kernobst (Apfel, Birne, Quitte) ergreift die mächtige Ausdehnung, der nun der größte Teil der in den Blättern gebildeten Substanz zuströmt, sogar den inneren Bereich der Fruchtblätter. Auf diese Weise entsteht das relativ weite Kerngehäuse.

Diese Fruchtbäume versteht man nur, wenn man sieht, daß sich in ihnen Jupiter nicht bloß wie sonst in den Bäumen manifestiert. Dadurch, daß sich das zurückgehaltene vegetative Leben in den Früchten in seine höchste Stufe verwandelt, erreicht der Baum selbst den Gipfel seiner Bildung. Selbstverständlich ist die Natur bis hierher nur durch den veredelnden Eingriff des Menschen gelangt. Dieser konnte aber auch nur das entwickeln, wozu die Anlagen vorhanden waren. – Bei den Steinobstgewächsen (Prunoideen) haben die Früchte einen

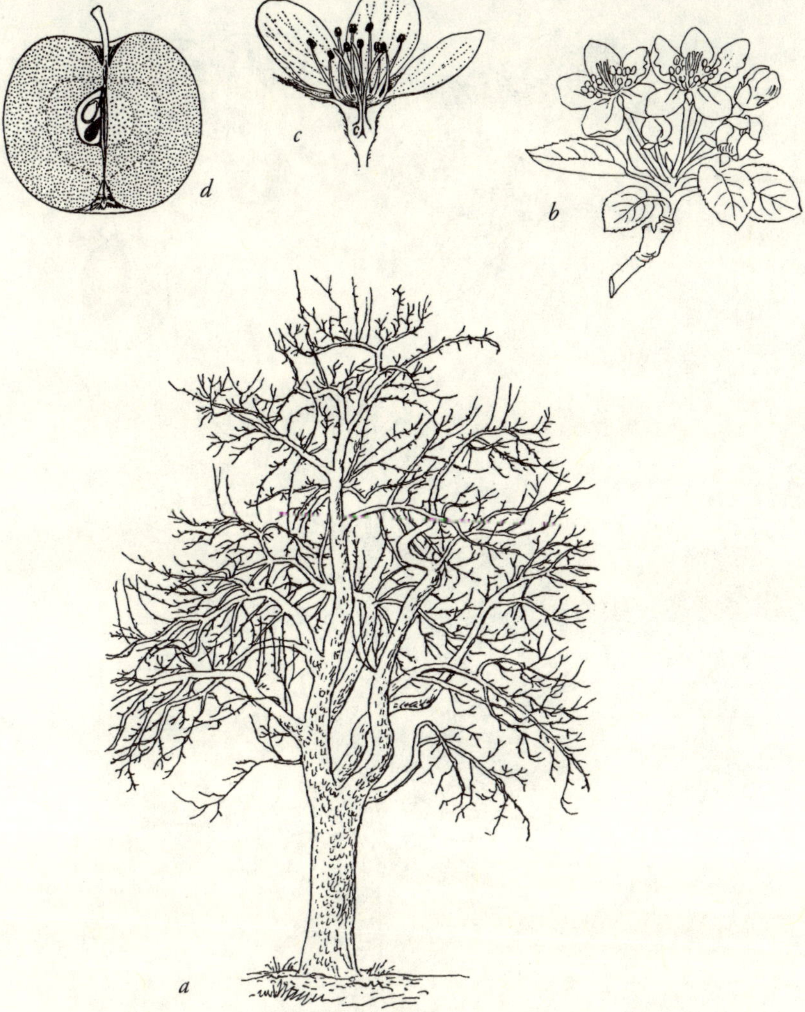


*Apfelbaum (Malus communis). a. Der Baum ohne Laub im Winter; b. aus einer Knospe haben sich die Blüten und Blätter entfaltet.; c. Blüte im Längsschnitt; d. reifer Apfel im Längschnitt (a und b aus Harwerth, c und d aus Strasburger).*

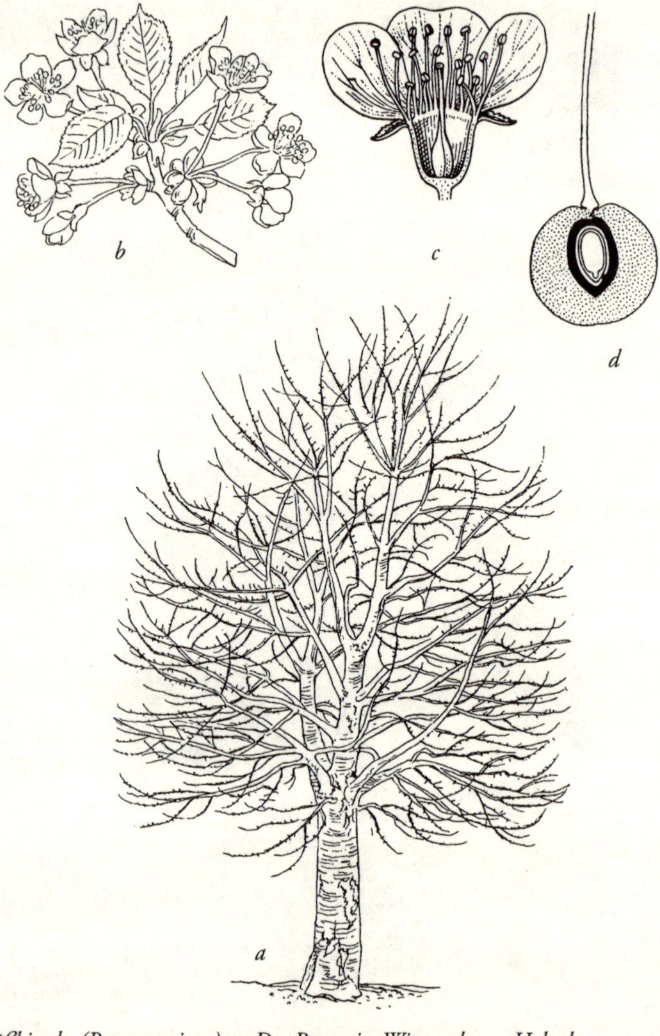


*Süßkirsche (Prunus avium). a. Der Baum im Winter; b. am Holz des vergangenen Jahres entfalten sich aus Seitenknospen die Blüten und aus den Endknospen die Blätter. c. Blüte im Längsschnitt. d. die reife Frucht im Längsschnitt. (a und b aus Harwerth, d aus Graf, d aus Strasburger.)*

entgegengesetzten Charakter. Sie gehen ohne die Einbeziehung des Sprosses nur aus dem Fruchtknoten, jenem eng zusammengezogenen Abbild des Mondes (vgl. Seite 69f.), hervor. Die äußeren Schichten (Exokarp und Mesokarp) werden zur Haut und zum Fruchtfleisch, die inneren (Endokarp) verhärten zu den Kernen der Kirschen, Pflaumen usw. Diese treten zu dem von ihnen fest eingeschlossenen Samen in Beziehung und bilden eine Art zweiter Samenhülle. So ist der Gegensatz von Kern- und Steinobst tief im allgemeinen Wesen der Pflanze begründet.

Beim Kernobst erreicht die Frucht in den Vorgängen der Ausdehnung und Substanzverwandlung ihren Höhepunkt. Hier schaut man auf die intensivste Offenbarung des Jupiter. Die Früchte grenzen sich normalerweise unter dem Einfluß des Saturn an ihrer Peripherie durch eine dichtere Schicht gegenüber der Umgebung zu einer in sich geschlossenen Sphäre ab. Beim Steinobst, das in der Regel weniger haltbar, d. h. weniger gereift ist als das Kernobst, bildet sich diese Verdichtung unmittelbar um den Samen. So entwickelt sich das Steinobst unter einer stärkeren Einwirkung des Mondes und des Saturn.

## *Die Doldengewächse*

Die Doldengewächse sind wie die Gräser Pflanzen des Hochsommers. Die frühesten unter ihnen wie der Wiesenkerbel und der Nadelkerbel blühen wohl schon im April, andere wie die Stranddistel und die Sichelmöhre noch bis in den Oktober. Die Hauptblütezeit liegt aber in den Monaten der stärksten kosmischen Licht- und Wärmewirkungen: im Juni, Juli und August. Hier entfalten sich die Doldengewächse mit ihrer starken Vegetationskraft auf den Wiesen, in Wäldern, Sümpfen und auf Bergen.

Fast ohne Ausnahme wachsen sie jedes Jahr neu zu großen Kräu-

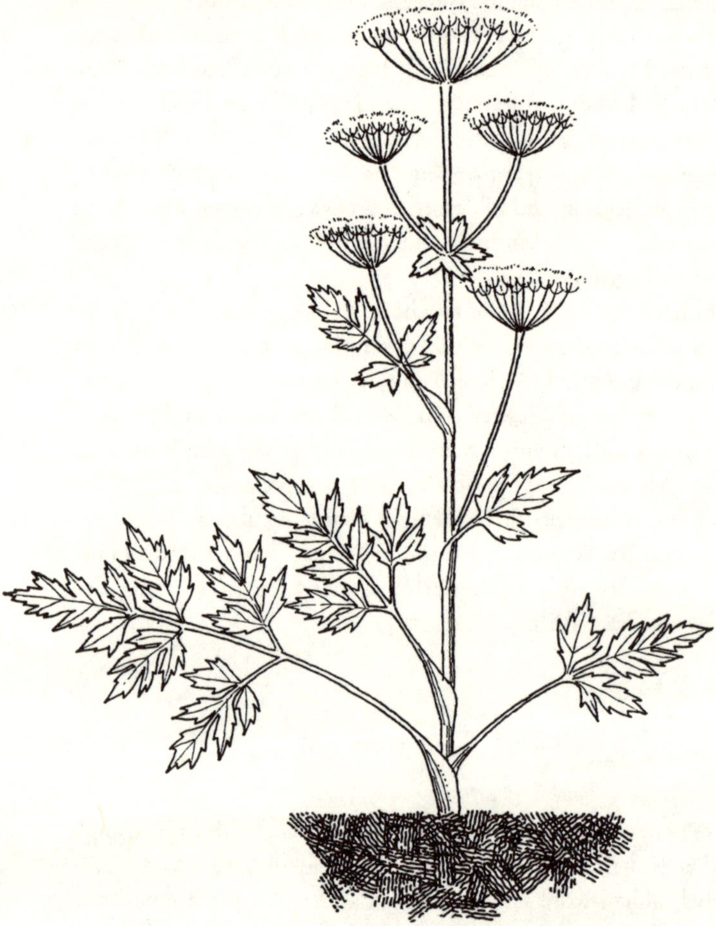

*Behaarter Kälberkopf (Chaerophyllum hirsutum; aus Hegi, verändert). Diese Pflanze veranschaulicht den Typus der Doldengewächse in seiner entfalteten Form. Man findet sie vor allem in feuchten Bergwäldern. Dort blüht sie von Mai bis August.*

tern heran. Auf den Wiesen des Hochsommers erheben sich ihre meist weißen, ausgebreiteten Blütenstände deutlich über das Niveau der anderen Pflanzen. Zu den Doldengewächsen gehören wohl nicht die höchsten, aber doch die mächtigsten Kräuter unserer Vegetation wie der Schierling, der Roßkümmel, die Wald-Engelwurz und der auf den Wiesen häufige Bärenklau. Königskerzen und Disteln z. B. wachsen wohl stärker in die Höhe, bilden aber vorwiegend nur den Zentralsproß aus. Die Doldengewächse erfüllen durch ihre Seitensprosse dagegen viel mehr den Raum.

Verfolgt man vom zeitigen Frühjahr an, wie sich die Pflanzenwelt allmählich entfaltet, wie die Sprosse größer und das Blühen intensiver werden, so erscheinen die Doldengewächse wie der Höhepunkt dieses in den Raum sich ausbreitenden Entfaltungsprozesses. Im «Hegi» wird berichtet, daß in Persien, in Afghanistan, in Turkestan und in der Bucharei bestimmte Doldengewächse in einer Vegetationsperiode bis zu fünf Meter hohen Kräutern heranwachsen (Hegi o.J. Bd. V, 2, S. 941).

Dieses mächtige, in den Raum hineinstrebende Wachstum durchzieht die Doldengewächse in all ihren Organen. Besonders deutlich offenbart es sich in den Blütenständen, den Dolden. Diese entstehen an der Spitze des Zentralsprosses und seiner Seitentriebe. Von hier sprühen die Doldenstrahlen zur Höhe und in den umgebenden Raum. An deren Spitze entfalten sich die sogenannten Döldchen wie kleine Abbilder des ganzen Blütenstandes mit ihren weißen, seltener gelben oder grün-gelben Blüten. So dringt das Blühen weit über die Region der Sprosse hinaus; es wendet sich mit seinen vielen kleinen Blütensternen nicht nur der Sonne, sondern dem ganzen Himmelsraum zu.

Bei dieser zersprühenden Hingabe an den Kosmos tritt alle Umhüllung der Blütenstände und die Bildung von Blüten-Innenräumen weitgehend zurück. An den einzelnen Blüten ist der Kelch kaum entwickelt. Die Blütenkronen sind meistens weit geöffnet, und die Staubbeutel werden durch lange Staubfäden über die Blüte hinausgetragen. Blütenblätter und Staubgefäße bilden sich oben am Fruchtknoten, d.h. an der äußersten Peripherie der Pflanze. Von oben ist eine voll entfaltete Dolde vielfach wie ein lockerer, im Licht und in der Luft ausgebreiteter Blütenteppich. Auf diesem versammeln sich viele Insekten, die dort den Nektar vom Griffelpolster der vielen kleinen Blüten saugen.

Normalerweise entstehen Blütenstände, indem sich im oberen Bereich des Sprosses die Achselknospen zu Blütentrieben entfalten. Von diesen schreibt Goethe: «Alle Blumen, welche sich aus Augen [Knospen] entwickeln, sind als ganze Pflanzen anzusehen, welche auf der Mutterpflanze ebenso wie diese auf der Erde stehen» (*Metamorphose der Pflanzen*, § 95). Wir haben dies bereits in einem früheren Kapitel geschildert. Die Pflanzenbildung wird von jenen Kräften ergriffen, die sie über den Erd-Sonnen-Bereich des Stengels zur Umgebung des Kosmos in Beziehung bringen und zu dieser hin ausweiten. Das ist die Gesetzmäßigkeit des Jupiter. So wachsen bei einem Blütenstand wie der Rispe die Seitentriebe des Blütenstandes aus dem zentralen Sproß hervor. Die Wirkung des Jupiter gliedert sich an die des Erd-Sonnen-Bereiches an. Beim Entstehen der Dolden werden im Blütenstand die Internodien des Stengels unterdrückt wie sonst erst in der Blüte. Dadurch konzentrieren sich die Seitentriebe des Blütenstandes als Doldenstrahlen in einem Punkt, von dem aus sie nun in die Umgebung hinausstreben. So ist die Dolde gegenüber der Rispe eine reine Manifestation des Jupiter. Diese wiederholt sich, indem an den Doldenstrahlen die einzelnen Blüten mit ihren Stielen auch aus einem Punkt entspringen und das Blühen nun ganz in der Hingabe an den Umkreis aufgeht.

Jenes Prinzip, durch das bei der normalen Entwicklung der Pflanze das Sprießen beim Übergang zur Blüte erlischt und die Blätter der Blütenhülle aus einem Zentrum entspringen, die Venus, greift bei den Doldengewächsen schon beim Entstehen des Blütenstandes in die Pflanzenbildung ein. Dadurch wird der ganze Blütenstand blü-

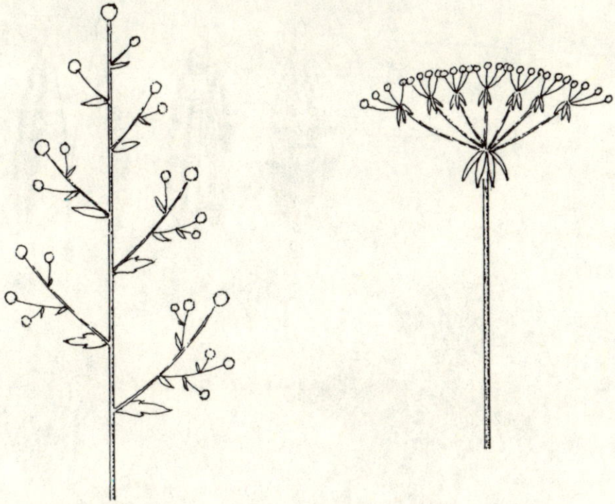

*Rispe und Doppeldolde. Die Rispe ist der wohl typischste Blütenstand der Dikotyledonen. Wenn an ihrer Achse die Internodien zwischen den Seitentrieben unterdrückt werden, entspringen diese aus einem gemeinsamen Zentrum. Die Tragblätter bilden nun die Hülle. In gleicher Weise entstehen aus den Seitentrieben die Döldchen mit ihren Hüllchen.*

tenhaft und zum Analogon der Blüte. In der übergreifenden Gestalt dieses Blütenstandes treten die Einzelblüten zurück, sie bleiben klein. Die Blütenblätter an der Peripherie der Doppeldolde werden bei manchen Doldengewächsen wie dem Bärenklau, der Wilden Möhre, dem Wasserfenchel und besonders dem Breitsamen auffallend groß und bilden an den blütenhaften Blütenständen eine Art Blütenkrone. Der «Kelch» wären dann die Blättchen an dem Zentrum, aus dem die Dolde entspringt. Sie entsprechen den Tragblättern, aus deren Achseln bei der Rispe die blühenden Seitentriebe hervorgehen. Wie die ganze Doppeldolde eine solche Hülle hat, so findet man an den Döldchen das sogenannte Hüllchen. Hülle und Hüllchen können aber auch fehlen.

Der vom Zentrum so stark ausstrahlende Charakter des Blüten-

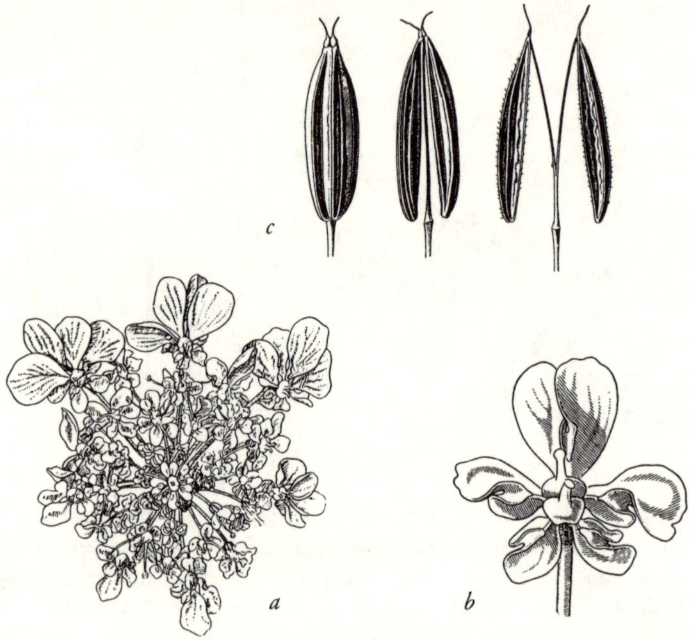


*a. Randständiges Döldchen aus der Doppeldolde einer Wilden Möhre (Daucus carota). Die Blütenblätter an der Peripherie der Dolde sind größer und umgeben den ganzen Blütenstand wie eine vielgliedrige Blütenkrone; b. Blüte mit vergrößerten Blütenblättern vom Rande der Dolde; c. beim Reifen zerteilt sich die Frucht in zwei Hälften wie hier bei der Süßdolde (Myrrhis odorata). Das für viele Doldengewächse charakteristische Aufgehen in der Umgebung ergreift auch die Früchte. (Aus Troll.)*

standes setzt sich bis in die Blüten und Früchte fort. Bei vielen Doldengewächsen teilen sich die kleinen Blütenblätter, wie wenn sie in die Umgebung übergehen wollten. Die reifen trockenen Früchte spalten sich in zwei Hälften, die zunächst an zarten Stielchen, dem Fruchthalter, lose nebeneinander hängen.

So bildet sich der Blütenstand dadurch, daß der Blütenbildungsimpuls der Venus früher und tiefer als sonst in die Entwicklung der

Pflanze eingreift. Von der Spitze des Sprosses aus gliedert er sich intensiver als bei den andern Pflanzenfamilien in die sommerliche Atmosphäre ein. Er gehört ganz dem obersonnigen, das heißt dem über der Erd-Sonnen-Region des Stengels liegenden Bereich an. Dieses intensive Sich-Eingliedern in die Weite des Umkreises bestimmt bei den Doldengewächsen die ganze Pflanze. Der Stengel der Kräuter hat sonst allenfalls an den Knoten eine basale Wachstumszone. Bei den Doldengewächsen dringt der Stengel unter anderem dadurch so weit in die Höhe, daß seine Internodien durch eine besondere Wachstumszone an ihrem oberen Ende länger werden. Und in der Höhe kommt es zu dem ausstrahlenden Sich-Hinwenden zum Kosmos. Aus dem Zentralsproß wachsen oft kräftige Seitentriebe hervor. So entstehen schon im vegetativen Bereich mächtige, sich weit in den Raum hinein entfaltende Gestalten. Das gleiche Bildungsprinzip bestimmt auch die Blätter. Die geschlossene Blattfläche löst sich durch eine intensive Streckung auf und gliedert sich durch weitere Aufteilung ganz analog dem Blütenstand in die Umgebung auf. Auf diese Weise entstehen 2-, 3- und 4fach gefiederte Blätter. Sie sehen aus wie Zweige mit vielen beblätterten Seitenzweigen – und dementsprechend die ganze Pflanze wie ein kleiner, lockerer Baum, über dem die Dolden noch eine Art blühender Miniaturkrone bilden.

Die Ähnlichkeit dieser so stark sich ausbreitenden Doldengewächse mit einer offenen, lockeren Baumgestalt ist nicht bloß zufällig. Wie die Laubbäume die vollkommene Manifestation des Jupiter im Pflanzenreich sind, so erscheinen die Doldengewächse mit ihrem verzweigten Sproßsystem, ihren sich in die Atmosphäre auflösenden Blättern, ihrer Doldenbildung und Zerteilung des Fruchtknotens wie ein Abbild des Jupiter im Bereich der zweikeimblättrigen Kräuter. Man muß aber deutlich sehen, daß dieser Charakter der so stark entfalteten Doldengewächse darauf beruht, daß die Blütenbildung tiefer als sonst in die Pflanze eingreift. Durch dieses tiefe Eingreifen entstehen die etherischen Öle nicht wie sonst an den Blütenblättern, sondern auch in den samenähnlichen Früchten (Anis, Fenchel, Kümmel, Koriander), vor allem aber auch im Stengel und in den Blättern, zum Teil sogar in den Wurzeln (Petersilie, Liebstöckel und andere). Am stärksten ist die Bildung etherischer Öle in den Doldengewächsen warmer und trockener Standorte wie beim Dill und Fenchel. An feuchten und nassen Standorten werden auch giftige Inhaltsstoffe gebildet (Wasserschierling, gefleckter Schierling, Hundspetersilie). – So gehören zu den Doldengewächsen viele Heil- und Gewürzpflanzen.

Im Zentrum der Pflanze, am Hauptsproß, findet man bei mehreren Gattungen und Arten ungewöhnlich geformte Blätter. Das Unterblatt bildet eine große, den Stengel weit umfassende Blattscheide. Mit der parallelnervigen Struktur der Blattadern sieht sie aus wie ein besonders großes Schuppenblatt der Knospen. Dem entspricht auch die Funktion dieser Blattscheiden. Sie umschließen nämlich oft wie prall gefüllte Knospen den noch unentfalteten Teil des Doldengewächses. Verfolgt man das weitere Wachstum, so sieht man, wie sich aus einer solchen «Knospe» der folgende Sproßabschnitt bis zum nächsten Blatt erhebt, in dessen knospenartigem unteren Teil wiederum die späteren Etagen wie in einer russischen Puppe eingeschlossen sind. Die Blattscheiden einer ausgewachsenen Pflanze erinnern daran, daß sich durch die ganze Entwicklung knospenhafte Zustände hindurchgezogen haben. Sonst treten Knospenzustände am Ende der einzelnen Triebe vor allem bei Bäumen auf. Dort kommt das Wachstum zur Ruhe, während es bei den Doldengewächsen vorwärtsdrängt und die Blattscheiden vielfach so mächtig anschwellen läßt.

An diese Blattscheiden schließt dann das gefiederte Oberblatt wie eine polare Bildung an. Es sitzt gleichsam an einem ausgedehnten Knospenblatt. Dem Merkur-Charakter der Blattform entspricht auch die Blattstellung; bei den Doldengewächsen herrscht nämlich, vor allem in den unteren Abschnitten der Sprosse, die ½-Stellung.

Wir wollen nun den Typus der Doldengewächse in seinen verschiedenen Ausdifferenzierungen verfolgen. Am vollkommensten

*a. Anis (Pimpinella anisum). Dieses einjährige Doldengewächs stammt aus dem warmen Klima des östlichen Mittelmeerraumes und wird in vielen Gebieten der Erde angebaut; b. Berg-Sesel (Seseli montanum). Ein ausdauerndes Doldengewächs mit besonders stark aufgefiederten Blättern; es wächst an trockenen Stellen in den Alpen auf Kalkgestein. (Aus Hegi.)*

manifestiert sich der Typus in jenen Gattungen und Arten, bei denen die Blätter sich durch mehrfache Fiederung in die Umgebung auflösen, die Seitensprosse kräftig in den Umkreis des Zentralsprosses hineindringen und in den Dolden viele Strahlen zu einem reich entfalteten Blütenstand führen. Der stark ausstrahlende Charakter dieser Dolden drückt sich auch in der Tatsache aus, daß Hülle und Hüllchen nur schwach oder überhaupt nicht ausgebildet sind. Die für den Jupiter charakteristische Vieljährigkeit führt zu ausdauernden Stauden. – Diese Gestaltung findet man zum Beispiel bei der Gattung Engelwurz und den beiden in den Alpen so prachtvollen Arten des Laserkrautes.

Neben diesen Pflanzen, die in ihren Formen den Jupiter so vollkommen zur Offenbarung bringen, stehen solche, bei denen die Gestalt nicht so mächtig entfaltet ist. Die Blätter sind weniger, meistens nur einfach gefiedert. An den Dolden sind die Blüten während der Entwicklung durch stärkere Hüll- und Hüllchenblätter länger knospenartig umschlossen. Die Dolden selbst wirken weniger zersprühend, weil sich in ihnen eine geringere Zahl von Doldenstrahlen entwickelt. Ebenso bleiben die Seitensprosse wie beim Pastinak verhältnismäßig kurz gegenüber dem langen Zentralsproß. – Die meisten dieser Doldengewächse sind zweijährig und bringen in ihrer Entwicklung die Dynamik des Mars zum Ausdruck. So werden die Sprosse des zweiten Jahres besonders hoch wie beim Wiesen-Bärenklau, Pastinak, dem Schierling-Wasserfenchel und dem Rippensamen. Wie der Mars wohl immer wieder in den Sonnenumkreis hinausdringt, sich aber doch nicht wie der Jupiter ganz im Umkreis der Sonne bewegt, ist bei diesen Pflanzen insgesamt die in den Umkreis des Zentralsprosses gerichtete Entfaltungstendenz verhaltener.

Eine dritte Gruppe der Doldengewächse, zu der zum Beispiel der Gemeine Kerbel, der Nadelkerbel, der Klettenkerbel, die Haftdolde (zwei Arten) und der Breitsame gehören, steht in ihrer ganzen Gestaltung diesen beiden Gruppen recht nahe. Diese Pflanzen entwikkeln sich aber als einjährige Kräuter im Einklang mit dem Jahres-

*a. Wald-Sanikel oder Heilkraut (Sanicula europaea). In den derben, handförmigen Blättern, den Sprossen und Dolden ist der Typus des Doldengewächses nicht voll entfaltet. Die Wald-Sanikel wächst vor allem in schattigen Buchenwäldern. Sie blüht im Frühsommer (Mai, Juni).*

*b. Blütenstand der Großen Sterndolde (Astrantia maior). Die Hüllblätter werden auffallend groß und blütenhaft. Die Blätter sind ähnlich denen der Sanikel handförmig gegliedert. Insgesamt wirkt das Doldengewächs verhalten. Die Große Sterndolde wächst auf Waldplätzen, an Waldrändern und auf Wiesen. Man begegnet ihr häufig in den Bergen. Sie blüht im Hochsommer (Juni bis August).*

*c. Hahnenfuß-Hasenohr (Bupleurum ranunculoides). Dieses in der ganzen Gestalt weitgehend unentfaltete Doldengewächs wächst im Gebirge an Felsen, im Geröll und auf steinigen Weiden, wo es stark der Sonne ausgesetzt ist. Seine Blattflächen gehen unmittelbar aus dem Stengel hervor und sind fast so einfach wie bei anderen Doldengewächsen die Blattscheiden. In den Blütenständen herrscht statt des Zerstrahlens die Umhüllung. Die Blütezeit liegt im Spätsommer (Juli und August). (U. W.)*

gang der Sonne. Der Typus der Doldengewächse erscheint bei ihnen noch verhaltener. Die Pflanzen sind etwas kleiner; die Zahl der Doldenstrahlen ist recht gering, meist weniger als zehn; und in den Döldchen stehen zum Teil nur wenige Blüten. Außerdem schließen sich besonders bei dem Breitsamen und der Kletten-Haftdolde die Blütenstände dadurch wie zu einer gemeinsamen Blüte zusammen, daß die peripheren Blütenblätter der äußeren Doldenblüten besonders groß werden. So haben die Dolden insgesamt als Ausdruck der stärker in der Pflanze wirkenden Sonne einen mehr in sich geschlossenen und auf das Zentrum bezogenen Charakter.

Recht abweichende Formen treten uns dann in der Sanikel und in der Sterndolde entgegen. Diese Pflanzen bilden keine gefiederten Blätter mehr, sondern handförmig geteilte. Von der Spitze des Blattstiels dringt die Blattfläche, ohne sich ganz aufzulösen, nach allen Richtungen in die Umgebung. Wie das Blatt trotz seiner Gliederung gegenüber den gefiederten Formen viel mehr in sich zentriert erscheint, sind auch die Dolden viel weniger ausstrahlend. Bei der Sterndolde bilden die Blättchen der Hülle einen schönen Kranz zum Teil sogar blütenartiger weißer Blätter. Aus ihrem Zentrum entspringt eine stark vereinfachte Doppeldolde, in der vor allem die Döldchen stark reduziert sind. So sind deren Stiele fast ganz unterdrückt. In der zentralen Doppeldolde besteht ein Döldchen nur aus einer Zwitterblüte mit Fruchtknoten und Staubgefäßen und drei Blüten, die nur Staubgefäße enthalten. Die Kräfte, die durch die Unterdrückung der Internodien aus der Rispe die Dolde entstehen lassen, wirken nun innerhalb der Dolde. So kontrahieren sich die Döldchen und nähern sich in ihrer Gesamtstruktur einer Blüte an. Die ganze Dolde verliert den ausstrahlenden Charakter und wird durch den Kreis der weißen oder grünweißen Hüllblätter einer Blüte ähnlich. Diese Doldengewächse werden nicht so groß wie die bisher betrachteten; auch die Seitensprosse treten weitgehend zurück. Die Zusammenziehung durch den gesteigerten Einfluß der Venus ist in der ganzen Pflanze bemerkbar. Der Typus der Doldengewächse erscheint im Gewande der Venus: Die Dolden sind wie Blüten; aus diesen «Blüten» entsteht eine Dolde höherer Art. Und die Blätter bilden eine zusammenhängende Fläche.

Beim Hasenohr tritt die Signatur des Merkur unter den Doldengewächsen auf. Die Blätter ordnen sich immer in der ½-Stellung am Sproß an; sie sind ungegliedert und bei fast allen Arten parallelnervig, zum Teil sogar grasartig. Von Dolden ist bei den meisten Arten kaum etwas zu sehen. Diese gleichen noch weniger als bei der Sterndolde den typischen Doppeldolden. Wenige extrem reduzierte Döldchen stehen eng gedrängt und werden bei einigen Hasenohr-Arten wie die inneren Organe einer normalen Blüte von einer fünfzähligen Blütenhülle umgeben. Besonders beim Rundblättrigen Hasenohr sieht ein solches Gebilde fast wie eine Hahnenfußblüte aus. Der Einfluß der Venus ist hier so stark, daß die Blütenstände wie zur Blüte und diese «Blüten» zu einfachen Dolden geworden sind. Der Typus der Doldengewächse befindet sich in einem weitgehend unentfalteten beziehungsweise stark zusammengezogenen Zustand.

Noch eigenartiger ist der Wassernabel, eine kleine Pflanze der Sümpfe und Moore. Während die meisten Doldengewächse in den gemäßigten Zonen der nördlichen Erdhälfte wachsen, gehört der Wassernabel zu einer Unterfamilie der Doldengewächse, die besonders auf der südlichen, viel mehr vom Wasser bestimmten Erdhälfte verbreitet ist. Sein dünner Sproß entwickelt sich ohne alle Hinwendung zur Sonne: Er liegt auf dem feuchten Untergrund; an seinen Knoten entspringen Wurzeln. Der Sproß ist also stark von den Kräften des Mondes durchsetzt. Zarte Blattstiele tragen die Blattflächen über das Niveau des Sprosses empor. Wie bei der Kapuzinerkresse breitet sich die Blattspreite vom Stiel nach allen Seiten aus. Sie ist also ein ganz in sich geschlossenes Gebilde. Der eigentümliche Charakter des Mondes, nämlich die Pflanzenbildung in die Absonderung zu führen, prägt sich so bis in die Gestalt der Blattspreite aus. Und die kleinen Blütenstände erheben sich an dünnen Stielen aus den Blattachseln. Sie sind ein Knäuel kümmerlicher Blüten, kaum mehr als eine gerade sich entfaltende Knospe. So verliert unter dem Einfluß des Mondes das Doldengewächs seine so charakteristische Verbindung mit dem Umkreis.

Im Gegensatz zum Wassernabel, der ganz der Feuchtigkeit verhaftet ist, wächst die Gattung Mannstreu dort, wo Trockenheit herrscht: auf salzhaltigen Dünen der Nord- und Ostseeküste (Stranddistel), auf Trockenrasen, die in den schon mehr kontinentalen Gegenden von der Sonnenwärme durchglüht werden (Feld-Mannstreu, Flachblättriger Mannstreu) und in den Alpen auf Hochstaudenfluren (Alpen-Mannstreu). Der Charakter dieser Pflanzen ist stark durch wärmehaft austrocknende Prozesse bestimmt. Die Sprosse verholzen stärker als bei den anderen Doldengewächsen, die Blätter verhärten bis zur Dornbildung. Dennoch wachsen diese Pflanzen wie etwa der Feld-Mannstreu recht stattlich heran. Doch vieles wirkt gehemmt. Die Blätter zeigen wohl die Tendenz zu einer Aufgliederung; sie bleibt aber in fiederspaltigen Formen stehen. In den Blütenständen bilden sich viele kleine Blüten; diese breiten sich aber nicht in Dolden aus. Die Doldenstrahlen und die Stiele der Döldchen sind unterdrückt und die Blüten in dichten Köpfchen zusammengedrängt. Die Blütenblätter der Einzelblüten verengen sich zu schmalen Blütenröhren. Diese Zusammenziehung prägt sich zum Teil bis in die blaue Färbung der Blüten bzw. der ganzen Blütenstände und ihrer Hüllblätter aus. – Die für die typischen Doldengewächse charakteristische Entfaltung in den Raum ist der Anlage nach überall zu sehen. Die ganze Pflanzenbildung, die sich besonders beim Feld-Mannstreu zu einem weiten, vielfach aufgegliederten sphärenartigen Blütenstand ausweitet, ist aber von hemmenden und ausdörrenden Kräften durchsetzt. Sie hat einen ausgeprägten Saturncharakter.

Die Gliederung der Doldengewächse in einzelne Gattungen bzw. Gruppen ähnlicher Arten oder Gattungen erscheint so als eine gesetzmäßige Ordnung. Sie spiegelt ähnlich wie bei den Hahnenfußgewächsen im Rahmen eines engeren Typus die großen Gesetze der

Pflanzenbildung. Was wir am Beispiel der Doldengewächse und in den Kapiteln über die Hahnenfuß- und Rosengewächse gesehen haben, kann man in ähnlicher Weise auch bei den anderen Pflanzenfamilien finden. In der scheinbar zufälligen Vielzahl der Formen offenbaren sich allgemeine Gesetze. Einen Abglanz von diesen übergreifenden Gesetzen kennt die Botanik in den sogenannten Konvergenzen, d. h. in dem Auftreten ähnlicher Formen innerhalb verschiedener Pflanzengruppen – etwa dem Vorkommen parallelnerviger Blätter beim Hasenohr und den einkeimblättrigen Pflanzen, bei denen diese Blattform zum Typus gehört. Die Konvergenzen haben bis heute in der Botanik nur eine beiläufige Erwähnung gefunden. Man weiß mit ihnen kaum etwas anzufangen, wenn man sie nicht als Anpassungsformen an bestimmte Lebensverhältnisse wie z. B. die Kaktusgestalt bei den Kakteen der amerikanischen Trockengebiete, bei den Wolfsmilchgewächsen, den Schwalbenwurzgewächsen und den Korbblütlern der Alten Welt deuten kann. Dagegen sind sie von größtem Interesse, wenn man in ihnen die übergreifenden planetarischen Bildungsgebärden wiederfindet.

## *Die Schmetterlingsblütler*

In unserer Pflanzenwelt gehören viele Schmetterlingsblütler zu den vertrauten Erscheinungen. Auf den Wiesen blühen verschiedene Arten des Klees mit ihren dichten Blütenköpfchen, auf etwas trockeneren Standorten die Esparsette mit lockeren Blütentrauben und am Rande der Wege der hoch emporwachsende Steinklee. Weitere bekannte Schmetterlingsblütler sind die Lupine und die verschiedenen Arten der Wicken und Platterbsen. Zur Verbesserung des Bodens als Gründünger und als Futterpflanze wird vor allem die Luzerne angebaut. Und zu den Nahrungspflanzen gehören die verschiedenen Arten der Bohne, die Erbse, die Linse, die Sojabohne und die Erdnuß.

Die meisten unserer mitteleuropäischen Schmetterlingsblütler sind Kräuter. Viele von ihnen sind durch ihre lockere Gestalt, die Form ihrer Blüten und deren Farben recht ansprechend; sie wirken gelöst, und man ist geneigt, ihnen einen heiteren Charakter zuzuschreiben. Es gibt aber auch Sträucher wie den Besenginster, der mit seinen langen dünnen Trieben besonders auf sandigem Untergrund am Waldrand, auf Lichtungen oder an Wegrändern wächst. Am bekanntesten ist wohl der Goldregen. Der einzige Baum, die Robinie, stammt aus den östlichen Gegenden der Vereinigten Staaten. In den Tropen wachsen zahlreiche Schmetterlingsblütler zu Bäumen heran. Manche von ihnen wie die mächtigen Flügelfruchtbäume bilden hartes, wertvolles Holz, andere wie der südamerikanische Balsambaum den Tolu- und Perubalsam. So findet man in der großen Familie der Schmetterlingsblütler – sie ist nach den Korbblütlern und den Orchideen die artenreichste – alle nur denkbaren Formen: gewöhnliche Kräuter, aber auch rankende und windende, Sträucher verschiedener Größe von dem niederen dornenbewehrten Zwerg-Stechginster der atlantischen Heidegebiete bis zu dem mehrere Meter hohen Goldregen, Lianen und Bäume.

Die Blüten haben aber einen recht einheitlichen Charakter. Sie orientieren sich nicht nach oben, sondern zur Seite und sind eigenartig in sich geschlossen. Sie blühen nie ganz auf wie die typischen Blüten der Dikotyledonen. Die fünf Kelchblätter sind miteinander verwachsen. Von den Blütenblättern wendet sich meistens nur das obere, die sogenannte Fahne, zur Umgebung. Die beiden seitlichen Blütenblätter, die Flügel, umhüllen das Schiffchen, das aus zwei Blütenblättern zusammengewachsen ist. Ganz rätselhaft ist die Bildung der Staubgefäße. Im Gegensatz zu ihrem zersprühenden, zentrifugalen Charakter werden sie vom Schiffchen umschlossen. Die Staubfäden sind weitgehend zu einer Röhre verwachsen, die den länglichen Fruchtknoten umhüllt wie das Schiffchen die Staubfadenröhre. Zur Spitze des Schiffchens hin geht diese eigenartige Bildung in zehn

*a. Der Wundklee (Anthyllis vulneraria) wächst an lichten trockenen Stellen, auf Trockenrasen mit kalkhaltigem Untergrund und an Wegrändern. Wie bei den verschiedenen Arten des Klees sind die Blüten in dichten Köpfchen konzentriert; b. die Zottige Wicke (Vicia villosa) ist einer der verschiedenen Schmetterlingsblütler mit schwachem Stengel und Rankeblättern; man findet sie vor allem auf Getreidefeldern; c. Futter-Esparsette (Onobrychis viciaefolia), sie wächst auf Trockenrasen, an Wegen und auf Wiesen und wird gelegentlich als eiweißreiche Futterpflanze angebaut. (Aus Hegi.)*

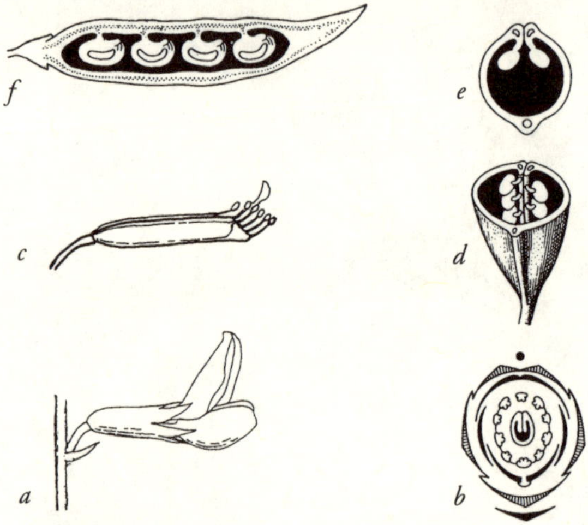


*a. Einzelne Blüte eines Schmetterlingsblütlers; b. Diagramm dieser Blüte (schraffiert: die miteinander verwachsenen Kelchblätter; schwarz: die Blütenblätter, oben die Fahne, seitlich die Flügel, unten das aus zwei Blütenblättern verwachsene Schiffchen; weiter innen die neun miteinander verwachsenen Staubfäden und das freie Staubgefäß; im Zentrum der aus einem Fruchtblatt entstandene Fruchtknoten); c. die Staubfadenröhre mit den Staubbeuteln; sie umschließt den länglichen Fruchtknoten; d. Blick in das Innere des hülsenartigen Fruchtknotens. An den Rändern des Fruchtblattes entspringen die Samenanlagen; e. Querschnitt durch den Fruchtknoten, der sich aus einem einzigen Fruchtblatt bildet; f. Hülsenfrucht einer Erbse (Pisum sativum) mit den Samenkörnern im Längsschnitt. (a aus Rohweder/Endress, b, d, e, f aus Graf).*

kurze Staubfäden mit ihren Staubbeuteln über oder in neun, wenn das oberste Staubgefäß als ganzes selbständig bleibt.

Der Schlüssel zum Verständnis dieser ungewöhnlichen Verhältnisse liegt in der Bildung des Fruchtknotens und der Frucht. Normalerweise entsteht ein Fruchtknoten aus mehreren Fruchtblättern, die sich im Zentrum der Blüte zusammenschließen. Dadurch kommt der vertikale Sproß im Fruchtknoten zum Abschluß. Oder es bilden wie z. B. bei den Hahnenfußgewächsen mehrere einblättrige Frucht-

*Gemeiner Hornklee (Lotus corniculatus) mit reifen, trockenen Hülsenfrüchten.*

knoten einen Fruchtstand. Bei den Schmetterlingsblütlern entsteht aus nur einem Fruchtblatt ein länglicher Fruchtknoten, indem sich die Ränder dieses Fruchtblattes nach oben zusammenschließen. Jene Kräfte, durch die die Pflanze in der Folge der Verwandlungsprozesse zur Bildung von Fruchtknoten und Frucht fortschreitet, sind offensichtlich abgeschwächt. Das hat bestimmte Konsequenzen. Aus einem einzigen Fruchtblatt kann kein endständiger Fruchtknoten entstehen wie aus der Vereinigung von zwei, drei oder mehr Fruchtblättern. Deshalb gliedert sich der Fruchtknoten wie ein Blatt seitlich an den Sproß an. Die Schwäche der Fruchtknoten- und Fruchtbildung kann man auch an der so auffälligen Ähnlichkeit des Fruchtblattes mit einem gewöhnlichen Blatt bemerken.

So erhebt sich die Pflanze nur sehr unvollkommen über die Stufe der Blütenblätter und Staubgefäße. Dadurch aber gewinnt die Bildung des hülsenartigen Fruchtknotens einen Einfluß auf die ganze Blüte. Aus den Staubfäden entsteht das röhrenartige Gebilde, das ein Inneres genauso umschließt wie das zur Hülse zusammengewachsene Fruchtblatt. Beim Schiffchen ist diese Formgebärde noch stark ausgeprägt. Sie klingt dann in den mehr peripheren Bereichen der Blütenkrone, in den Flügeln und der Fahne etwas ab. Insgesamt ist die Form der Schmetterlingsblüte die Konsequenz der schwachen bzw. unvollständigen Fruchtbildung: Diese wirkt in die vorangehenden Stufen der Entwicklung hinein, weil sie ihnen noch weit näher ist als ein vollkommener Fruchtknoten den offenen Blütenkronen.

Die in der Fruchtbildung wirkende Gesetzmäßigkeit des Jupiter taucht gleichsam in die Region der Blütenkrone unter. Sie greift aber noch tiefer in die Pflanze ein. Unter dem Einfluß des Jupiter entfaltet sich die Pflanzenbildung, wie wir das in einigen der vorangehenden Kapitel geschildert haben, in den Umkreis des Zentralsprosses (siehe Seite 125f.und Seite 133). Diese Tendenz kann man bei den Schmetterlingsblütlern vielfältig beobachten. Ihre Blattfläche löst sich dadurch, daß der Blattstiel sie durchdringt, in eine Anzahl von Fiederblättchen auf. So sehen die Blätter wie kleine beblätterte Zweige aus. Aus den Achseln dieser Blätter wachsen bei vielen unserer Schmetterlingsblütler die Seitentriebe des aufgelockerten Blütenstandes hervor. Wo sich der Blütenstand wie bei den vielen Arten des Klees stark in den dichten Köpfchen zentriert, sind auch die Blätter weniger entfaltet; die fiederförmige Aufgliederung ist in den dreiteiligen Blättern nur angedeutet.

Die zur Umgebung gerichtete Entfaltung manifestiert sich aber am stärksten im ganzen Sproßsystem. Nur bei einigen unserer Schmetterlingsblütler bildet sich der Sproß in der direkten Fortsetzung der Keimachse. Zu ihnen gehören die Lupine, die Verwandten der Geißraute und die verschiedenen Formen des Ginsters. Meistens entwickeln sich die Pflanzen wie beim Klee aber aus Seitentrieben. Bisweilen wird der Zentralsproß ganz unterdrückt. Beim Süßklee, bei den Wicken, den Platterbsen und den windenden Bohnen

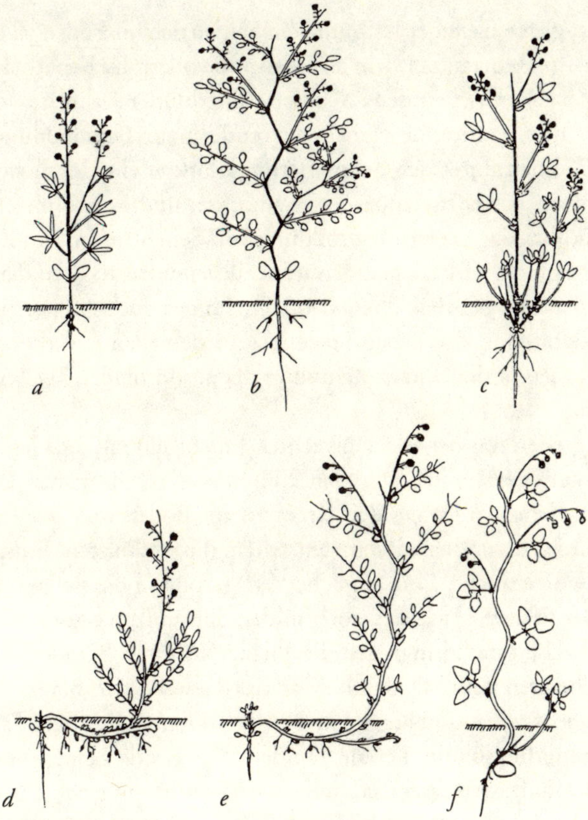


*Der Sproßaufbau der krautigen Schmetterlingsblütler (die Achsen erster und dritter Ordnung sind schwarz wiedergegeben). a. zweiachsige Pflanze der Lupine (Lupinus); der Charakter der ganzen Pflanze ist bis in die Form der Blätter und des Blütenstandes stark zentriert; b. dreiachsiger Sproßaufbau mit Langsproß bei den Galegeen (Galega, Psoralea, Wistaria und andere); c. dreiachsige Pflanze mit Erdsproß bei den kleeartigen Schmetterlingsblütlern; d. vierachsige Pflanze mit Erdsproß z.B. beim Süßklee (Hedysarum); e. vierachsige Pflanze der Wicken (Vicia) und Platterbsen (Lathyrus) mit Bodenausläufern und Rankenblättern an den oberirdischen Trieben; f. vierachsige Pflanze der Bohne (Phaseolus) mit windendem Sproß. (Nach Garms aus Hegi.)*

wächst gleich nach der Keimung ein Seitentrieb im Boden zu einem Wurzelstock heran, an dem sich dann die oberirdischen Triebe bilden. So haben viele unserer Schmetterlingsblütler verholzte Wurzelstöcke und damit eine verhaltene Tendenz zur Baumbildung. Bei den Bäumen unter den Schmetterlingsblütlern entwickelt sich der Stamm in der Fortsetzung der Keimachse, und es kommt erst im Raum über der Erde zur Ausbildung von Seitentrieben. Im Entstehen von Holz wirkt neben den mineralisierenden Kräften der Erde (Gravitation) bei den Dikotyledonen immer auch Jupiter: in der Verlangsamung der Lebensprozesse und dem damit verbundenen Übergehen in die Erstarrung und in der ausdörrenden Tendenz der Wärme.

So greifen mit der abgeschwächten Fruchtbildung die Gesetzmäßigkeiten des Jupiter von den Blüten aus in die ganze Pflanze hinein. Und wo sie bei den Kräutern im Boden mit den Kräften der Erde zusammenwirken, entstehen die verholzten Erdsprosse und Wurzelstöcke. Eine ähnliche Verlagerung in die tieferen Bereiche der Pflanze spielt sich auch in den Substanzprozessen ab. Normalerweise durchdringt sich die Pflanze in ihren Blättern mit der umgebenden Luft. Dadurch wird das Gewebe der Blätter locker und wie die Atmosphäre gegenüber dem Licht ganz offen. Fast alle Schmetterlingsblütler nehmen an den Wurzeln den Hauptbestandteil der Luft, den Stickstoff, auf. Die Vermittlung geschieht durch Bakterien der Gattung Rhizobium, die aus dem Boden über Wurzelhaare in die Wurzelrinde gelangen. Hier entstehen dann durch Gewebewucherung die sogenannten Wurzelknöllchen mit einem lockeren, von Luft durchsetzten Gewebe. Dabei verändern sich die Bakterien. Sie werden «gleichsam zu einer Organelle der Wirtszelle» (Mengel 1979, S. 304) und nehmen das Stickstoffgas auf, mit dem dann Aminosäuren synthetisiert werden. Im Laufe eines Jahres kann ein Hektar eines Klee- oder Luzernefeldes mehrere hundert Kilogramm Stickstoff binden. So fließt auf dem Wege über die Wurzeln der Schmetterlingsblütler «ein beachtlicher Strom an anorganischem Stickstoff in die belebte Welt» (Mengel 1979, S. 306). Ein Teil der Aminosäuren gelangt in die Früchte und wird in den Samenkörnern zu Eiweiß aufgebaut. So kommt es zu dem hohen Eiweißgehalt in den reifen Samenkörnern der Bohnen (21,3 %), Erbsen (22,9 %), Linsen (25,1 %) und Sojabohnen (40,0 %). Aber auch in den Blättern der Futterpflanzen wie der Luzerne, dem Rot- und Weißklee, der Esparsette und der vor allem in Südeuropa angebauten Seradellen wird aus den Aminosäuren ein weit über dem Durchschnitt liegender Gehalt an Eiweiß gebildet. Diese Anreicherung von nahrhaften Inhaltsstoffen in den Blättern ist ein Vorgang, der der Fruchtbildung entspricht (siehe Steiner 1963, S. 81).

Bei der Pflanze gehen die entstandenen Formen immer in die Erstarrung über; sie gerinnen vor allem in der Zellulose. Nun ist der Stickstoff unter den Elementen dasjenige, das durch seine tiefe Beziehung zum gasförmigen Zustand überall dem Erstarren am intensivsten entgegenwirkt.

Durch den Stickstoffgehalt ist das Eiweiß jene Substanz, die durch und durch dynamisch und bildsam bleibt. So gibt es bei den Schmetterlingsblütlern eine Reihe von Phänomenen, die darauf hinweisen, daß das Übergehen in die Erstarrung abgeschwächt ist. Vielfach sind die Blätter weich. Beim Klee, bei den Bohnen, der Robinie und anderen Schmetterlingsblütlern bewegen sich die Fiederblättchen: Am Tage vereinigen sie sich mit dem Licht, indem sie sich ausbreiten; in der Nacht ordnen sie sich in die Richtung der Gravitation ein. Sie leben den Rhythmus im Wirken der Naturkräfte mit. Bei den Wicken, Platterbsen und Bohnen ist die verdichtende Wirkung der Gravitation so stark paralysiert, daß sich der Stengel nicht selbst halten kann. Bei den Bohnen folgt er mit kreisenden Bewegungen wie bei den Winden der Spiraltendenz der Blätter. An den Blättern der Wicken und Platterbsen sind die peripheren Teile als Ranken beweglich. Diese erstarren dann an den Stellen, wo sie einen festen Gegenstand wie den Stengel einer anderen Pflanze oder einen Draht berühren. An den andern wachsen sie aber weiter und umwickeln auf diese Weise den Stengel. So winden und ranken sich diese Schmetterlingsblütler an Stützen empor.

Andere Schmetterlingsblütler wie Ginster und Hauhechel unterliegen stark dem Einfluß verdichtender Kräfte. An den langen dünnen Zweigen des Besenginsters entstehen nur kleine Blätter, die bald abfallen. Beim Stechginster und der Hauhechel ist das Wachstum zum Teil so stark gestaut, daß aus Trieben harte Dornen entstehen. Insgesamt haben die Schmetterlingsblütler eine starke Affinität zum Kalzium, das überall dort wirkt, wo das Leben in Verdichtung und Erstarrung übergeht.

Wie kommt es zu diesen so gegensätzlichen Formen? Die zur Frucht führenden Kräfte des Jupiter wirken unterschiedlich. Wenn sie nur schwach in die Pflanzenbildung hineindringen, lösen sie das Leben aus seiner Verflechtung mit den äußeren Kräften der Natur, vor allem aus dem Zusammenhang der irdischen Einflüsse. Das geschieht in den oberirdischen Trieben vieler Schmetterlingsblütler wie bei den Wicken, Platterbsen und Bohnen. Hier gewinnt der Stickstoff starken Einfluß auf die Pflanze.[28] Wenn die gleichen Kräfte mit ihrer inneren Wärme an trockenen Standorten tief bis in das Gebiet der Gravitationswirkungen eingreifen, dann kommt es, wie wir das im Kapitel über die Laubbäume geschildert haben, zur Verholzung, die durch das Kalzium besonders stark in die Verhärtung führt.

## *Die Lippenblütler*

Man kann in der vielfältigsten Weise beobachten, wie die Pflanzen mit ihrer Umgebung verbunden sind – mit dem Boden und dessen Gehalt an Feuchtigkeit, mit den Licht- und Schattenverhältnissen, mit der Wärme, den unterschiedlichen Lebensbedingungen in der

Ebene und den Bergen usw. Die Pflanzen grenzen sich nicht wie die Tiere als eigener Organismus ab. Sie sind in einem viel höheren Grade Teil der Natur. Deshalb lernt man immer Wesentliches über die Pflanzen kennen, wenn man ihren Zusammenhang mit den Standorten und den Landschaftsformen betrachtet. Das gilt vor allem auch für jene Pflanzengruppen, die wie die Lippenblütler in einem bestimmten klimatischen Gebiet ihr Verbreitungszentrum haben. In unserer mitteleuropäischen Vegetation kennen wir von den Lippenblütlern z.B. die verschiedenen Arten der Taubnessel, des Hohlzahns, des Ziest und der Minze, den Wiesensalbei, die Brunelle, den Thymian und als frühe Formen den Gundermann und den Kriechenden Günsel. Im Mittelmeerraum, wo der Winter weniger kalt und regenreich ist, im Sommer aber die Natur unter der glühenden Hitze der Sonne ausdörrt, haben die Lippenblütler einen weit größeren Anteil an der Pflanzenwelt. Das feuchte, milde Klima des Frühlings fördert zunächst die sprießende Entfaltung der Pflanzen. Dann werden die Lebensprozesse zunehmend von dem immer intensiveren Licht, vor allem aber von trockener Hitze durchglüht. Würden die Nächte und die von den nahen Küsten zuströmende Feuchtigkeit nicht immer wieder die sommerliche Glut für einige Stunden abdämpfen, wäre das Leben der Macht dieser kosmischen Wirkungen kaum gewachsen. Unter dem mächtigen Einfluß der sommerlichen Glut erlischt das Wachstum. Die Lebensprozesse werden gestaut; es kommt zu einer charakteristischen Konzentration, in der die das Sprießen impulsierende Feuchtigkeit durch die trockene Wärme ganz zurückgedrängt wird. Hier in der sommerlich heißen und trockenen Landschaftsform der Garigue mit ihren niederen Sträuchern ist die Heimat vieler Lippenblütler wie die des Rosmarins, des Lavendels, des Thymians, des Salbei und des Bohnenkrautes.

Wenn man nun die verschiedenen Formen der Lippenblütler überblickt – die zahlreichen Gattungen der Kräuter, die Halbsträucher und Sträucher –, dann bemerkt man, daß ihre Gestalt immer einen strengen Charakter hat. Sie enthält nichts von der offenen Weite der Doldengewächse oder der Beweglichkeit der Schmetterlingsblütler. Nur ein Teil der Kräuter wie zum Beispiel der Dost, die Minze, die Bergminze, die Melisse und der Majoran verzweigt sich. Nicht wenige sind ganz zur durchgehenden Achse des Stengels zentriert. Der Stengel selbst ist durch Leisten aus verdichtetem (Kollenchym-) Gewebe vierkantig. Immer zwei Blätter stehen einander gegenüber, in der folgenden Etage jeweils um 90° gedreht. Der klar überschaubaren Anordnung entspricht auch die Form der Blätter. Die Blattfläche ist fast ausnahmslos einfach; nur beim Herzgespann, Wolfstrapp und Gelben Günsel gliedert sie sich auf. Bei der meist einfachen Form der Blätter gibt es kaum eine Metamorphose. So kommt zu der Zentrierung eine gewisse Monotonie. Viele Lippenblütler bilden aber am Stengel und an den Blättern in kleinen Drüsen und Drüsenhaaren etherische Öle. Das Leben ist in den so verhaltenen Sprossen eben von starken Wärmeprozessen durchwirkt, durch die diese angenehm duftenden, leicht flüchtigen und brennbaren Substanzen entstehen. Besonders eindrucksvoll ist die Konzentration der Blüten in den Blattachseln. Meistens sind es mehrere Blüten, manchmal wie beim Dost, beim Wirbeldost und besonders bei der Minze eine größere Anzahl. Die Seitentriebe des Blütenstandes sind ganz zurückgehalten. Und den Blüten fehlt die für sie sonst so charakteristische Gebärde der Hingabe. Sie orientieren sich auch nicht nach oben zur Sonne, sondern zur Seite. Ihr Kelch ist verwachsen. Die Blütenkrone hat die Form einer Röhre, die sich dann mit einer Ober- und Unterlippe, seltener nur mit einer Unterlippe zur Umgebung wendet. Auch die Organe im Innern weichen von denen in der typischen Blüte ab. So entspringen die Staubgefäße nicht am Grunde der Blüte, sondern an der Innenwand der Röhre.

Wodurch gestaltet sich die Urpflanze in dieser so besonderen Form aus? Welche Kräfte geben den Lippenblütlern ihr so stark zentriertes Gepräge? Der zentrale Sproß mündet nicht in die Bildung einer Endblüte ein. Der Blütenstand ist offen, aber ganz anders

*a. Echter Salbei (Salvia officinalis). Er ist eine Pflanze heißer und trockener Standorte und wird besonders im Mittelmeergebiet angebaut. Seine Heimat sind die dürren Kalkhänge Dalmatiens; b. Lavendel (Lavandula officinalis). Er wächst in der sommerlich trocken-heißen Landschaftsform der Garigue. (a aus Frohne/Jensen, b aus Schaette.)*

gebildet als bei den Kreuzblütlern. Denn die Blüten entstehen nur an den Seitentrieben des Blütenstandes. An ihnen herrscht eine Verzweigung, die die gegenständige Struktur des Hauptsprosses in modifizierter Form fortsetzt (siehe Abbildung). Bei den meisten Lippenblütlern sind die Seitentriebe aber bis auf ganz kurze Internodien unterdrückt. Durch diese Hemmung kann es wie beim Salbei und bei der Taubnessel sogar zu einer Vereinfachung der

Verzweigung und einer Verringerung der Blüten kommen (vgl. Abbildung S. 277).

Was die Lippenblütler besonders kennzeichnet, sind diese stark gehemmten blühenden Seitentriebe. Nun haben wir in den vorangehenden Kapiteln verschiedentlich gesehen, daß das Entstehen von Seitentrieben auf den Einfluß von Jupiter und von Saturn zurückzuführen ist. Durch Jupiter werden die Kräfte von Sonne, Erde und Merkur, die im Zentralsproß wirken, in den Umkreis eingegliedert. Das geschieht, wenn sich die Knospen in den Achseln der Blätter zu den Seitentrieben des Blütenstandes entwickeln. Wirkt aber Saturn mit seinem viel langsameren Rhythmus und seiner Tendenz zum Absondern gegenüber dem Kosmos in der Bildung der Seitentriebe, dann wird der Entfaltungsprozeß abgelähmt. Die Internodien bleiben kurz; die Blüten dringen nicht wie sonst in den Umkreis der sommerlichen Atmosphäre, sondern werden am Sproß zurückgehalten. Diese Hemmung wirkt nicht nur in der Blütenregion, sondern auch im übrigen Sproßsystem der Lippenblütler. Sonst sind in der Entfaltung der Sprosse meistens nur die Keimblätter gegenständig. Diese Konzentration löst sich auf, indem sich die folgenden Blätter in Spiralen an den Stengel angliedern. Bei den Lippenblütlern kommt es durch die Hemmung aber nicht zu dieser Auflockerung und der mit ihr verbundenen stärkeren Hingabe an die Umgebung. So setzt sich die Konzentration der gegenständigen Blattstellung durch die ganze Pflanzenbildung fort.

Der strenge und stark zentrierte Charakter der Lippenblütler entsteht also dadurch, daß die ganze Sproßentwicklung vom Saturn durchwirkt wird und damit auch von dessen inneren Wärmekräften. Durch diese kommt es an den Stengeln und Blättern zu der Bildung der etherischen Öle, vor allem bei jenen Arten, die wie Thymian, Lavendel, Salbei, Bohnenkraut und Rosmarin in der von der Wärme durchglühten Natur des Mittelmeergebietes leben. Hier herrscht eine vollkommene Harmonie zwischen den inneren Lebensprozessen der Lippenblütler und den elementarischen Kräften der Natur.

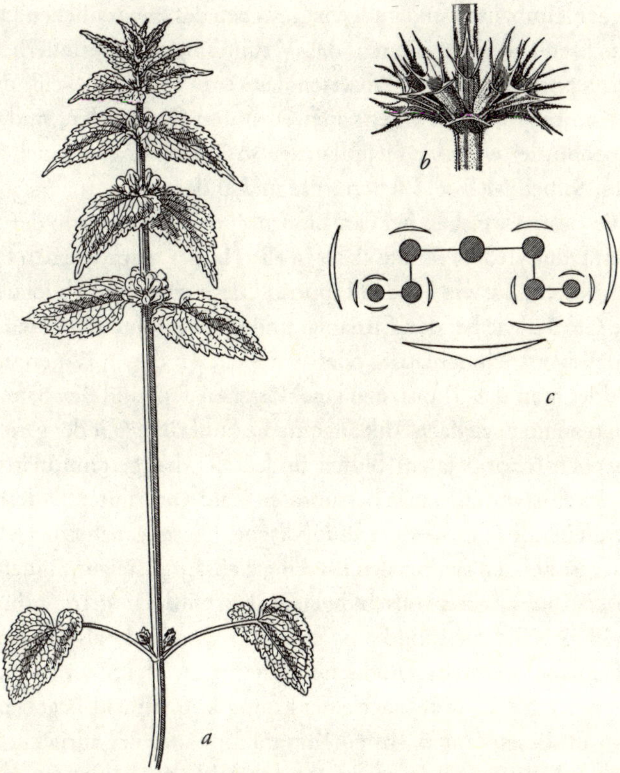


*Weiße Taubnessel (Lamium album). a. Der Blütenstand wird durch ein besonders langes Internodium über den grünen Sproß emporgehoben. Die Blütenknospen sind ganz am Stengel in den Achseln der oberen Blätter konzentriert; b. Die Kelche des unentfalteten Blütentriebs nach der Blüte; c. Diagramm dieses Blütentriebes. (Aus Troll.)*

In vielen Lippenblütlern entstehen durch die stark hemmenden Kräfte auch Gerbstoffe, die mit ihrer adstringierenden Eigenschaft Entzündungsprozesse abdämpfen und ganz allgemein in der Haut, den Schleimhäuten und anderen Geweben des menschlichen Leibes verdichtend wirken. Durch die Verbindung der verinnerlichten Wärmeprozesse mit den Prozessen des Verdichtens, das heißt durch die Kombination von etherischen Ölen und Gerbstoffen, sind viele Lippenblütler wichtige Heilpflanzen, so Rosmarin, Lavendel, Thymian, Salbei, Melisse, Pfefferminze und andere mehr.

Die Blüten weichen bei den Lippenblütlern stärker von der typischen Dikotyledonenblüte ab als in allen bisher besprochenen Familien. Blüten, die wie bei den Lippenblütlern eine Röhre bilden oder eine Glocke wie bei den Enzianen und Glockenblumen, bezeichnet man als verwachsenblättrig oder sympetal. An diesen Blüten unterscheidet man den Tubus, den geschlossenen Teil, und den Saum, an dem man noch vielfach Anklänge an die Fünfzähligkeit der getrenntblättrigen (choripetalen) Blüten findet. Bei den getrenntblättrigen Blüten entsteht aus einer bestimmten Zahl von Blütenblättern die übergreifende Ganzheit der Blütenkrone. Dieser ganzheitliche Charakter ist bei den sympetalen Blüten gleichsam gesteigert, indem die Blütenkrone zu einer vollständigen Einheit wird. Die getrenntblättrigen Blüten sind ein Abbild von Venus und Merkur, die als untersonnige Planeten bei ihrem synodischen Rhythmus sich immer wieder aus dem Bereich der Sonne (nach einer Konjunktion) hinausbegeben und dann in diesen (zur nächsten Konjunktion) wieder zurückkehren. Sympetale Blüten findet man fast nur bei dikotylen Pflanzen, für die die vollkommene fünfzählige Blütenform, die Manifestation der Venus, charakteristisch ist. Diese Fünfzahl ist bei den Lippenblütlern stark abgewandelt. Die Unterlippe ist aus drei, die Oberlippe aus zwei Blütenblättern hervorgegangen. In der Blütenröhre tritt nun ein anderes Bildungsprinzip zu dem der Venus hinzu. Es gehört nicht dem untersonnigen Bereich an; es umgreift die Venus und schließt dadurch die entstehende Blütenkrone zu einer Röhre zusammen. So kann man erfassen, daß der den untersonnigen umschließende obersonnige Weltbereich mit Jupiter und Saturn sich in der Blütenbildung offenbart. Das Sich-Hinwenden zum Weltumkreis des Jupiter manifestiert sich in jenen sympetalen Blüten, die sich weit zur Umgebung öffnen wie bei der Königskerze, dem Gelben Enzian und den Labkrautgewächsen. Wo sich die Blüten in engen Röhren von der Umgebung absondern wie bei den Lippenblütlern, offenbart sich Saturn.

Vergleicht man nun eine getrenntblättrige Blüte mit der eines Lippenblütlers, dann kann das, was wir eben beschrieben haben, ganz anschaulich werden. Bei der getrenntblättrigen Blüte entspringen die Blütenblätter aus der Blütenachse, dem Abbild der Sonne, und weiten sich in deren Umkreis, wie sich die Venus in den der Sonne hinausbegibt. Bei der Lippenblüte wächst die Blütenröhre aber über die Blütenachse hinaus, d. h. in den Raum über dem Abbild der Sonne. So ist die Blütenröhre wie ein kleines Abbild des obersonnigen Saturn. Auch die Staubgefäße, die als Gebilde des Mars schon dem obersonnigen Bereich angehören, entspringen nicht am Grunde der Blüte, sondern oberhalb an der Innenwand der Röhre. Sie befinden sich hier gleichsam innerhalb der Saturnsphäre.

Nach allem, was wir bisher von den Lippenblütlern kennengelernt haben, ist es einleuchtend, daß auch Stempel und Frucht spezifisch gebildet sind. Nachdem, was in dem Kapitel «Frucht und Same» dargestellt wurde, manifestiert sich im Fruchtknoten die Gesetzmäßigkeit des Mondes; in dem senkrecht über den Fruchtknoten aufsteigende Griffel kann man wie in der zarten Anlage des Stengels eine Manifestation der Sonne sehen. Bei den Lippenblütlern entsteht der Griffel aber nicht über dem Fruchtknoten, sondern in dessen Zentrum. So weicht auch der Fruchtknoten von der normalen Form ab. Bei seiner Entwicklung entsteht zunächst eine einheitliche Höhlung. Sie wird dann von oben durch ein sogenanntes Apikalseptum in zwei Hälften geteilt, von denen jede zwei Samenanlagen enthält. Es folgt noch eine zweite Durchteilung. So entstehen um den Griffel im Zentrum vier sogenannte Klausen mit je einer Samenanlage. Diese

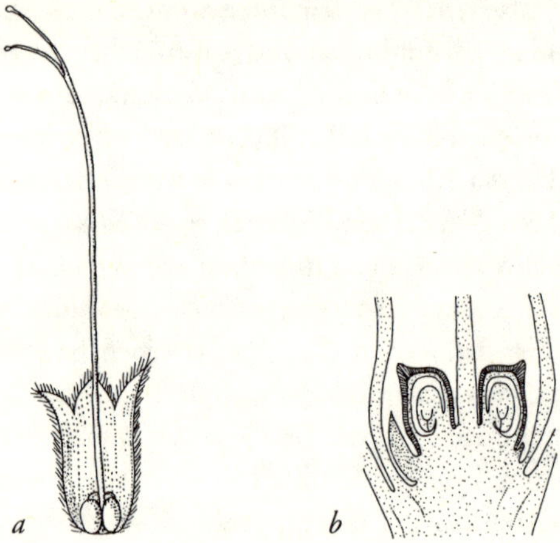


*a. Fruchtknoten mit den vier Klausen im Kelch eines Gelben Hohlzahns (Galeopsis segetum); b. Längsschnitt durch die Blüte der Gefleckten Taubnessel (Lamium maculatum). Die Klausen des Fruchtknotens umgeben den Griffel. (Aus Strasburger.)*

schwellen nach der Bestäubung nur wenig an. Im Reifen der kleinen trockenen Früchte wirkt also nicht die sphärisch ausweitende Gesetzmäßigkeit des Jupiter, sondern die individualisierende und abgrenzende des Saturn. Sie greift schon in die Bildung des Stempels ein. So entsteht jene Konfiguration, in der der Griffel von den vier Klausen umgeben wird wie im Kosmos die Sonne vom Saturn.

Man kann also bis in viele Einzelheiten verfolgen, wie sich die Urpflanze dadurch zum Lippenblütler gestaltet, daß ihre Entwicklung von der Gesetzmäßigkeit und den Kräften des Saturn durchwirkt wird. Es wird auch deutlich, von welchem Organ diese Spezialisierung ausgeht. Auf der letzten Stufe der Entwicklung entstehen Frucht und Same. Bei den Lippenblütlern fehlt hier die sphärisch ausweitende Wirksamkeit des Jupiter. Damit erhält aber Saturn – gemeinsam mit den zusammenziehenden Kräften der Samenbildung – ein Übergewicht. Und dieses bestimmt die gesamte Pflanzenbildung. Wir haben in einem früheren Kapitel die Nadelbäume als Saturnpflanzen kennengelernt. In den Lippenblütlern prägt sich Saturn nicht mit solcher Intensität aus wie in den Nadelhölzern. Viele entwickeln sich als Kräuter im Sonnenrhythmus des Jahres. Und so haben Sonne und Merkur in der Bildung der Sprosse und Venus in der der Blüten eine stärkere Wirksamkeit. Die Saturnwirkung führt im Extrem wie beim Lavendel und Thymian zur Form der Zwergsträucher (siehe Seite 154ff.).

Wir können nun in groben Zügen schildern, wie es bei den Lippenblütlern zu den verschiedenen Formen kommt. Diese bilden nach Grohmann eine Art Spektrum (Grohmann 1991, Bd. 2, S. 105). An dessen einem Ende stehen Rosmarin, Lavendel und Thymian, d.h. jene Formen, die als Strauch und Zwergsträucher in besonderer Weise zu der sonnendurchglühten Garigue gehören. Hier ist die Wirkung des Saturn unter den Lippenblütlern am stärksten. Unter seinem Einfluß werden die Lebensprozesse so stark gehemmt, daß der Stengel verholzt und die Blätter wie beim Thymian klein bleiben. Die sprießende Entfaltung kann so intensiv unterdrückt werden, daß an den Blättern keine Blattspreite entsteht wie bei den schmalen und nadelähnlichen Blättern des Lavendels und des Rosmarins. Die ganze Entwicklung ist von Wärme durchsetzt, welche die für das Sprießen erforderliche Feuchtigkeit zurückdrängt. So ist gerade bei diesen Lippenblütlern die Bildung von etherischen Ölen besonders intensiv.

Dem anderen Ende des Spektrums gehören Arten an, die auf feuchtem Grund und in einer schattenreichen Umgebung heranwachsen. Hier sind die Kräfte der sprießenden Entwicklung nur wenig abgedämpft. Bei den Taubnesseln, die man vor allem an Hekken, am Waldrand und an Mauern findet, werden die Blätter recht groß. Und ähnlich wie bei der Brennessel dringen sie fast unverändert bis in den Blütenstand hinauf. Der Wolfstrapp, der vor allem an sumpfigen Stellen vorkommt, wird bis zu einem Meter hoch. Seine

Blätter gliedern sich im unteren Bereich des Sprosses auf und sind oben noch so groß, daß die weißen Blüten im Grün dieses mächtigen Sprießens fast untergehen. Noch stärker sinken die Blüten beim Gundermann und beim Kriechenden Günsel im Bereich der unverwandelten Blätter unter.

An diesen Extremen wird deutlich, wie in den Lippenblütlern zwei entgegengesetzte Prozesse ineinandergreifen: die von innerer Wärme durchsetzte hemmende und zentrierende Wirkung des Saturn, die von oben ausgeht, und von unten im Medium des Feuchten das zur Entfaltung drängende Sprießen.

Zwischen den beiden Enden des Spektrums findet man eine Anzahl verschiedener Formen. Wir wollen nur einige erwähnen. Ziest und Hohlzahn stehen der Taubnessel nahe. Auch sie wachsen auf feuchtem Boden, wo sie nicht der vollen Sonne ausgesetzt sind. Durch den Blütenimpuls werden die Blätter aber im Blütenstand kleiner. Und so erhebt sich dieser mehr oder weniger deutlich über die Region des grünen Sprosses. Bei all diesen Kräutern, dem Wolfstrapp, der Taubnessel, dem Hohlzahn und dem Ziest, ist unter dem stärkeren Einfluß der Feuchtigkeit die innere Wärme und damit auch die Bildung etherischer Öle stark abgedämpft.

Ganz anders ist der Charakter des Dosts, den man an hellen und trockenen Standorten antrifft, z. B. auf Trockenrasen und am sonnigen Waldrand. Der Stengel ist ziemlich fest, die Blätter sind klein und aromatisch. Und der Blütenstand entfaltet sich reich in die Umgebung hinein. Hier durchdringt der Saturn mit seiner Wärme die Pflanze ziemlich intensiv, wenn auch nicht so stark wie bei Lavendel und Thymian.

Als Mitte in diesem Spektrum der Lippenblütler wurde verschiedentlich, wie wir meinen mit Recht, der Salbei angesehen. Die meisten seiner Arten, auch der Echte Salbei, gehören zur Mittelmeerflora. Fast alle wachsen an trockenen, offenen Stellen. Die Blätter werden größer als beim Dost. Der Blütenstand ist nicht gedrungen wie bei Thymian und Lavendel. Er erhebt sich noch stärker über die

Region des Sprosses als bei Hohlzahn und Ziest. Die in der sprießenden Entfaltung wirkenden Kräfte von Sonne und Merkur und die zentrierenden, hemmenden des Saturn mit ihrer Wärme kommen hier zu einem Gleichgewicht wie bei keinem anderen Lippenblütler.

## *Die Korbblütler*

Überblickt man das weite Reich der Blütenpflanzen, dann bemerkt man, daß aus der Vielzahl der Formen einige hervortreten, die wie Höhepunkte der Pflanzenbildung erscheinen. Am mächtigsten ist die Entfaltung im Raum bei den Laubbäumen. In der Vollkommenheit und Harmonie der einzelnen Organe stehen die Rosengewächse am höchsten. In der Intensität des Blühens übertreffen aber die Korbblütler alle anderen Familien. Auf den Wiesen des Frühsommers blüht der Löwenzahn mit seinem lichten Gelb strahlend wie kleine Sonnen. Im Sommer erlebt man das Gleiche nur in einem entfalteteren Zustand an den verschiedenen Arten des Pippau und der Habichtskräuter. Etwas konzentrierter und doch auch nach allen Richtungen ausstrahlend blühen Kamille, Ringelblume und Margerite im Hochsommer. Und zum Herbst gewinnt das Blühen bei den Astern, dem Sonnenhut und den Dahlien in den Farben eine Vertiefung, wie man sie sonst nur selten findet. Das Blühen kann in der stärksten Weise geballt sein wie bei den Disteln und Dimensionen erreichen wie bei der Sonnenblume. Durch die Vielfalt des Blühens sind die Korbblütler die gattungs- und artenreichste aller Familien.

Bei genauerem Betrachten entdeckt man, daß die Blüte der Korbblütler aus einer Vielzahl von Blüten besteht. Im gelben Zentrum einer Margerite sind zahlreiche kleine Blüten dicht nebeneinander in schönen Spiralen angeordnet. Die Blütenkrone dieser sogenannten Röhren- oder Scheibenblüten hat die Form einer kleinen Glockenblume. Der unterständige Fruchtknoten sitzt auf dem breiten Blütenboden. Im Innern der Blütenröhre haben sich die Staubbeutel der fünf Staubgefäße wie zu einem Ring um den Griffel zusammengelagert. Die konzentrierte Versammlung dieser Röhrenblüten ist von einer größeren Anzahl weißer «Blütenblätter» umgeben. Sie sind aber auch Blüten, die Zungen- oder Strahlblüten, deren sympetale Blütenkrone sich geöffnet und zum Umkreis ausgedehnt hat. Und unter dieser ganzen «Blüte» bildet eine größere Anzahl kleiner Blättchen eine Art Kelch, den der Botaniker als Involukrum bezeichnet. Die Blüte einer Margerite besteht also aus vielen Blüten, die wie in einem Körbchen zusammengefaßt sind. So ist es bei allen Korbblütlern.

An einem gut ausgebildeten Margeritenkörbchen kann man zum Beispiel 425 Röhrenblüten, 33 Zungenblüten, also 458 Blüten, und 48 Involukralblättchen zählen. An einer üppigen Löwenzahnpflanze enthielt ein Blütenkörbchen im Durchschnitt 230 Zungenblüten und 38 Involukralblättchen (17 im Außen-, 21 im Innen-«Kelch»); an der ganzen Pflanze waren aber 65 Blütenkörbchen – also insgesamt fast 15.000 Blüten. Man könnte leicht durch weitere Zahlen die Intensität des Blühens bei den Korbblütlern belegen.

Die Korbblüte einer Margerite, einer Ringelblume oder eines Löwenzahns ist der Anlage nach also ein mächtiger Sproß mit mehr als 40 bzw. 30 Blättern und ein noch viel mächtigerer Blütenstand. Diese über das Maß der normalen Kräuter weit hinausgehende Bildung ist in ihrer Entfaltung unterdrückt und zur Korbblüte geworden.

Solche Gebilde, in denen aus Blüten eine blütenartige Gestalt höherer Ordnung entsteht, bezeichnet man als Pseudanthien. Die Tendenz zu einer solchen übergreifenden Gestaltung haben wir bei den Doldengewächsen kennengelernt. Bei den Kugelblumengewächsen und unter den Kardengewächsen besonders bei den Skabiosen und Witwenblumen wird auch die Entfaltung des Blütenstandes gestaut. Es entstehen Blütenköpfchen aus vielen Einzelblüten, die zum Teil weit über die Region der Laubblätter emporgetra-

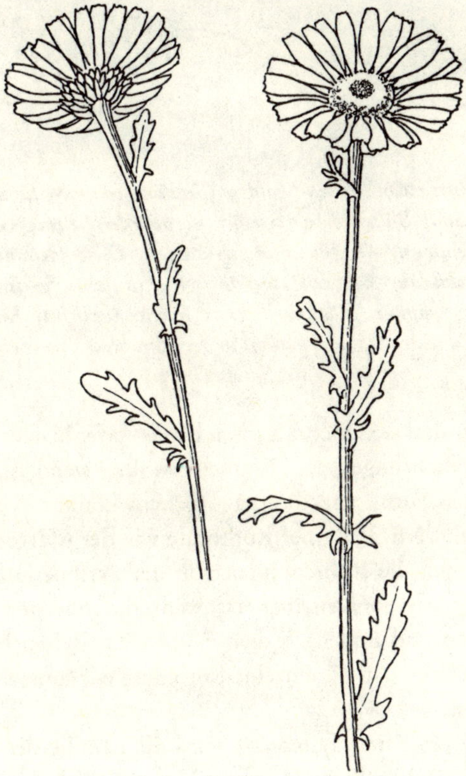

*Margerite (Chrysanthemum leucanthemum). In dieser schönen Pflanze der sommerlichen Wiesen und Bergwiesen erscheint der Typus der Korbblütler in einer besonders vollkommenen Form. Die vielen Blättchen, die das Involukrum bilden (links), veranschaulichen, daß der Korbblüte ein unentfalteter, eng zusammengezogener Sproß zugrunde liegt. Die Sproßblätter gehen über verschiedene Zwischenstufen der Zusammenziehung in diese Blättchen über. Wie in einer Blüte umgeben die leuchtend weißen Zungenblüten das gelbe Körbchen mit seinen zahlreichen Röhrenblüten. Diese blühen im Laufe mehrerer Tage von der Peripherie zum Zentrum hin auf. Die Margeriten blühen vom Mai bis in den Oktober. (U. W.)*

 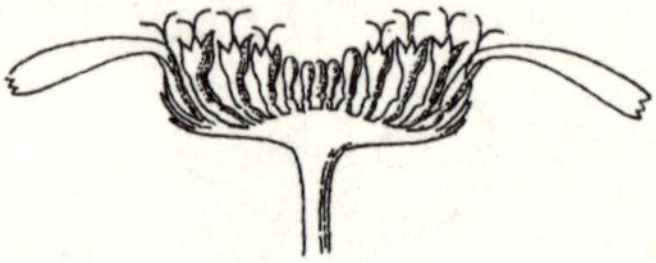

*Blütenköpfchen einer Tauben-Skabiose (Scabiosa columbaria; aus Weberling-Schwantes) und Blütenkörbchen eines Korbblütlers. Beide Gestalten gehen auf eine Hemmung des Blütensprosses zurück. Diese Hemmung entspricht der Rosettenbildung bei den zweijährigen Kräutern. So findet man am Grunde des Skabiosen-Köpfchens einen rosettenähnlichen Kranz einfacher Blättchen. Zu dieser Stauung kommt in den Korbblüten noch eine Ausweitung des Sprosses hinzu.*

gen werden und sich hier mit ihren blauen oder lilafarbenen Blüten nach allen Richtungen des Himmelsgewölbes wenden. Zu der umschließenden Form eines Blütenkörbchens kommt es aber erst bei den Korbblütlern. Bei einer Korbblüte wie der Margerite oder der Arnika blühen die Röhrenblüten von der Peripherie her auf. Die Zungenblüten verwelken aber erst, wenn die innersten Röhrenblüten bestäubt sind und nach dem Blühen das Reifen beginnt. Das weist darauf hin, daß die einzelne Korbblüte wie sonst die Blüte eine Ganzheit ist.

In der botanischen Systematik wird die Familie der Korbblütler mit ihren etwa 20.000 Arten in zwei Unterfamilien gegliedert: in die Cichorioideen, bei denen die Blütenkörbchen nur aus Zungenblüten bestehen, und die viel größere Gruppe der Asteroideen. Hier enthalten die Blütenkörbchen immer Röhrenblüten. Geht man von der Erscheinung aus, dann wird man die Asteroideen noch einmal aufteilen in diejenigen, die in ihren Blütenkörbchen nur Röhrenblüten haben, und jene, bei denen ein Kranz von Zungenblüten die Röhrenblüten umgibt.

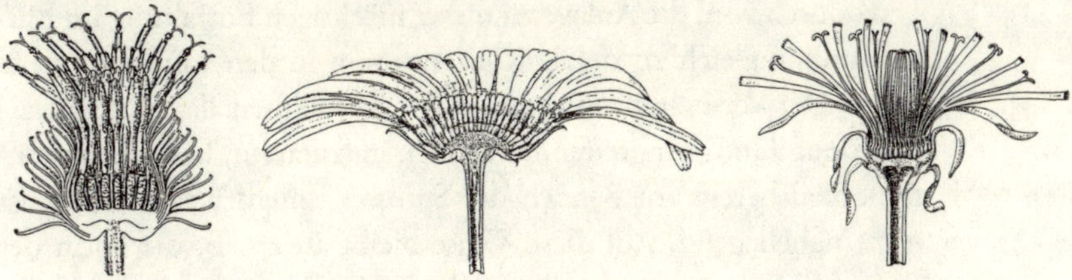

*a* *b* *c*

*Die drei Formen der Blütenkörbchen. a. Der Längsschnitt durch das Blütenkörbchen einer Großen Klette (Arctium lappa) zeigt, wie die Röhrenblüten bei der einen Gruppe der Asteroideen von einem Krug aus Hüllblättern umschlossen sind; b. Längsschnitt durch das Blütenkörbchen einer Wiesen-Margerite (Chrysanthemum leucanthemum) als Beispiel für die Asteroideen mit einem blütenartigen Kranz von Zungenblüten; c. Längsschnitt durch das Blütenkörbchen einer Cichorioidee (Gemeiner Löwenzahn, Taraxacum officinale) mit offenen und noch geschlossenen Blüten (a aus Strasburger, b und c aus Schad/Schweppenhäuser.)*

| | Korbblüten | |
|---|---|---|
| mit Zungenblüten | mit Röhrenblüten und einem Kranz von Zungenblüten | mit Röhrenblüten |
| z. B. Löwenzahn, Pippau, Habichtskraut, Bocksbart, Wegwarte, Mauerlattich, Hasenlattich | z. B. Gänseblümchen, Margerite, Kamille, Hundskamille, Goldrute, Schafgarbe, Gemswurz, Kreuzkraut, Aster, Sonnenhut, Sonnenblume | z. B. Wasserdost, Alpendost, Flockenblume, Klette, Distel, Kratzdistel, Silberdistel, Artischocke |

Wodurch wird die Anlage zu dieser mächtigen Entfaltung im Blühen und zugleich zu deren Konzentration in den Korbblüten bewirkt? Der Versuch, das Entstehen der Korbblüten als ein tief in die Pflanzenbildung eingreifendes Blühen aufzufassen, bei dem die Internodien bereits im Bereich des Sprosses unterdrückt werden, ist recht naheliegend. Auf diese Weise bleibt aber z. B. die Form der Röhrenblüten unverstanden, auch die Differenzierung der Korbblütler in die zwei bzw. drei Hauptformen. Um die Prinzipien, durch die die Pflanze zum Korbblütler wird, zu erfassen, muß man von jener Form ausgehen, bei der die Verhältnisse am überschaubarsten sind. Das sind die Korbblüten, die nur Röhrenblüten enthalten. Denn die Zungenblüten sind eine abgeleitete Form, bei der sich der Blütenkelch der Röhrenblüte geöffnet und gestreckt hat.

In den Röhrenblüten ist die normale Blüte der Dikotyledonen in charakteristischer Weise verändert. Die Blütenblätter sind – wir haben das schon erwähnt – zu einer engen Röhre verwachsen. Die Gebärde des Sich-Absonderns ergreift auch die Staubgefäße und läßt die Staubbeutel ganz im Gegensatz zu ihrer zentrifugalen Tendenz sich zu dem Ring zusammenlagern. Die Zusammenziehung äußert sich vor allem in der Kleinheit der Blüten. Besonders deutlich manifestiert sie sich auch im unterständigen Fruchtknoten. Hier verwächst nämlich die Samenschale mit der Fruchtknotenwand. Auf diese Weise unterdrücken die Kräfte der Samenbildung die selbständige Entwicklung einer Frucht. Diese Kräfte bestimmen mit ihrer Tendenz des Zusammenziehens und des Sich-Absonderns aber auch die übrige Blütenbildung. So erhalten die Röhrenblüten ihr Gepräge dadurch, daß die im Samen wirkende Gesetzmäßigkeit des Mondes die Form der ganzen Blüte beeinflußt.

Bei den Flockenblumen, den Disteln und Kletten entwickeln sich die Röhrenblüten im Inneren des kleinen Kruges, in dem sich eine ganze Anzahl einfacher Blätter zusammengeschlossen hat. Indem diese Blätter miteinander verwachsen, ist das krugförmige Involukrum der Bildung des Fruchtknotens ähnlich. Zunächst ist es ganz geschlos-

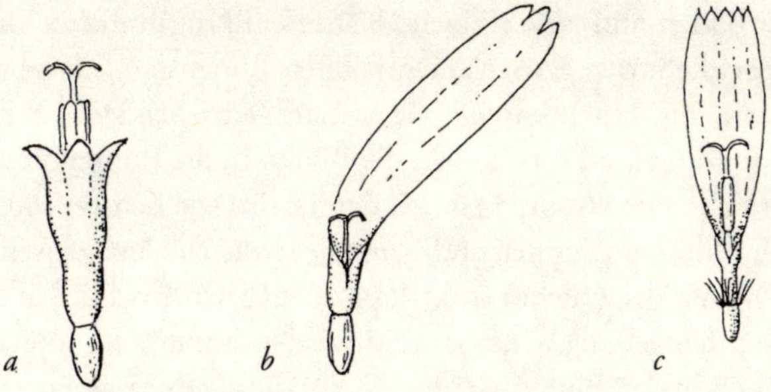


*Einzelblüten aus den Blütenkörbchen. A. Die Röhren-(Scheiben-)blüte ist die Grundform; B. Zungen-(Strahl-)blüte vom Rande eines Asteroideen-Blütenkörbchens; C . Zungenblüte aus einem Cichorioideen-Blütenkörbchen. Die Zungenblüten sehen in den Blütenkörbchen wie Blütenblätter aus.*

sen. Beim Aufblühen dringen die Röhrenblüten durch eine enge Öffnung nach außen. Und nach der Bestäubung reifen die samenartigen Früchte, die sogenannten Achänen, im Inneren. Bei der Reife öffnen sich die Gehäuse der Flockenblumen wie manche trockene Früchte.

Die «Blüten» dieser Korbblütler sind wie ein Analogon der Früchte. Sonst entstehen Früchte, indem sich in der Regel mehrere, manchmal sogar viele Fruchtblätter zum Fruchtknoten zusammenschließen, der dann nach der Bestäubung zur Frucht anschwillt. Meistens sind die reifen Früchte trockene Gehäuse, die die Samen umschließen und dann in verschiedener Weise freigeben. Frucht- und Samenbildung sind normalerweise die letzte Stufe der Entwicklung. Sie kann aber in den Bereich des Sprosses hinunterdringen. Auf diese Weise kommt es bei den Rosengewächsen zur Hagebutte und den Früchten der Kernobstgewächse. Die Blütenkörbchen der Flockenblumen, Disteln usw. entstehen dadurch, daß die Kräfte der Frucht- und Samenbildung noch viel tiefer in die Region des Sprießens hineinwirken. Dadurch werden ein Teil des Sprosses und der Blütenstand aufgestaut. Wie sonst erst im Fruchtknoten die Fruchtblätter bilden nun viele einfache Blätter ein krugähnliches Gebilde. Es umschließt den ganzen unentfalteten Blütenstand. Hier wirken aber wie im Fruchtknoten die zusammenziehenden Kräfte der Samenbildung und verwandeln die Blüten in die Röhrenblüten.

Wir haben im ersten Hauptteil dargestellt, wie sich Früchte unter dem Einfluß von Jupiter und Saturn entwickeln: Im schwellenden Sich-Weiten der Früchte wirkt Jupiter, im Sich-Abschließen gegenüber der Umgebung wirkt Saturn. Auf den Einfluß des Jupiter geht aber auch in den Blütenständen die Entfaltung der Seitentriebe und damit die Fülle des Blühens zurück (siehe Seite 252). Durch die Macht der obersonnigen Planeten entsteht bei den Korbblütlern die Tendenz zu einem reichen Blühen, zugleich aber auch das tiefe Eingreifen der Fruchtbildung in die Entwicklung der Pflanze. Jene Korbblütler, die nur Röhrenblüten bilden, haben relativ enge Blütenkörbchen, die sich stark absondern. Hier manifestiert sich besonders der Saturn. Bei den Korbblüten, die sich durch einen Kranz von Zungenblüten zur Umgebung hinwenden, weitet sich auch das Blütenkörbchen stärker. Hier äußert sich vor allem die Gesetzmäßigkeit des Jupiter mit ihrer tiefen Beziehung zum Weltumkreis.

In den Blütenkörbchen der Cichoriaceen fehlt der mondenhaft enge Charakter der Röhrenblüten. Er ist so weit überwunden, daß das Blühen zum Bilde eines vom Zentrum ausgehenden Erstrahlens wird. Was die mondhaften Gebilde der Röhrenblüten in die Form dieses lichten Ausstrahlens umwandelt, sind die Kräfte der Sonne. So weiten sich die Köpfchen auch nur wenig über den Umfang des Stengels aus. Die innere Beziehung zur Sonne äußert sich beim Löwenzahn, beim Pippau und Habichtskraut besonders eindrucksvoll in der sogenannten Photonastie. Am Morgen öffnen sich die Blütenkörbchen, am Abend schließen sie sich wieder, aber auch bei Regen, bis die Sonne die Atmosphäre wieder durchstrahlt. So spiegeln sich Sonnenaufgang und Sonnenuntergang hundert- und tausendfach auf den sommerlichen Wiesen. Beim Reifen wölbt sich dann der Boden des Blütenkörbchens auf. So gelangen die Achänen nach außen. Die Gebärde des

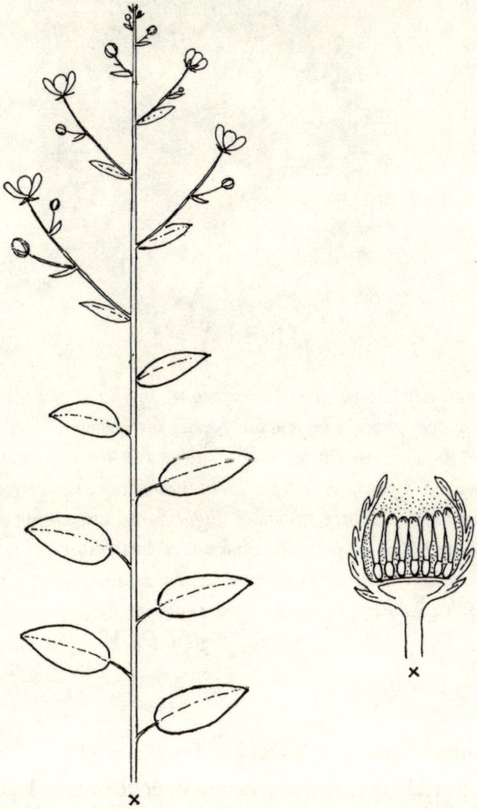

*Aus der typischen Bildung einer Pflanze mit Sproß und offenem rispenartigen Blütenstand (links) entsteht dadurch, daß der Frucht- und Samenbildungsprozeß tief bis in das Gebiet des Sprosses hinunterwirkt, eine krugförmige Korbblüte (rechts): Die Entfaltung wird direkt über dem Punkt x aufgestaut; der aufgestaute Stengel erweitert sich zum Boden des Blütenkörbchens; die Stengelblätter bilden die seitliche Umhüllung des Innenraumes, an dessen Grund die noch geschlossenen Röhrenblüten dicht gedrängt stehen. (Die Röhrenblüten sind im Vergleich mit den Blüten der Rispe zu groß dargestellt.)*

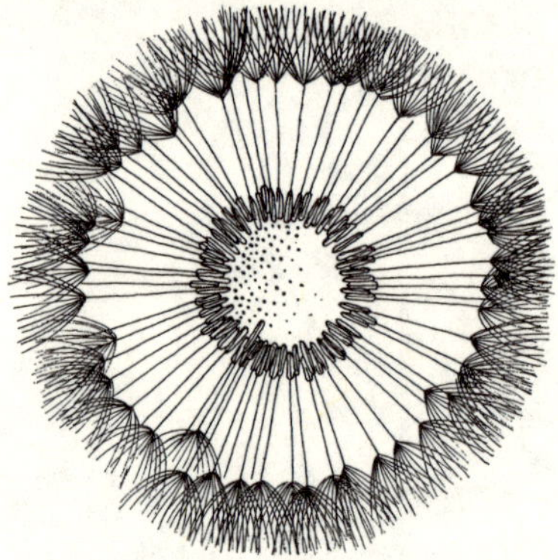

*Fruchtstand des Löwenzahns (Taraxacum officinale) von oben. Der Wind hat einen Teil der zarten Flugfrüchte bereits fortgetragen. Um den nach außen gewölbten Blütenboden bilden die Früchte mit ihren zarten Stielen und den Federkronen (Pappus) eine von Licht und Luft durchsetzte Sphäre. – Der Blütenboden weitet sich bei allen Liguliflorae nur wenig über den Stengel aus. Dann wölbt er sich als Boden des Fruchtstandes nach allen Seiten. Der Fruchtstand umgibt mit seiner zarten, strahligen Sphäre den oberen Teil des Stengels und den gewölbten Boden wie im Kosmos die Jupiter-Sphäre die Sonnen-Region. (U. W.)*

Ausstrahlens setzt sich bis in die Fruchtstände fort. Besonders vollkommen erscheint sie in den zarten kugelförmigen Fruchtständen des Gemeinen Löwenzahns und des Wiesen-Bocksbartes. Die vielen kleinen samenartigen Früchte bilden zusammen eine von der Luft durchdrungene und vom Licht durchglänzte Sphäre, ein wunderbares Abbild des gasförmigen Jupiter und seiner tiefen Beziehung zur Sonne. Wenn sich dann dieses Gebilde in die Atmosphäre auflöst, werden die trockenen samenartigen Früchte von den zarten Strahlen des sogenannten Pappus getragen und vom leisesten Windhauch bewegt.

Wir können uns nun wenigstens in groben Zügen einen Überblick über die Gestaltenfülle unserer einheimischen Korbblütler verschaf-

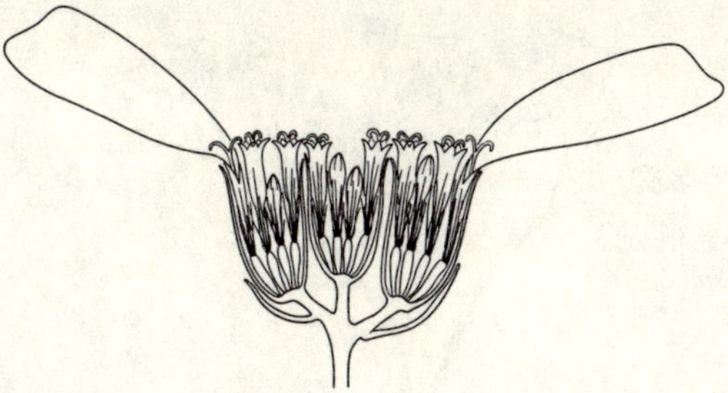

*Längsschnitt durch den aus Blütenkörbchen zusammengesetzten Blütenstand von Syncephalanthus decipiens aus Mittelamerika. Um das mittlere Körbchen ordnen sich fünf Körbchen im Kreis. Deren periphere Blüten sind Zungenblüten. So entsteht der Eindruck eines einheitlichen Blütenkörbchens. (Nach Troll aus Weberling.)*

fen. In jedem Korbblütler wirken immer zwei gegensätzliche Bildungstendenzen zusammen. Wie sonst bei den Blütenpflanzen entwickelt sich der Sproß mit Stengel und Blättern und geht dann zum Blühen über. Hier wirken vor allem Erde, Sonne und die untersonnigen Planeten. Von oben greifen aufstauend und umgestaltend die Kräfte der Frucht- und Samenbildung, d. h. die obersonnigen Planeten Jupiter und Saturn, aber auch der Mond ein. So ist eine Korbblüte immer das Resultat eines Ineinandergreifens der untersonnigen und obersonnigen Gestaltungsprinzipien, d. h. einer im Pflanzenreich einmaligen Synthese. Nun kann in diesem Zusammenwirken die normale aufsteigende Entwicklung das Übergewicht haben. Dann entwickelt sich das Sproßsystem recht intensiv; und es entstehen viele Korbblüten aus wenigen Einzelblüten wie beim Beifuß, der Goldrute oder der Schafgarbe. Je tiefer die obersonnigen Planeten die Pflanzenbildung durchdringen, desto stärker werden der Blütenstand und auch der Sproß aufgestaut. Es entstehen wenige große Korbblüten. Die mittelamerikanische Gattung *Syncephalanthus* zeigt ein Zwischenstadium beim Übergang mehrerer kleiner Blütenkörbchen zu

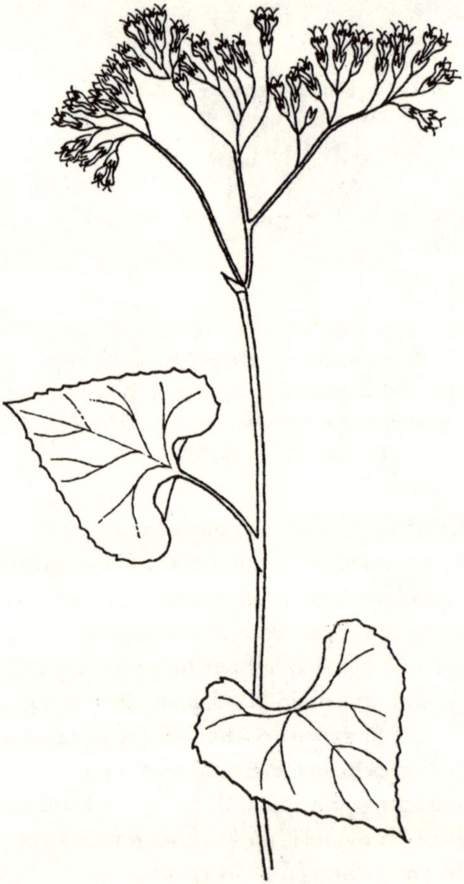

*Gemeiner Alpendost (Adenostyles glabra). Diese Pflanze wächst in den Wäldern der Alpen auf kalkhaltigem Untergrund. Die unteren Blätter sind großflächig. Über diese stark von der Feuchtigkeit geprägte vegetative Region heben sich die Blütenstände bis zu fast einem Meter Höhe. Die einzelnen Korbblüten wirken unbedeutend, insgesamt bilden sie einen leicht in der Atmosphäre sich ausbreitenden, zart rötlichen Blütenstand. Blütezeit: Juli und August. (U. W.)*

einem größeren. Sechs Blütenkörbchen fügen sich zusammen, bilden schon einen gemeinsamen Kranz von Zungenblüten, sind aber noch durch kurze Internodien voneinander getrennt. In der Silberdistel erreicht dieses Aufstauen seinen Höhepunkt. Die ganze Pflanze sieht wie eine am Boden liegende Blüte aus. Die eng aufeinanderfolgenden distelartigen Blätter bilden eine kelchartige Umrandung der «Blüte», an der sich bei trockenem Wetter die dürren Blätter des Hüllkelches (Involukrum) wie eine silbrige oder auch goldschimmernde Blütenkrone ausbreiten. Die im Prozeß der Fruchtbildung wirkende Wärme von Jupiter und Saturn läßt diese so eindrucksvolle Erscheinung des späten Sommers und Herbstes ganz trocken werden.

Besonders stark entwickeln sich Sproß und Blätter in der ganzen Pflanzengestalt zum Beispiel beim Wasserdost und dem Gemeinen Alpendost. Beide Pflanzen wachsen in der etwas gedämpften Atmosphäre der Wälder und Gebüsche bis zu einer Höhe von über einem Meter heran. Oben zerteilt sich der Sproß in einen lockeren, zart rötlichen Blütenstand aus vielen kleinen, schmalen Blütenkörbchen. Diese enthalten meistens nur drei Röhrenblüten. Die Umgestaltung der Pflanze zu Blütenkörbchen befindet sich wie in einem anfänglichen Stadium. Im Ganzen der Pflanze dominiert der Sproß mit seinen Blättern. Gegenüber der starken Erd-Sonnen- und Merkur-Wirkung kommen Jupiter und Saturn nur zu einer schwachen Manifestation. So tragen die zarten Blütenkörbchen mit der Dreizahl der Röhrenblüten die Signatur des Mondes und des Merkur. Die Wirkungen aus dem untersonnigen Bereich stehen ganz im Vordergrund.

Ähnlich ist es bei Arten wie dem Mauerlattich, dem Hasenlattich und dem Rainkohl. Die Blütenkörbchen schweben allerdings nicht über dem Sproß. Sie gliedern sich ihm mehr an. Vor allem wird das Blühen trotz aller Zartheit stärker. Die Einzelblüten bilden keine engen Röhren. Ihre Blüteninnenfläche wird zu einer schmalen, langen, gelben oder rötlichen Zunge, die weit über das Körbchen hinausstrahlt und sich ganz der Sonne oder bei den nach unten

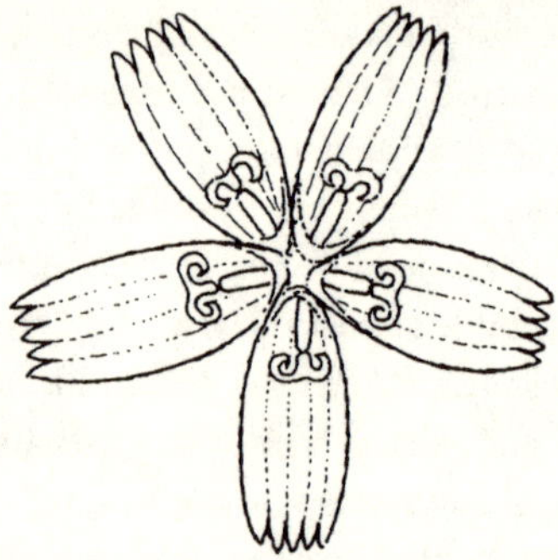

*Blütenkörbchen des Mauerlattichs (Mycelis muralis, aus Schad/Schweppenhäuser). Der Korbblütler bildet hier eine Gestalt, die der fünfzähligen Dikotyledonenblüte entspricht. Wie bei dieser aus fünf Blütenblättern die Blütenkrone entsteht, sind in den lockeren Blütenständen des Mauerlattichs jeweils fünf gelbe Zungenblüten zu diesem einfachen Blütenkörbchen zusammengefaßt.*

gerichteten Blüten des Hasenlattichs dem durchlichteten Raum des Waldes hingibt. Auch hier wirken jene Kräfte, die zu den typischen Korbblüten führen, nur wie in einer Andeutung. Dagegen leuchtet vielfach in der Form der «Blütenkörbchen» die Signatur der Venus auf, indem fünf Strahlenblüten einen regelmäßigen Fünfstern formen. – Auch bei anderen Korbblütlern wird die Gestalt der kleinen Blütenkörbchen durch die Fünfzahl geprägt. Wie in einer Analogie zu den typischen Dikotylenblüten umgeben fünf Zungenblüten die wenigen Röhrenblüten in den Blütenkörbchen des Kleinblütigen Knopfkrautes, der Schafgarbe und mancher ihrer Verwandten.

Auf die frühesten unter unseren Korbblütlern, den schon im Februar blühenden Huflattich und die verschiedenen vom März an blühenden Arten der Pestwurz, hat der zu dieser Zeit noch herrschende Mond starken Einfluß. Die Sprosse wachsen als Rhizome in der feuchten, oft etwas tonigen Erde. Beim Huflattich brechen aus diesen meist in Büscheln die bleichen Blütentriebe mit den gelben

Blütenkörbchen hervor. An den Blütentrieben der Pestwurz stehen viele Blütenkörbchen eng gedrängt nebeneinander. Bei keiner dieser Pflanzen entwickeln sich vollkommene Einzelblüten. An den «Sonnenrädchen» des Huflattichs umgeben zahlreiche Zungenblüten, die nur Narben, Griffel und Fruchtknoten bilden, die relativ wenigen Röhrenblüten mit ihren Staubgefäßen. Die Stauden der Pestwurz sind sogar einhäusig. Erst nach dem Blühen entfalten sich die Blätter, meist mit mächtigen, derben Flächen.

Auf den licht- und sonnenhaften Charakter des Löwenzahns, des Bocksbartes, der Habichtskräuter und Pippau-Arten und anderer Gattungen aus der Gruppe der Cichoriaceen haben wir schon hingewiesen. Das beim Mauerlattich, Rainkohl und Hasenlattich noch verhaltene Blühen entfaltet sich hier zu strahlender Schönheit. Die Blütenköpfchen sind immer noch relativ klein; sie vereinigen aber schon viele Blüten in sich. Diese blühen mit ihren leuchtend gelben oder orange-rötlichen Strahlen vom Rande her in Kreisen auf. So wird im Laufe der Tage der lichthafte Charakter immer intensiver.

Diese Korbblütler sind wesentlich kleiner als der Wasserdost, der Alpendost und der Hasenlattich. Sie gehören auch fast alle in die offene Landschaft und das Gebirge, wo nicht die Feuchtigkeit, sondern die Sonneneinstrahlung herrscht. Der vegetative Bereich tritt gegenüber dem Blühen in der Pflanze deutlich zurück. Nahe verwandt mit dem Löwenzahn, den Habichtskräutern und Pippau-Arten ist die Wegwarte. Ihre bläulichen Blüten bilden sich an den sparrigen Trieben, in denen die Lebensprozesse vor allem von der austrocknenden Wärme bestimmt sind. Ihnen fehlt etwas von dem strahlenden Charakter. Die Zungenblüten bilden einen schalenartigen Kreis, der sich mit seiner weiten hellblauen Fläche dem Licht zuwendet.

Bei all diesen Pflanzen sind die Blütenkörbchen noch ziemlich eng. So entsteht der Eindruck, daß der Sproß selbst sich in dem ausstrahlenden Blühen zur Sonne hin öffne. Im allgemeinen weitet sich der Sproß aber am Grunde der Blütenkörbchen deutlich aus. Dadurch entsteht über der Erde ein lebendiger Boden, aus dem die vielen kleinen Blüten hervorsprießen. Ein solches Blütenkörbchen ist bisweilen wie ein kleiner Blütengarten, der sich über der grünen Pflanze wie ein höheres Pflanzengebilde entwickelt. Es gestaltet sich in verschiedenen Formen, in denen sich die obersonnigen Planetensphären widerspiegeln.

Fast alle echten Disteln (*Carduus*), die Eselsdistel, die Mariendistel und die Kletten, entwickeln sich unter einem starken Einfluß des Mars. Sie sind fast ausnahmslos zweijährige Kräuter. Im ersten Jahr bilden sie am Boden eine Rosette, im zweiten Jahr folgt dann das intensive empordrängende Wachstum des Sprosses. Bei den genannten Disteln stößt man überall auf das für den Mars so charakteristische Zusammenwirken von drängender Entfaltung und verengender Hemmung. An den Blättern äußert es sich in der Streckung mit fiederförmiger Aufteilung und der Verdichtung zu dornigen Spitzen; an den Blütenkörbchen führt es zu einer kugelförmigen Ballung und Hülle aus stachligen Blättchen. Aus dem Inneren brechen die rötlichen Röhrenblüten wie aus einer Stauung hervor. Auf die starke Konzentration im Inneren der Gehäuse folgt dann das Hervorquellen der Samenfrüchte mit der Fülle ihrer Flughaare wie in einer weißen Wolke, die sich dann im Winde auflöst. Es gibt wohl kaum andere Kräuter, in denen sich die Signatur des Mars so intensiv ausprägt.

Die vollkommene und harmonische Gestalt der Korbblütler tritt uns zum Beispiel in der Gemswurz, der Hundskamille, der Kamille, dem Ochsenauge, in den Astern, den Margeriten, den Ringelblumen, der Arnika und der Sonnenblume entgegen. Hier entstehen auf dem Blütenboden so viele Röhrenblüten, daß sie sich wie eine Blütensphäre dem Himmel zuwenden. Im Blütenboden dehnt sich der Sproß nun weit über den Durchmesser des Stengels aus. So sieht man, wie der zunächst sonnenhafte Sproß in eine Bildung übergeht, die ebenso über den Stengel hinausdringt wie im Kosmos der Jupiter über die Sonnensphäre. In einer anderen Weise als die Blütendolden der Doldengewächse sind diese offenen Korbblüten Abbild des Jupiter.

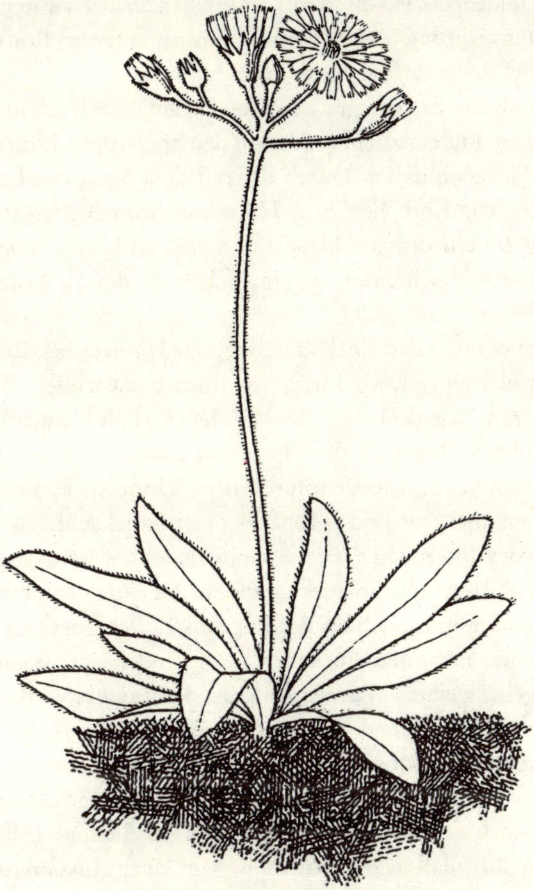

*Orangerotes Habichtskraut (Hieracium aurantiacum). Wie viele der sonnenhaften Korbblütler wächst diese Pflanze in höheren Lagen (900 bis 2000 Meter), wo sie sich auf Bergwiesen und Weiden unter starkem Sonneneinfluß entwikkelt. Sie blüht im Hochsommer (Juni bis August) mit intensiv orangerot leuchtender Farbe. Die Blüten heben sich auffallend von der Blattrosette ab, aus der Ausläufer hervorsprießen. (U. W.)*

Bei den Doldengewächsen strebt das Blühen in der aufsteigenden Entwicklungsrichtung über den Sproß hinaus; in diesen Korbblüten dringt es tief in die Region des Sprosses hinunter.

Die abschließende Formgeste des Saturn, auf die wir schon hingewiesen haben, findet man besonders in den krugartigen Blütenkörbchen der Flockenblumen. Durch die mit dem Saturn verbundene Wärme sind die Körbchen zum Teil schon beim Blühen trocken. Aus ihrem Innern dringen blaue Röhrenblüten hervor; und beim Reifen öffnen sie sich dann wie eine Schale, in der die Körner der Achänen liegen.

Nun gibt es unter den Korbblütlern einige Formen, bei denen aus einer Anzahl kleiner Korbblüten eine noch umfassendere Bildung entsteht – zum Beispiel beim Edelweiß, jener relativ kleinen Pflanze aus den höheren Regionen der Alpen und anderer Gebirge, die mit den Strohblumen und Katzenpfötchen verwandt ist. Mehrere Blütenkörbchen, meistens sind es fünf oder sechs, rücken durch Unterdrückung der Internodien eng zusammen und werden von einer Anzahl weißfilziger Hochblätter umgeben. Zu einer übergreifenden Gestaltung kommt es auch bei der Kugeldistel. Begegnet man dieser hohen Pflanze mit ihren trockenen weißen oder matt stahlblauen Blütenkugeln an einem Weinberg oder an der Ruine einer Burg zum ersten Mal, vermutet man vielleicht zunächst, hier wäre der Boden des Blütenkörbchens nicht nur wie bei der Echten Kamille aufgewölbt, sondern zu einer kleinen Kugel zurückgebogen. Denn die Blüten wenden sich nach allen Richtungen des Raumes. Dann entdeckt man aber, daß jede Röhrenblüte von einem Involukrum aus etwa fünfzehn schmalen Blättchen umgeben ist. Es handelt sich also um eine große Zahl einblütiger Körbchen, die diese Kugel bilden; bei einer relativ kleinen Kugel mit einem Durchmesser von drei Zentimetern waren es 212 solcher Körbchen. Hier greifen die Kräfte der obersonnigen Planeten anders ein als bei den bisher betrachteten Korbblütlern. Durch die Wirksamkeit des Saturn entstehen aus vielen Blütentrieben diese engen, sich so stark abgrenzenden Körbchen.

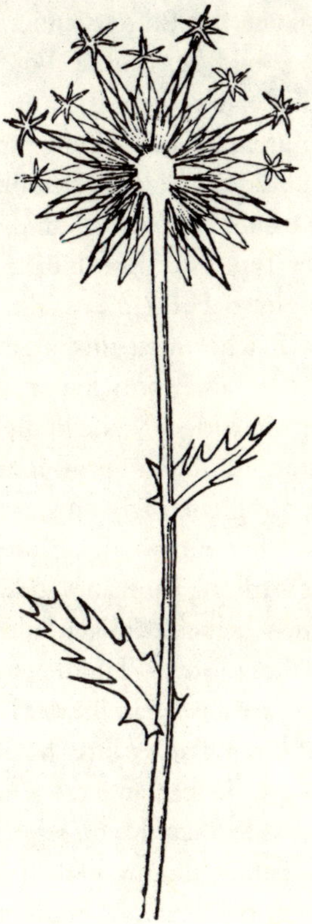

*Bienen-Kugeldistel (Echinops sphaerocephalus). Der leicht schematisierte Schnitt durch einen Blütenstand zeigt, wie sich die vielen eng zusammengezogenen Blütenkörbchen zur ganzen Sphäre hinwenden. Sie blühen zunächst oben auf. Das Blühen breitet sich mit seiner gedämpften blauen Färbung allmählich nach unten über den Blütenstand aus. Diese in Farbe und Form ungewöhnlichen Blütengebilde werden von den locker beblätterten Sprossen bis zu einer Höhe von zwei Meter in den Raum hinaufgetragen. – Man findet diese Pflanze vor allem im Umkreis von Burgen und Klöstern an trockenen, steinigen Hängen. Ursprünglich wurden sie angepflanzt. Sie hat sich dann an solchen von der Wärme beherrschten Standorten gehalten. (U. W.)*

Und durch das Aufstauen des Blütenstandes bildet sich die Kugel. Ihr Zentrum ist ein Abbild der Sonne. Von hier wenden sich die engen Blütenkörbchen nach allen Richtungen des umgebenden Raumes. So hat der Blütenstand die für die Früchte charakteristische sphärische Form. Und die Blütenkörbchen bilden um das Zentrum eine Sphäre wie im Kosmos der Saturn um die Sonne.

So gestaltet sich der Typus der Korbblütler schon in unserer einheimischen Flora in vielen Formen aus, die wir nur zum Teil erwähnt haben. Dieser Reichtum ist unmittelbar aus dem Typus zu verstehen; denn die aus der obersonnigen Planetenwelt stammenden Bildekräfte können in vielfältiger Weise in die tieferen Regionen der Pflanze, den Blütenstand und den Sproß hinunterwirken. Sie können die Blütenstände nur geringfügig umgestalten wie beim Wasserdost und Alpendost, indem nur wenige Blüten sich zu Blütenkörbchen vereinigen. Ihre Wirkung kann aber so stark werden wie bei der Bildung der größeren, scheibenförmigen oder gewölbten Korbblüten oder gar bei der Silberdistel. – Hier liegt der Grund dafür, daß die Korbblütler die artenreichste Familie der Blütenpflanzen sind. In ihnen erreicht die Blütenpflanze ihre höchste Gestaltungsstufe; denn hier wird sie wie in keiner anderen Pflanzengruppe von den Kräften der Frucht- und Samenbildung ergriffen.

In der Frucht- und Samenbildung wirken immer innere Wärmekräfte. Wird die Pflanze bei den Korbblütlern von den Kräften der Frucht- und Samenbildung durchdrungen, dann löst sie sich mehr oder weniger stark aus den gröberen Feuchtigkeitsprozessen heraus. So gibt es in dieser großen Familie keine Wasserpflanze und nur wenige Arten, die auf dem nassen Untergrund der Moore wachsen. Man findet Korbblütler mit vielen Arten in allen Regionen der irdischen Vegetation. Am stärksten prägen sie dort den Charakter der Pflanzenwelt, wo die kosmischen Wirkungen besonders intensiv sind: im Hochgebirge. Der Reichtum der Berge an Korbblütlern weist deutlich auf den Zusammenhang dieser Pflanzen mit dem Kosmos hin. Auch dort, wo in den offenen Landschaften der Tropen und

Subtropen und den trockenen steppenartigen Gebieten der gemäßigten Zone Licht und Wärme das Pflanzenleben beherrschen, wachsen auffallend viele Korbblütler. In unserer mitteleuropäischen Pflanzenwelt erreichen die meisten Korbblütler, insbesondere die Asteroideen, erst nach Johanni in den Monaten Juli, August und September mit dem Blühen den Höhepunkt ihrer Entfaltung. Das ist jene Zeit des Jahres, wo im Ganzen unserer Natur das Leben in den Prozeß der Fruchtbildung und des Reifens einmündet. Wenn man in der Pflanzenwelt die Offenbarung des Kosmos sehen lernt, dann erlebt man, wie jetzt vor allem Jupiter und Saturn und mit ihnen zusammen der Mond das Leben der Natur durchwirken.

# RÜCKBLICK UND ZUSAMMENSCHAU

Es wäre leicht möglich, weitere Pflanzenfamilien, auch das Reich der niederen Pflanzen in der gleichen Weise zu schildern. Es kommt uns aber lediglich darauf an, an einigen charakteristischen Pflanzengruppen zu zeigen, wie man zu einem differenzierten Verstehen der Pflanzen gelangen und tiefer in die Ordnung der Natur eindringen kann, wenn man sie unter kosmologischen Gesichtspunkten betrachtet. Die Wege, die man hier einschlagen muß, sind heute noch ungewohnt. Der moderne Forscher hält sich mit seinen Untersuchungen an die einzelnen Pflanzenarten, ist aber der Überzeugung, daß er an ihnen auf allgemeine Gesetze stößt. Unser Vorgehen entspricht nicht der üblichen Vorstellung von induktiver Naturforschung. Wir haben zunächst ein Bild von den allgemeinen Gestaltungsgesetzen der Blütenpflanze entwickelt. Dieses Urbild ist kein Schema oder abstraktes Begriffsgebilde; es ist von konkreter Anschaulichkeit, die aus der Tätigkeit des menschlichen Geistes im Betrachten der Pflanzen hervorgeht. Das menschliche Denken kann sich beim Erkennen des Lebendigen nicht einfach auf die äußere Wahrnehmung abstützen wie beim Auffinden physikalischer Gesetze. «Unser Geist muß … im Erfassen des Typus viel intensiver wirken als beim Erfassen des Naturgesetzes. Er muß eine Tätigkeit auf sich nehmen, die in der unorganischen Naturwissenschaft die Sinne besorgen, und die wir Anschauung nennen. Auf dieser höheren Stufe muß also der Geist selbst anschauend sein. Unsere Urteilskraft muß denkend anschauen und anschauend denken.» (Steiner 1979, S. 110)

Die hier von R. Steiner gekennzeichnete, dem Lebendigen angemessene Erkenntnishaltung führt nicht wie das induktive Verfahren vom gegenständlich wahrgenommenen Speziellen zum begrifflich Allgemeinen; es erfaßt das Allgemeine selbst konkret anschaulich. Und zwar so, wie es Goethe in seiner Auseinandersetzung mit K. F. Wolff als Gegensatz zur registrierenden Sinnesauffassung schildert: «... daß die Geistesaugen mit den Augen des Leibes in stetem Bunde zu wirken haben, weil man sonst in Gefahr gerät, zu sehen und doch vorbeizuschauen» (Goethe 1975, S. 107).

Bei entsprechender Vorbereitung und Übung, d. h. wenn man sein Vorstellen und Denken stark mit den Rhythmen und anderen Eigenschaften der Planeten und mit der Ordnung der Planetenwelt durchdringt, offenbart sich in den Bildungsprozessen der Pflanzen etwas, woran man bisher «vorbeigesehen» hat, weil der Blick zu stumpf war: die lebendige Spiegelung des Kosmos.

Im Urbild haben wir die Prinzipien gefunden, durch die aus dem allgemeinen Typus die Untertypen hervorgehen. Auch hier handelt es sich nicht um eine Deduktion im üblichen Sinne. Es wird das Spezielle nicht begrifflich aus dem Allgemeinen hergeleitet. Indem im Urbild der Erd-Sonnen-Rhythmus dominiert, dieser aber von den obersonnigen Planeten modifiziert wird oder indem der Erd-Sonnen-Rhythmus ganz in der Gesetzmäßigkeit der obersonnigen Planeten aufgeht, entstehen aus ihm die verschiedenen Wuchsformen.

Dies entspricht ganz generell dem Weg, den das Erkennen einschlagen muß, wenn es in das Reich des Lebendigen eindringen will. Man muß «aus der Urform (hier der Urpflanze) jenen besonderen Fall, der uns vorliegt, heraus entwickeln. Wir dürfen den Typus nicht der einzelnen Pflanze gegenüberstellen, um zu sehen, wie er die letztere regelt; wir müssen sie aus demselben hervorgehen lassen ... der Typus fließt in das einzelne Lebewesen ein; er identifiziert sich mit ihm.» (Steiner 1979, S. 106)

**Urpflanze**

Entfaltung im ♁-☉-Rhythmus des Jahres

| | | | | | | |
|---|---|---|---|---|---|---|
| ganz im ♁-☉-Rhythmus des Jahres | ♁-☉-Rhythmus modifiziert durch ♂ | ♁-☉-Rhythmus modifiziert durch ♃ | ♁-☉-Rhythmus beherrscht von ♄ | beherrscht von ♂ | beherrscht von ♃ | beherrscht von ♄ |
| einjährige Kräuter | zweijährige Kräuter | ausdauernde Kräuter | Zwergsträucher | Sträucher | Laubbäume | Nadelhölzer |

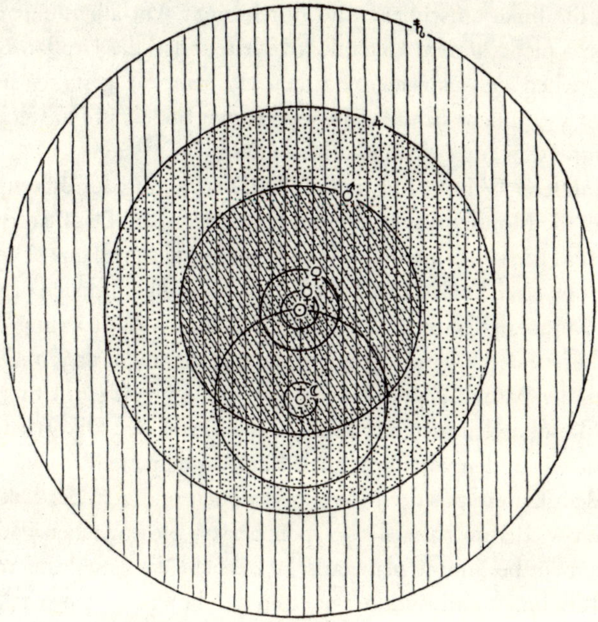

*Saturn-, Jupiter- und Mars-Sphäre durchdringen das untersonnige Gebiet, das sich in den ein- und zweikeimblättrigen Kräutern spiegelt. Diese gestalten sich deshalb immer in bestimmten Wuchsformen aus. – In dieser Darstellung wird der Inhalt des vorangehenden Schemas sachgemäß wiedergegeben.*

Im Kosmos sind die untersonnigen Planeten an die Sonnensphäre gebunden und von den obersonnigen Planeten umgeben. Die Sphären der obersonnigen Planeten durchdringen die der untersonnigen. Die von Saturn, Jupiter und Mars ausgehenden Wirkungen durchsetzen vom Umkreis her jene Wirkungen, die von Merkur und Venus stammen. Das tritt uns in der Pflanzenwelt anschaulich in den Wuchsformen entgegen. Das Schema ist insofern irreführend, als es nebeneinanderstellt, was so dargestellt werden müßte, daß die rechte

Seite die linke umschließt und durchdringt. Vor allem darf dieses Schema nicht zu dem Gedanken verleiten, daß die Urpflanze über oder neben den einzelnen Formen existiere. Sie gestaltet sich in diesen aus, indem sie die in ihr wirkenden Bildekräfte in wechselnder Intensität zur Geltung kommen läßt.

In anderer Weise ergibt sich die Differenzierung der Blütenpflanzen in die Monokotyledonen und Dikotyledonen. Die Dikotyledonen sind die vollkommenste Manifestation der Urpflanze. Die Blütenkrone erreicht als Abbild der Venus ihre vollkommene Form. Bei den Monokotyledonen unterliegt sie einer Modifizierung durch Merkur und die ganze Pflanzenbildung einem stärkeren Einfluß durch den Mond. Dadurch prägt sich die Urpflanze im Untertypus der Monokotyledonen nicht so klar aus wie bei den Dikotyledonen.

Wie wir in den vorangehenden Kapiteln dargestellt haben, gehen aus dem Untertypus der Monokotyledonen und dem der Dikotyledonen wiederum speziellere Typen hervor. Sie entstehen dadurch, daß erneut bestimmte planetarische Bereiche die Gestaltung mit ihren Rhythmen und Bildungsgesetzen durchprägen. – Soweit wir die Familien der Blütenpflanzen betrachtet haben, ergibt sich die nebenstehende Übersicht.

Erst wenn man sieht, wie die Pflanzenfamilien jeweils ein Typus sind, in dem sich das Urbild in einer besonderen Form verwirklicht, gelangt man auch zu einem Verständnis der einzelnen Gattungen und Arten. In ihnen gestaltet sich der jeweilige Typus wiederum vielfältig nach den kosmischen Gesetzmäßigkeiten aus, und zwar innerhalb der vier Elemente und der Stoffe. Das stoffliche Leben ist gleichsam der lebendige Spiegel, in dem sich das vielfältige Zusammenspiel des Mondes, der Sonne und der Planeten offenbart.

Um eine einzelne Pflanzengattung in ihrem Zusammenhang mit der Natur geistig zu erfassen, muß man in das Hervorgehen der im Sichtbaren erscheinenden Formen aus dem Typus der Familie eindringen und in diesem die spezielle Ausgestaltung des umfassenden Typus, der Urpflanze, begreifen. Man ist heute vielfach der

**Urpflanze**

| monokotyle Pflanzen<br>Übergewicht von ☾ und ☿ | dikotyle Pflanzen | | | | | | | | |
|---|---|---|---|---|---|---|---|---|---|
| vorherrschendes Zusammenwirken von ☾ mit ♂ und ⊙ | vorherrschendes Wirken von ☾ | Übergewicht von ☿ | Übergewicht von ♂ ⊙ ☿ | Wirksamwerden von ♀ | umfassende Offenbarung des Typus | gesteigerte Wirksamkeit von ♀ | abgeschwächte Wirkung von ♃ in der Fruchtbildung | Übergewicht von ♄ | ♃ und ♄ durchwirken die Pflanzenbildung |
| Gräser *(Poaceae)* | Seerosengewächse *(Nymphaeaceae)* | Windengewächse *(Convolvulaceae)* | Kreuzblütler *(Brassicaceae)* | Hahnenfußgewächse *(Ranunculaceae)* | Rosengewächse *(Rosaceae)* | Doldengewächse *(Apiaceae)* | Schmetterlingsblütler *(Fabaceae)* | Lippenblütler *(Lamiaceae)* | Korbblütler *(Compositae)* |

Meinung, es sei einfach, das Spezielle zu erkennen; wenn man dann vom Speziellen zum Allgemeinen fortschreite, sei der Erkenntnisprozeß mühevoller und komplizierter. Diese Meinung erweist sich als Illusion, sobald man das Gebiet des Lebendigen betritt. Will man die Pflanzen in ihrer Verflechtung mit der Natur verstehen, das heißt ihre Realität erfassen, dann ist es nicht schwieriger, die Urpflanze zu begreifen als die Seerose oder die Brombeere. Denn man wird immer deutlicher darauf aufmerksam, daß sich in der einzelnen Pflanzengattung die gesamte planetarische Welt offenbart – und zwar so, daß deren Rhythmen und Sphären sich mit verschiedener Intensität durchdringen. Man erlebt: Die einzelne Pflanze ist wie ein mächtiger musikalischer Akkord, in dem die einzelnen Töne in wechselnden Rhythmen und Intensitäten erklingen.

# NACHWORT
# DIE BEDEUTUNG FÜR DEN MENSCHEN

Die Erweiterung der Naturauffassung, wie wir sie in ihren Grundzügen dargestellt haben, ist nicht bloß von theoretischem Interesse. Von den Anschauungen, die sich der Mensch durch Schule, Studium und eigenes Forschen über die Natur erwirbt, gehen tiefe Wirkungen auf seine gesamte Weltauffassung und seine Lebensgesinnung aus. Unsere Begriffe über Materie, Leben und Entwicklung bedingen, wie wir uns bewußt zu den großen Fragen und Rätseln des Daseins stellen und uns selbst als Mensch begreifen.

Die moderne Naturwissenschaft führt den Menschen in einen Zwiespalt. Ihre Begriffe über die Ursachen des Pflanzen- und Tierlebens lassen ihn nur begrenzt verstehen, was er an der Begegnung mit der Pflanzen- und Tierwelt erlebt. Selbst der Wissenschaftler vergißt im Anblick eines blühenden Rosenstrauches oder eines reifenden Kornfeldes seine molekularbiologischen Vorstellungen. Die Natur und die Theorien über sie sind zwei zum Teil weit auseinanderliegende Welten. Die Natur spricht den Menschen nicht nur im Verstand, sondern auch in seinem Gemüt und moralischen Empfinden an. Er ahnt, wenn er sich dem Wahrnehmen hingibt, Wesenhaftes, das sich jedoch der rationalen Deutung entzieht. Von dem, was man als Natur erlebt, findet man nur wenig in den Begriffen wieder, die die Natur erklären sollen. Der Mensch wird in sich selbst gespalten in ein Denken von relativ abstrakten Struktur- und Kausalzusammenhängen und ein Erleben, in dem sich durch die Gefühle und moralischen Empfindungen auch seine eigene Wesenheit ausspricht.

In den letzten Jahrzehnten haben immer mehr Naturforscher und Philosophen auf diese Kluft hingewiesen, besonders eindringlich der Schweizer Zoologe A. Portmann. Seine Forschungen und Abhandlungen sind bedeutsam, weil sie das Naturerkennen wieder auf die Erscheinungen der lebendigen Natur verweisen. Vor längeren Jahren hat Portmann auch auf eine Auswirkung der naturwissenschaftlichen Begriffsbildung in der Erziehung aufmerksam gemacht. In dem Aufsatz über «Biologisches zur ästhetischen Erziehung» schreibt er, daß «die Vorherrschaft der theoretischen Funktion ... die geistige Entwicklung gewaltig gehemmt und ... insbesondere eine wenig beachtete Atrophie des Empfindungs- und Gemütslebens gebracht habe» (Portmann 1963, S. 251). Er fordert deshalb, daß der Naturkundeunterricht auch zu einem ästhetischen Erfassen der Natur führen solle. Wir sehen die Aufgabe nicht nur darin, neben der «theoretischen Funktion» die «ästhetische Funktion» zu pflegen, sondern die Kluft, die in diese Gegensätzlichkeit führt, zu überbrücken. Wie entsteht diese Kluft?

Die Pflanzenwelt erweckt so, wie sie dem forschenden Menschen entgegentritt, viele Fragen. Sie beziehen sich auf die Gestalt, auf deren Herkunft, auf die Lebensvorgänge und so weiter. Nun gibt es zwei Wege, auf denen man die Erklärung suchen kann. Heute geht man von der Überzeugung aus, die Ursachen für eine Erscheinung könne man nur innerhalb dieser finden. Deshalb zergliedert man sie. Man löst den Erscheinungszusammenhang analysierend auf und stößt dabei auf verschiedene Strukturen, z. B. auf das genetische Programm der DNS. In molekularen Strukturen, also winzigen Teilen des Ganzen, soll die Ursache für dieses Ganze liegen. Es wird von Kausalzusammenhängen gesprochen, die allerdings niemand aufgewiesen hat. Die vage, theoretisch in keiner Weise begründete Vermutung wird als Faktum ausgegeben. Was nur als *Bedingung* für das Hervortreten bestimmter Erscheinungen gelten kann, wird *zur*

*Ursache übersteigert.* Von Ursache darf man nur sprechen, wenn man nachweisen kann, daß aus ihr mit strenger, überschaubarer Notwendigkeit ein bestimmtes Phänomen hervorgeht. Davon kann z. B. bei molekularbiologischen Deduktionen und morphogenetischen Spekulationen nicht die Rede sein. Insofern wird keine Erkenntnis, sondern ein Glauben begründet. Die rätselhafte Erscheinung wird nicht erklärt; die Erklärung wird behauptet. Auf diese Weise verschleiert man die Rätsel. Man verbindet mit durchaus bedeutsamen Tatsachen eine unzulängliche Begriffsbildung und baut eine teilweise irreale Vorstellungswelt auf. Über der Untersuchung von Teilerscheinungen tritt das Ganze in den Hintergrund.

Der zweite Weg führt in die entgegengesetzte Richtung. Hier lernt man zum Beispiel darauf hinschauen, wie die Pflanze sich durch ihre Blätter mit der Atmosphäre verbindet. In der sich ausweitenden Form der Blattfläche erfaßt man, wie sich die Pflanze mit ihren Wachstums- und Lebensvorgängen ganz an die Luft und das Licht hingibt. Nimmt man das Blatt bloß wahr, dann befindet man sich in einer Abstraktion. Denn jenes abgeschlossen erscheinende Gebilde existiert nicht für sich. Erst wenn man das Hineindringen in den Licht- und Luftraum vorstellt, durch das das Blatt zu einem Glied dieses Raumes wird, kommt man an die Realität heran. Ebenso muß man vorstellen, wie die Pflanze mit ihren Wurzeln sich in die Feuchtigkeit des Bodens hineinbegibt und wie gleichzeitig die Schwere bestimmend in das Wachstum eingreift. Die äußere Erscheinung der Wurzel ist ebensowenig eine Realität wie die der Blätter, des Stengels, der Blüten und so weiter. Was man als begrenzte Gebilde wahrnimmt, gibt es in der Wirklichkeit nicht. Man muß sich durch die Phantasie und das Denken aus der durch die Sinnesanschauung bedingten Abstraktion befreien. Dem Analysieren der Sinnesanschauung steht das Eingliedern in die Natur gegenüber.

Von einer solchen Betrachtung gehen bedeutende Wirkungen aus, wenn man sie in den Bereich des Kosmos ausweitet. Man erarbeitet sich Schritt um Schritt anhand der Phänomene konkrete Anschauungen von den verschiedenen Gliedern unseres Sonnensystems und ihrem inneren Zusammenhang in der Harmonie der Rhythmen. Mit diesen Anschauungen wendet man sich den Bildungsprozessen der höheren Pflanzen zu und findet in ihnen die kosmischen Gesetzmäßigkeiten und Prozesse wieder. Die Erscheinungen des pflanzlichen Lebens werden transparent. Es wird in ihnen etwas sichtbar, was man bisher nicht bemerken konnte: ihr Zusammenhang mit dem Kosmos. Es ist hier wie überall im Erkenntnisleben des Menschen: von der Methode hängt ab, was dem Erkenntnisbemühen zugänglich wird. Schon im alltäglichen Leben sieht man nur das, wovon man sich im Anschauen eine Vorstellung bzw. einen Begriff bilden kann. Das Erkennen ist auf allen Stufen abhängig von der geistigen Produktivität während des Anschauens. Und so wird der planetarische Kosmos in der Pflanzenwelt erfahrbar, wenn man sich zuvor durch die produktive Kraft des Denkens mit den Rhythmen und der übrigen Gesetzmäßigkeit dieses Kosmos so stark durchdrungen hat, daß man mit ihnen die Lebens- und Bildungsvorgänge anschauen kann. Das führt zu einem Verstehen, in dem sich der Mensch selbst in den Zusammenhang der Natur hineingestellt fühlt. Zunächst ist der Mensch im Gegenüber zu den Dingen als Persönlichkeit mehr oder weniger stark in sich abgeschlossen. Durch das Naturverstehen, das wir hier im Auge haben, tritt er nicht nur durch seine Vorstellungen mit der Natur in Beziehung; er verbindet sich bis in sein Selbsterleben geistig mit der Weite der kosmischen Zusammenhänge. Indem er im Anschauen der Pflanzenwelt den Kosmos erblickt, erfährt er die Größe der Natur. Er wird von ihr in seinem Verstehen ergriffen und über die engen Grenzen der Egoität hinausgeführt. «Und unser eigenes beschränktes Individuum stellt sich geistig in den großen Weltzusammenhang hinein, weil in ihm etwas auflebt, was übergreifend ist über dieses Individuum, was alles das mitumfaßt, dessen Glied dieses Individuum ist.» (Steiner 1987, S. 27)

# ANMERKUNGEN

1 Schultz (1947, S. 46 ff.), Schultz (1950, S. 89 ff.). Die Untersuchungen von Schultz wurden weitergeführt von Wolber und Vetter (1972, S. 94 ff.).

2 Vgl. Anm. 13.

3 Steiner (1974, S. 169) und Steiner (1967, S. 58).

4 In den Vorträgen *Das Zusammenwirken von Ärzten und Seelsorgern* hat R. Steiner folgendes dargestellt: «Wir sehen, sagen wir, eine Pflanze aus dem Boden der Erde herauswachsen. Wir verfolgen das Herauswachsen der Pflanze aus dem Erdboden in der Richtung: Stengel nach oben und Wurzelbildung nach unten. Wir haben damit zwei Tendenzen innerhalb der Pflanze gegeben. Das Streben nach oben, das Streben nach unten. Und wenn wir heute schon in der physischen Erforschung der Natur wirklich so weit wären, daß wir die manchmal für weniger Wesentliches angewendeten Untersuchungsmethoden auf so etwas anwenden würden wie das Stengelwachstum der Pflanze nach oben, das Wurzelwachstum der Pflanze nach unten, würden wir die Zusammenhänge finden im Weltenall, die wiederum, indem sie in Verhältnis treten zum Menschen, eigentlich erst diese Totalität: Mensch und Welt, Makrokosmos und Mikrokosmos begreiflich machen. Denn wir würden sehen, daß alles, was mit dem Stengelwachstum nach oben zusammenhängt, daß das in einer gewissen Beziehung steht zur Entfaltung der Sonnenkräfte während des Jahres, während des Tages und sogar über das Jahr hinaus. Daß alles, was mit der Entfaltung der Wurzelkräfte zusammenhängt, in Beziehung steht zu der Mondentwickelung, zu den Mondkräften, so daß wir, wenn wir eine Pflanze in

der richtigen Weise ansehen, schon in die Bildung der Pflanze hineinbekommen müssen die Beziehung zwischen Sonne und Mond. Wir müssen sozusagen herausschauen aus dem Weltenall und seinen Kräften das einfachste, primitivste Bild der Pflanze. Derjenige, der schauen kann, wird die Wurzel nie anders sehen, als indem sie im Hinunterstreben nach der Erde in den Erdboden hinein zu gleicher Zeit sich rundet. Die sich in den Erdboden hinein rundende Wurzel, das ist das Bild, in dem man die Wurzel sehen muß. Das in den Erdboden hinein sich rundende Bild.

Anders muß man den Stengel sehen, das Sich-nach-oben-Entfalten. Beim Stengel muß man, wenn man Gefühl und Empfindung mit der Anschauung verbindet, unbedingt das Gefühl haben: der Stengel strebt strahlend, der Stengel will seine Linienrichtung entfalten. Das ist das ursprüngliche Bild des Pflanzenwesens. Und in der nach oben strebenden Linienrichtung müssen wir sehen die Anwesenheit der Sonnenkräfte auf der Erde. In dem nach dem Runden Strebenden der Wurzel müssen wir sehen die Anwesenheit der Mondenkräfte auf der Erde.

Nun sehen wir weiter. Wir sagen uns: Sonne ist überall da, wo die Pflanze strahlig in die Höhe strebt. Nun weitet sie sich wieder nach oben, sie setzt Weite ab, Peripherie. Da finden wir in dem, was da aus der nach oben strahlenden Strebung herauskommt, ... wirksam, zunächst unmittelbar oben in der Blüte, dasjenige, wo mit den Sonnenkräften zusammenwirken die Kräfte der Venus, und indem sich die Blüten weiter nach unten entfalten, zu den Blättern werden, von außen hereinbildend, finden wir die Merkurkräfte. So daß also, wenn wir den Bau der Pflanze in seinem Ansatz an die strahlige Sonnenrichtung verstehen wollen, wir verstehen müssen, daß zu Hilfe kommen den Kräften der Sonne die Kräfte der Venus, die Kräfte des Merkur. Das ist auf der einen Seite.

Auf der anderen Seite müssen wir uns klar sein darüber, daß diese Kräfte nicht in der Lage wären, allein das Pflanzliche zu bilden. Es würde gewissermaßen das Wesen der Pflanze nur nach dem Zusammenstreben hingehen. Um sich zu entfalten, wie wir es zum Beispiel im äußersten Extrem in der Baumentfaltung sehen, wirken entgegen diesen Kräften von Venus und Merkur überall die Kräfte von Mars, Saturn, Jupiter. So daß mit den beiden Grundpolaritäten Sonnen- und

Mondenwirkungen zuammenstreben die übrigen planetarischen Wirkungen des Weltalls» (Steiner 1984, S. 108-110).

5 Bockemühl (1967) und (1969); Goebel (1969); Gut (1990) und Schad (1982).

6 Das in den vorangehenden Seiten skizzierte Verstehen der Pflanzengestalt führt zu einer Auffassung, in der die im heutigen Bewußtsein herrschende Gegensätzlichkeit von materiellen Gegenständen und abstrakten interpretierenden Begriffen oder Modellen bedeutungslos wird. In den Dingen der Sinnesanschauung selbst ist der ideelle Gestaltzusammenhang zu finden. In der Wirklichkeit der Pflanze sind stoffliche Gestalt und das in dieser sich offenbarende ideelle Bildungsgesetz eine Einheit. Ebenso erfaßt man durch das von Goethe erschlossene Anschauen in der einzelnen Pflanze das Urbild in einer speziellen Ausgestaltung wie auf dem Gebiet der Geometrie in einem Rechteck oder einem Trapez Sonderformen des Vierecks. Es geht bei Goethe also nicht nur um eine andere Deutung der angeschauten Pflanze, sondern um ein anderes Anschauen. Durch dieses wird der Irrtum, der in der Welt ein geistloses materielles Dasein und im Menschenkopf abstrakte Begriffe sieht, überwunden. – Vgl. hierzu in R. Steiner *Goethes Weltanschauung* das Kapitel «Goethes Stellung in der abendländischen Gedankenentwicklung».

7 W. Zimmermann, der markanteste Vertreter der «Neuen Morphologie», bekennt, daß er auf den Schultern der von Goethe begründeten «Alten Morphologie» stehe (1969, S. VI). Bei seiner Ableitung der heutigen Blütenpflanzenform von den Urlandpflanzen und den vermeintlichen Uranfängen des Lebens weist er auf ein Kernproblem hin: daß der Beweis für einen solchen Zusammenhang nur «indirekt» geführt werden kann. – Nur die Phantasie und der Gedanke können die Brücke zwischen den verschiedenen Formen schlagen. Gerade die Art, wie Zimmermann zehn Stufen pflanzlichen Daseins beschreibt und diese durch seine Elementarprozesse verbindet, läßt die ausgesprochen typologische Betrachtungsweise anschaulich werden.

8 Diese Anschauung entspricht der Darstellung R. Steiners in dem in Anm. 4 angeführten Vortrag. Von ganz anderen Vorstellungen als den hier entwickelten, nämlich von der projektiven Geometrie herkommend, bringen G. Adams und O. Whicher den Sproßvegetationskegel mit der Sonne in Beziehung (Adams u. Whicher 1979, §§ 53. 57. 58. 60).

9 Man kann die Sproßbildung auch vom Streckungswachstum her betrachten. Dann erscheint der Stengel als jene Bildung, durch die die Pflanze vom Erdboden aus in den Lichtbereich der Sonne eindringt und mit ihm in engen Zusammenhang kommt. Von diesem Gesichtspunkt aus ist der Stengel das Abbild des Mondes (siehe Kranich 1987).

10 Unsere Betrachtung schließt eng an das Bild an, das Goethe in seinem Aufsatz «Über die Spiraltendenz der Vegetation» (Goethe 1975, S. 217 ff.) von der Pflanzenbildung entworfen hat. Goethe sieht in den höheren Pflanzen das Zusammenwirken von zwei Prinzipien: «Die zwei Haupttendenzen ... oder, wenn man will, die beiden lebendigen Systeme, wodurch das Pflanzenleben sich vollendet, sind das Vertikalsystem und das Spiralsystem». Vom Vertikalsystem sagt Goethe: Es ist «dasjenige, wodurch die Pflanze sich von der Wurzel absondert und sich in gerader Richtung gegen den Himmel erhebt» (S. 226). Es tritt uns am ursprünglichsten im Zentralsproß der Kräuter entgegen und ist eben das Abbild der Sonne im Zusammenhang mit den von der Erde ausgehenden Kräften (negativer Gravitropismus). Das Kapitel über den Zentralsproß ist also eine Schilderung der Vertikaltendenz. Ihr gliedert sich peripheriewärts die Spiraltendenz an, «welche sich um jene herumschlingt» (S. 218). Zu ihr gehören die in Spiralen aus dem Sproß hervorgehenden Blätter, aber auch die Blüten mit ihren verschiedenen Organen (S. 231).

Wenn wir uns nun diesen Organen zuwenden und ihre Beziehung zu den die Sonne umkreisenden Planeten aufsuchen, führen wir die Betrachtung Goethes lediglich fort. Wie bei der Vertikaltendenz soll nun auch für die Spiraltendenz der Pflanze der Zusammenhang mit den Bewegungen und Rhythmen des Kosmos dargestellt werden.

11 Die Abstände der Planeten von der Sonne folgen einer bestimmten Zahlengesetzmäßigkeit. In astronomischen Einheiten gerechnet (als astronomische Einheit AE gilt im Sinne des heliozentrischen Weltsystems die große Halbachse der Erdbahn, d. h. die Entfernung der Erde von der Sonne) ergeben sich für die einzelnen Planeten folgende Abstände (in den Klammern sind die genauen Werte angegeben):

| n | Planet in AE | Entfernung von der Sonne | |
|---|---|---|---|
| 1 | Merkur | 0,4 | (0,39) |
| 2 | Venus | 0,7 | (0,72) |
| 3 | Erde | 1,0 | (1,00) |
| 4 | Mars | 1,6 | (1,52) |
| 5 | Planetoiden | 2,8 | |
| 6 | Jupiter | 5,2 | (5,20) |
| 7 | Saturn | 10,0 | (9,54) |

Untereinander sind die Zahlen dieser von Titius entdeckten Reihe in recht guter Annäherung durch die von Bode aufgestellte mathematische Beziehung verknüpft. Nach dieser beträgt der Abstand eines Planeten von der Sonne $0{,}4 + 0{,}1\ (2^{n-2} \times 3)$ astronomische Einheiten.

12 Zwischen den 116 Tagen des synodischen Merkurzyklus und den vier Mondumläufen mit 118 Tagen besteht eine Zeitdifferenz von immerhin zwei (genau 2,24) Tagen. Deshalb erscheint es zunächst willkürlich, diese zwei Rhythmen in einen so engen Zusammenhang zu bringen. – Ein solches Bedenken geht davon aus, daß man im planetarischen Bereich nur bei genauer Übereinstimmung verschiedene Rhythmen zueinander in Beziehung setzen dürfe. Dieser Voraussetzung liegt eine formale oder mechanische Vorstellungsart zugrunde.

Im Bereich der Planeten gibt es keine zwei Rhythmen, die genau miteinander übereinstimmen, auch dann nicht, wenn man den einen der beiden Rhythmen oder beide mit ganzzahligen Faktoren multipliziert. So kehrt nie die genau gleiche Konstellation wieder. Die Differenzen und das immer Neue sind eine wesentliche Eigenart der Planetenwelt. Deshalb sollte man beim Vergleich der Rhythmen nicht von der Annahme ausgehen, man dürfe nur Gleichzahliges zur Grundlage von Beziehungen nehmen, sondern von einer genaueren Betrachtung der jeweiligen Differenzen. Die Differenz von 2,24 Tagen z. B. steht im Zusammenhang mit der Bewegung des Mondes. Dieser durchwandert in 2,27 Tagen ein Zwölftel des Tierkreises, d. h. die mittlere Ausdehnung eines Tierkreisbildes. Wenn sich der Merkur von einer oberen Konjunktion mit der Sonne zur nächsten begibt, erreicht der Mond also nicht ganz den Abschluß von vier synodischen Umläufen. Er

bleibt ziemlich genau um ein Zwölftel des Tierkreises zurück. Das heißt im Rhythmus der synodischen Merkurbewegung verlagert sich der synodische Mondzyklus etwa um ein Tierkreisbild. Es ist durchaus sinnvoll, Mond- und Merkurrhythmus zueinander in Beziehung zu setzen – und zwar nicht trotz, sondern wegen dieser Differenz.
Wie in diesem Fall, werden wir auch verschiedene andere planetarische Rhythmen trotz zeitlicher Unstimmigkeiten im Zusammenhang betrachten. Die Zeitdifferenzen sind im Verhältnis zur Dauer der Rhythmen immer ziemlich klein. Vor allem enthalten sie weitere gesetzmäßige Beziehungen, auch wenn wir sie nicht immer darlegen.

13 J. Schultz versucht in seiner Arbeit über die Blattstellungen (Schultz 1949) die ½-Stellung von der Mondbewegung abzuleiten, und zwar von den beiden herausragenden Stellungen des Vollmondes und des Neumondes. Nun sind die Erscheinungen des Mondes bei Voll- und Neumond in jeder Hinsicht entgegengesetzt. Deshalb kann man sich schwer vorstellen, daß sie in gleicher Weise in der Pflanze wirken sollten – nämlich in der Bildung von Blättern. Das Unbefriedigende in der Art, wie Schultz das Problem der Blattstellungen behandelt, liegt in der Tatsache, daß er zunächst nicht ganz allgemein von der Bildung der Blätter am Sproß, d.h. von dem Grundphänomen ausgeht. Wenn man das tut, findet man keine Beziehung zum Mond. Denn die Blätter gehen aus dem Sproßvegetationspunkt, dem Abbild der Sonne hervor. Die Blattbildung weist deshalb von der Sonne auf deren kosmischen Umkreis, die Planeten, und nicht auf den im Erd-Umkreis befindlichen Mond. Diese Auffassung entspricht auch den Darstellungen R. Steiners. So sagt er, daß «die Linie, nach der die Pflanzenblätter am Stengel wachsen … an die Bewegungen der Planeten anschließt», daß «diese Linien gewissermaßen Miniaturbilder der Planetenbewegungen darstellen» (1967, S. 58). Und in einem anderen Zusammenhang heißt es: «Wenn Sie sehen, wie sich bei einer Pflanze die Kräfte wie in Spiralen von Blattansatz zu Blattansatz weiterentwickeln, dann haben Sie die Tätigkeit dieser Kräfte, die von den Planeten hereinwirken» (Steiner 1974, S. 169). Noch in anderen Vorträgen hat R. Steiner auf die Blattstellungen hingewiesen und diese jeweils nur mit den Planeten in Beziehung gebracht.

14 Nach R. Steiner geht die Unterdrückung des Streckungswachstums im Entstehen der Blüte auf den Einfluß der obersonnigen Planeten zu-

rück. «Die sogenannten äußeren Planeten, zu denen wir zu rechnen haben Mars, Jupiter, Saturn [siehe hierzu Seite 81ff.] ..., bewirken einen Rückgang der nach oben gerichteten Kraft, indem sie dasjenige, was sonst bloß in der Blattspirale zum Ausdruck kommen würde, zurückstauen und die Blüten- und Samenbildung bewirken» (R. Steiner 1961, S. 120). Das heißt aber nicht, daß die Blütenkrone selbst eine Manifestation der äußeren Planeten sei.

15 Wir verwenden den Ausdruck Bildekräfte in dem von R. Steiner geprägten Sinne: als die im Lebendigen in geistiger Gesetzmäßigkeit gestaltenden Kräfte. Sie sind von den Stoffen zu unterscheiden, in denen sie wirken (vgl. Steiner 1973, S. 37). Wir sind hier allerdings nur in der Lage, die Bildekräfte zu schildern, soweit sie ihr Leben und ihre Gesetze schon im Stofflichen ausgestalten. Insofern bewegen wir uns in einem Zwischenbereich, der wohl bereits über die bloß auf die stoffliche Form bezogene Sinnesauffassung hinausreicht, aber noch kein Schauen der ihrem Wesen nach übersinnlichen Bildekräfte ist.
Unsere Auffassung der Bildekräfte entspricht etwa jener, die E. Marti in seinem Aufsatz «Über die notwendige Unterscheidung der ätherischen Bildekräfte von den Ätherarten» (Marti 1974) vertritt. Denn unsere gesamte Darstellung läuft darauf hinaus, den Ursprung der in den Pflanzen wirkenden Bildekräfte im Kosmos zu suchen, indem wir die Pflanzengestaltung als eine Art Spiegelung der planetarischen Welt kennenlernen.

16 R. Steiner charakterisiert Saturn in folgender Weise: «Jedes ... Individualisieren, Selbständigmachen einer Wesenheit nennt man im Okkultismus etwas Saturnisches, etwas, was durch Saturnwirkung herbeigeführt wird. Das ist ... die ursprüngliche Idee von Saturn: daß aus einer Welt heraus irgendein Wesen isoliert wird, individualisiert wird, so daß es Regelmäßigkeit in sich selber, durch sich selber entfalten kann.» (Steiner 1957, S. 66 f.)

17 Die Pflanzen bestehen substantiell vor allem aus Wasser. Weiches Laub enthält 80 bis 90 %, frisches Holz etwa 50 % Wasser. Durch den geschilderten Austrocknungsvorgang geht der Wassergehalt in den Samen auf 10 bis 15 %, in manchen fetthaltigen Samen sogar bis auf 5 bis 7 % zurück. In der Familie der Amaryllisgewächse bilden allerdings einige Pflanzenarten, besonders aus der Gattung der Hahnenlilien, Samen mit fast 90 % Wassergehalt.

18 Wechselwirkungen werden heute im allgemeinen kybernetisch oder systemtheoretisch interpretiert. Man geht bei der kybernetischen Deutung von den Regelungsvorgängen im Gebiet der Technik aus und überträgt die dort gültigen Vorstellungen (Regelkreis, Meßfühler, Stellgröße usw.) auf die Lebenserscheinungen. Die in der Technik vorhandenen Wechselwirkungsgefüge sind die Ausgestaltung der entsprechenden Gedankenformen in Apparaten und Schaltungen. Nun gibt es Wechselwirkungen auf verschiedenen Ebenen. Eine höhere Ebene als die technische ist die des Lebendigen. Wendet man die speziell für die technische Ebene gültigen Vorstellungen als Modell auf die höheren Gebiete an, dann werden wesentliche Unterschiede verdeckt; vor allem die Tatsache, daß die Regelungen nicht in festen apparativen Strukturen ausgestaltet sind. Wenn bei einer Pflanze die Lebensvorgänge in den Blättern, Stengeln und Wurzeln in bestimmten Wechselbeziehungen verlaufen, so wirken diese in den Lebens- und Gestaltungsprozessen selbst. Was in der Technik durch den Menschen als Gedankenform zu materiellen Strukturen wird, ist im Lebendigen ein geistig ordnendes Prinzip, das nicht bis zu einer Fixierung in erstarrten Formen kommt.

19 Es handelt sich um die mittlere Blütezeit der in Deutschland wachsenden einjährigen Pflanzen.

20 Diese Pflanzen nehmen das Kohlendioxid-Gas viel intensiver auf als die anderen Pflanzen. Sie verbinden sich in ihren Lebensvorgängen also besonders stark mit der Atmosphäre, ebenso auch mit der in der Umwandlung zum Kohlenhydrat wirksamen Sonne. Die Pflanzenphysiologie beschreibt, daß diese Pflanzen das Kohlendioxid-Gas auf einem besonderen Wege in die Lebensprozesse eingliedern. Es handelt sich um den Dikarbonsäureweg des Kohlendioxid-Einbaues. – Vgl. hierzu neuere Darstellungen der Pflanzenphysiologie, z.B. Mohr/Schopfer 1985, S. 231 ff.

21 Das sekundäre Dickenwachstum dieser Wurzeln geht vom Zentralzylinder aus. Es können sich dabei entweder die peripheren Schichten ausdehnen wie bei der Möhre (sogenannte Bastrübe) oder wie beim Rettich die mehr zentralen Regionen (sogenannte Holzrübe). Wenn diese Wurzeln nicht verhärten wie bei der Möhre, dem Pastinak, der Wurzelpetersilie, dem Rettich oder der Nachtkerze, können sie dem Menschen als Nahrung dienen.

22 In der Physiologie wird das Entstehen der Überwinterungs-Knospen als eine Folge der kürzer werdenden Tage angesehen; denn man kann Knospenbildung experimentell durch Kurztagesbedingungen auslösen. Nun entstehen bei den Blütenpflanzen aber immer Knospen, nämlich am Stengel in den Achseln der Blätter. Mit dem Schwächerwerden der Sonnenwirkung im Juli, August und September werden lediglich die Bedingungen der Knospenbildung günstiger. Ein Geschehen, das so ganz anders ist als die Veranlagung des Sprosses, kann nicht einfach auf das Kürzerwerden der Tage zurückgeführt werden.

23 Die Bäume der tropischen Regenwälder bilden keine richtigen Knospen. «Die Blattanlagen werden zuweilen durch Haare, Schleim oder durch saftige Schuppen bzw. besonders ausgebildete Nebenblätter eingehüllt. Obgleich die Wachstumsbedingungen dauernd günstig sind, erfolgt der Sproßzuwachs doch schubweise» (Walter 1970, S. 53 f.; siehe auch Vareschi 1980, S. 75 ff.). Die tropischen Regenwälder breiten sich vor allem in den äquatorialen Gebieten aus. Dort gibt es nicht wie in Mitteleuropa den Wechsel zwischen dem von der Sonne bestimmten Sommer und dem von dem Mond beherrschten Winter. Der Mond tritt zu keiner Zeit des Jahres gegenüber der Sonne stark in den Vordergrund. Dementsprechend entstehen an den Bäumen auch keine Knospen, in denen die Sproß- und Blattanlagen durch Knospenschuppen von der Umgebung abgesondert werden – obwohl Zeiten der Ruhe und der Entfaltung aufeinanderfolgen.
Demgegenüber beobachtet man in der arktischen Tundra, in der der Mond in den langen Wintermonaten noch mächtiger als in Mitteleuropa herrscht, eine besonders starke Knospenbildung. Und bei fast allen Pflanzen werden die Wurzeln auffallend dick.

24 Ungefähres Alter, in dem folgende Bäume zu blühen beginnen:

| | | | |
|---|---|---|---|
| Kirschbaum | 5 Jahre | Ahorn-Arten | 25 - 30 Jahre |
| Apfelbaum | 6 - 12 Jahre | Eiche, Esche | 30 - 40 Jahre |
| Birke | 10 - 12 Jahre | Buche | 40 - 50 Jahre |
| Linde | 25 Jahre | | |

(nach Braun 1980 und Lorenzen 1972)

25 Die Zeitdauer von einer Konjunktion mit der Sonne zur nächsten, d. h. der synodische Rhythmus, beträgt beim Saturn 378 Tage. In dieser Zeit ist Saturn 140 Tage rückläufig. Diese Rückläufigkeit wird in 140 Tagen wieder ausgeglichen. So bewegt sich der Saturn während eines

synodischen Zyklus nur knapp hundert Tage im Tierkreis weiter. Beim Jupiter dauert die rückläufige Bewegung während eines synodischen Zyklus von 398 Tagen nur 120 Tage.

26 G. Grohmann hat im 2. Band seines Werkes *Die Pflanze* den Zwiebelgewächsen ein ausführliches Kapitel gewidmet. Er kommt dort zu einer Charakterisierung, die in allen wesentlichen Punkten das Gegenteil von dem ist, was hier dargestellt wird. So schreibt Grohmann, die Zwiebel sei durch den gestauchten Sproß und die dicht zusammengeschobenen Schalen oder Schuppen einer Blüte ähnlich. – Das würde dann aber für alle Knospen gelten, denn die Zwiebel ist eine angeschwollene Knospe. Nun sind Knospen, zumal die schleimerfüllten Zwiebeln, in ihrem von der Sonne abgeschlossenen Dasein der denkbar größte Gegensatz zur Blüte. Indirekt deutet Grohmann hierauf auch hin, wenn er schreibt, daß «die Zwiebel ein wäßriges Organ» ist. Im weiteren wird auf die Verwandtschaft zwischen den einfachen parallelnervigen Blättern und der Form der Blütenblätter bei den Zwiebelgewächsen hingewiesen. Von hier kommt Grohmann zu der Auffassung, daß die Zwiebelpflanze insgesamt, eben auch in den Blättern, blütenhaft sei. – Man kann bei sorgfältiger Charakterisierung zunächst nur sagen, daß Blatt- und Blütenbereich in einer besonders engen Beziehung zueinander stehen. Zu einer vollständigen Anschauung kommt man, wenn man beim Vergleich mit den zweikeimblättrigen Pflanzen beachtet, wie deren Kelch, so wie das hier S. 63 geschildert wurde, den noch grünen Blütenblättern der Zwiebelpflanzen entspricht. Vor allem zeigen die Blütenblätter ihrer Blütenkronen (vgl. S. 62ff.) einen höheren Grad der blütenhaften Bildung als die Zwiebelpflanzen. Insofern sind die Zwiebelpflanzen, um die Terminologie von Grohmann zu verwenden, nicht kosmischer, sondern irdischer als die zweikeimblättrigen Pflanzen.

27 Seltener ist die 3/8-Stellung der Blätter. Man findet sie vor allem in der Familie der Kreuzblütler, aber auch beim Eisenhut, beim Habichtskraut und beim Löwenmaul. Am schönsten ist sie an den Rosetten des Mittleren Wegerichs zu beobachten. Auch in der 3/8-Stellung prägt sich die Venus in der Entwicklung der Blätter aus; allerdings nicht mit ihrem synodischen, sondern mit ihrem siderischen Rhythmus.
Während die Venus einmal die Sonne umkreist, durchmißt die Sonne etwa 5/8 des Tierkreises (1 → 2, 2 → 3 usw.). So ergeben sich durch den siderischen Venus-Zyklus in fünf Jahren acht Stellungen der Sonne, die

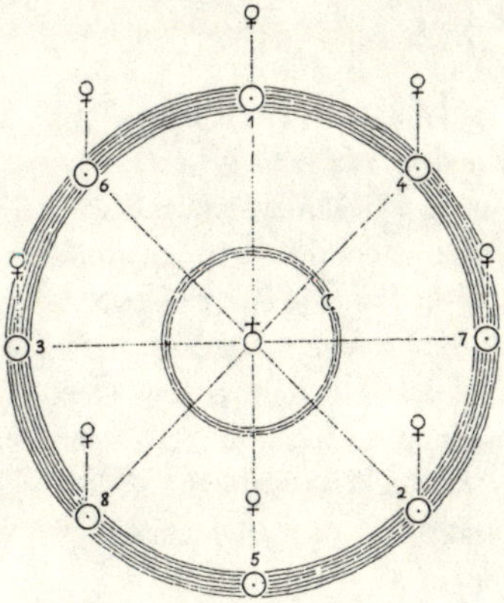 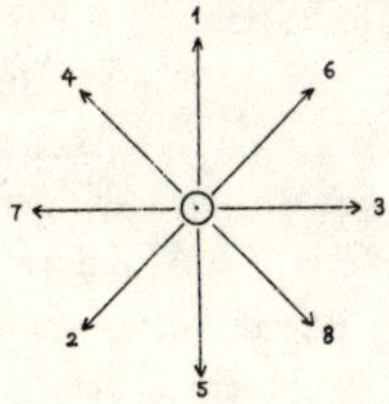

etwa die Eckpunkte eines Achtecks bezeichnen (links). Verfolgt man, wie die Venus von der Erde aus gesehen an diesen acht Orten zur Sonne steht, so ergibt das Richtungs-Diagramm (rechts): bei (1) steht Venus hinter der Sonne, bei (2) als Abendstern etwas der Erde angenähert, bei (3) als Morgenstern in größter westlicher Elongation von der Sonne usw.

So steht die Blattentwicklung mehr zu den rein kosmischen Verhältnissen in Beziehung. In den 225 Tagen, in denen die Venus die Sonne umkreist, wandert die Sonne im Tierkreis annähernd um fünf Achtel seines Gesamtumfanges weiter. Von der Erde aus gesehen verändert die Venus ihre relative Stellung zur Sonne im Verlauf eines solchen siderischen Zyklus etwa um drei Achtel des Sonnenkreises. Der kosmische Rhythmus, durch den die Venus von der Sonne aus immer wieder die gleiche Orientierung zu der Fixsternwelt gewinnt, erscheint auf der Erde auf Grund der Sonnenbewegung als Stellungsänderung um diese drei Achtel. Wenn man nun darauf hinschaut, wie die Pflanze sich mit ihrem Sproß vom Erdboden aus zur Sonne orientiert und die lebendige Wachstumsspitze den Abdruck der Sonne in der Pflanze darstellt, dann erscheint hier die Gesetzmäßigkeit der siderischen Venusbewegung als die in ⅝-Stellung hervortretenden Blattorgane. Besonders schön kommt diese aus dem siderischen Rhythmus hervorgehende Ordnung in den achtzähligen Blüten wie beim Scharbockskraut und der Silberwurz zur Offenbarung.

Bei genauer Betrachtung der Rhythmen ergeben sich folgende Verhältnisse:
5 Umläufe der Sonne durch den Tierkreis: 5 x 365,26 = 1826,30 Tage.
8 Umläufe der Venus um die Sonne: 8 x 224,70 = 1797,60 Tage.
Die Differenz von 28,7 Tagen bedeutet, daß sich der Mond mit seinen Rhythmen zwischen den siderischen Rhythmus der Venus und den jährlichen Sonnenlauf vermittelnd hineinstellt. Sieht man von dieser Differenz ab, dann kann man die aus dem siderischen Venuszyklus sich ergebenden Stellungen zur Sonne in ihrem Widerschein auf der Erde als kosmische 3/8-Stellung beschreiben. Wie die Venus ihre Stellung zur Sonne im Verlauf ihrer siderischen Umläufe nach dieser Gesetzmäßigkeit verändert, so bilden sich bei den entsprechenden Pflanzen die Blätter oder Blütenblätter am Sproß nach dieser kosmischen Ordnung.

28 W. Troll schreibt im 2. Band seines Werkes *Die Infloreszenzen* über die Gattung der Nieswurz: «Sämtliche Arten stimmen miteinander darin überein, daß sich im blühenden Endabschnitt ihrer Triebe unter Überspringung der Laubbildung ein direkter Übergang von der Nieder- zur Hochblattformation vollzieht» (1969, S. 443). – Im Verlauf der normalen Entwicklung entstehen die Hochblätter durch Metamorphose aus den Laubblättern, indem sich die Pflanze über den Bereich ihres vegetativen Daseins zum Blühen erhebt. Die Hochblätter sind das äußere Bild dieses Vorwärtsschreitens zu der höheren Stufe der Entwicklung. Da die Nieswurz an ihren Blütentrieben keine Laubblätter bildet, ist es wenig sinnvoll, zwischen Nieder- und Hochblättern zu unterscheiden, zumal die entsprechenden Blattbildungen kaum Unterschiede aufweisen. Einige Niederblätter tragen lediglich an ihrer Spitze Andeutungen von einer sich gliedernden Blattspreite. Die Niederblätter gehen mit dieser kleinen Zwischenepisode unmittelbar in die «Blütenblätter» über. Niederblätter sind aber jene Blattbildungen, die als erste Blätter aus den Knospen hervorkommen und in ihrer parallelnervigen Struktur ganz den Knospenschuppen entsprechen.

28 Der Stickstoff ist unter den normalen Gasen dasjenige, das am intensivsten den gasförmigen Zustand verkörpert. Er geht nur unter Anwendung stärkster Energien in Verbindung mit anderen Elementen und auf diesem Wege in den flüssigen und festen Zustand über. Dort gehören die stickstoffhaltigen Salze, die Nitrate, zu jenen Salzen, die sich am raschesten im Wasser lösen, d. h. sehr schnell aus dem festen

Mineralzustand in den formlosen Zustand übergehen. Die entsprechenden Wirkungen entfaltet der Stickstoff auch im Leben der Pflanzen. Wenn Pflanzen zu viel Stickstoff aufnehmen, wachsen sie rasch heran. Ihre Blätter werden groß und dunkelgrün, d. h. sie verbinden sich stark mit der Sonne. Das Gewebe bleibt aber weich. Es verdichtet und verfestigt sich – besonders im Stengel – nur ungenügend, so daß es nicht zu der erforderlichen Standfestigkeit kommt. Die Wirkung der verdichtenden Erdkräfte (Gravitation) wird durch den Stickstoff deutlich abgeschwächt.

# LITERATUR

Abrami, G.: «Correlations between lunarphases and rhythmicities in plant growth under field conditions», *Can. Journ. Bot.* 50, 1972.

Adams, G. und Whicher, O.: *Die Pflanze in Raum und Gegenraum*, Stuttgart ²1979.

Aristoteles: *Vom Werden und Vergehen*, in Aristoteles: *Über den Himmel; Vom Werden und Vergehen.* herausgegeben, übertragen und erläutert von P. Gohlke. Paderborn 1958.

Aristoteles: «Metereologie», in Aristoteles: *Werke*, hrsg. von E. Grumbach und H. Flashar, Bd. 12, Darmstadt 1984.

Audouze, J. u. Israël, G. (Hrsg.): *Der große IRO-Atlas der Astronomie*, München ²1990.

Bockemühl, J.: «Der Pflanzentypus als Bewegungsgestalt», in Ele*mente der Naturwissenschaft*, H. 1, 1964.

Bockemühl, J.: «Das Ganze im Teil», in *Elemente der Naturwissenschaft*, H. 6, 1967.

Bockemühl, J.: «Von der Dynamik und den Gestaltmotiven verwandter Pflanzen», in *Elemente der Naturwissenschaft*, H. 10, 1969.

Bockemühl, J.: *Lebenszusammenhänge erkennen, erleben, gestalten*, Dornach o.J.

Borris, H. und Libbert, E.: *Pflanzenphysiologie*, Stuttgart 1985.

Braun, H.: *Bau und Leben der Bäume*, Freiburg 1980.

Brown, F. A.: «Why is so little known about the biological clock?», in L. E. Scheving u.a. (Hrsg.): *Chronobiology*, Stuttgart/Tokyo 1974.

Bühler, W.: *Das Pentagramm und der goldene Schnitt als Schöpfungsprinzip*, Stuttgart 1996.

Bünning, E.: *Entwicklungs- und Bewegungsphysiologie der Pflanze*, Berlin/Göttingen/Heidelberg [3]1953.

Bünning, E.: *Die physiologische Uhr*, Berlin/Göttingen/Heidelberg 1963.

Bünsow, R.: «Die Bedeutung des Blütenimpulses für die Metamorphose im Jahreslauf», in *Elemente der Naturwissenschaft*, H. 5, 1965.

Cumming, B. C.: «Biological cyclicity in relation to some astronomical parameters: a review», in G. J. M. Tomassen (ed.): *Geo-cosmic relations; the earth and its macro-environment*, Wageningen 1990.

Edwards, L.: *Geometrie des Lebendigen*, Stuttgart 1986.

Endres, K.-P., Schad, W.: *Biologie des Mondes,* Stuttgart/Leipzig 1997.

Esau, K.: *Pflanzenanatomie*, Stuttgart 1969.

Eschrich, W.: *Funktionelle Pflanzenanatomie*, Berlin/Heidelberg ... 1995.

Fellenberg, G.: *Entwicklungsphysiologie der Pflanzen*, Stuttgart 1978.

Fellenberg, G.: *Pflanzenwachstum*, Stuttgart/New York 1981.

Franke, W.: *Nutzpflanzenkunde*, Stuttgart 1976.

Frohne, D. und Jensen, U.: *Systematik des Pflanzenreiches unter besonderer Berücksichtigung chemischer Merkmale und pflanzlicher Drogen*, Stuttgart/New York [2]1979.

Göbel, Th.: «Die Ebereschen und der Speierling», in *Die Drei* 2/1969.

Göbel, Th.: «Die Metamorphose der Blüte», in W. Schad (Hrsg.): *Goetheanistische Naturwissenschaft. – Botanik*, Stuttgart 1982.

Göbel, Th.: *Die Pflanzenidee als Organon*, Niefern-Öschelbronn 1988.

*Goethes Naturwissenschaftliche Schriften*, hrsg. von R. Steiner, 1. Band, Dornach [4]1975.

Graviou, E.: «Analogies between rhythms in plant material, in atmospheric pressure and solar/lunar periodicities», *Internat. Journ. of Biometeorolgy* 22, 1978.

Grohmann, G.: *Die Pflanze*, Stuttgart Bd. 1 [7]1991, Bd. 2 [4]1991.

Gut, B.: «Zur Theorie der Gestalterkenntnis», in B. Gut: *Die Verbindlichkeit frei gesetzter Intentionen*, Stuttgart 1990.

Harwerth, W.: *Bäume in Wald und Garten*, Stuttgart 1963.

Hegi, G.: *Illustrierte Flora von Mitteleuropa*, .Bd. IV/3 und Bd. V/2, München o.J.

Hermann, J.: *dtv-Atlas zur Astronomie*, München [11]1993.

Hunt, G. und Moore, P.: *Jupiter*, Freiburg/Basel/Berlin 1982.

Hunt, G. und Moore, P.: *Saturn*, Freiburg/Basel/Berlin 1983.

Julius, F. H.: *Metamorphose*, Stuttgart 1969.

Julius, F. H. und Kranich, E.-M.: *Bäume und Planeten*, Stuttgart ³1997.

Kolisko, L.: «Der Mond und das Pflanzenwachstum», *Gäa Sophia* Bd. IV, Stuttgart 1929.

Kolisko, L.: «Der Mond und das Pflanzenwachstum», *Mitt. Biol. Inst. Goetheanum*, Stuttgart 1933.

Kolisko, E. und L.: *Agriculture of Tomorrow* (1939), deutsch: *Landwirtschaft der Zukunft*, Schaffhausen 1953.

Kranich, E.-M.: «Naturverstehen und religiöses Empfinden», in *Erziehungskunst* 4/1987.

Kranich, E.-M.: «Anschauende Urteilskraft und imaginatives Anschauen als Wege zum Verstehen von Heilpflanzen», in P. Goedings (Hrsg.) *Wege zur Erkenntnis der Heilpflanze*, Stuttgart 1996.

Lang, K. und Whitney: *Planeten – Wanderer im All*, Berlin/Heidelberg 1993.

Larcher, W.: *Ökologie der Pflanzen*, Stuttgart 1973.

Lorenzen, H.: *Physiologische Morphologie der Höheren Pflanzen*, Stuttgart 1972.

Mansvelt, J. D. van: «Opening Speech to the Geo-Cosmic Congress, Amsterdam April 1989», in Tomassen, G. J. M. (ed.): *Geo-cosmic relation; the earth and its macro-environment*, Wageningen 1990.

Marti, E.: *Die vier Äther*, Stuttgart 1974.

Mengel, K.: *Ernährung und Stoffwechsel der Pflanze*, Stuttgart/New York ⁵1979.

Milton, S. (Hrsg.): *Cambridge Enzyklopädie der Astronomie*, Gütersloh 1978.

Mohr, H. und Schopfer, P.: *Lehrbuch der Pflanzenphysiologie*, Berlin/Heidelberg/New York .... ³1985.

Moore, P.: *Der Mond*, Freiburg/Basel/Wien 1982.

Nachtigall, W.: *Biotechnik*, Heidelberg 1972.

Nicolson, I.: *Die Sonne*, Freiburg/Basel/Berlin 1982.

Portmann, A.: *Biologie und Geist*, Freiburg 1963.

Rauh, W.: *Morphologie der Nutzpflanzen*, Heidelberg ²1950.

Rauh, W.: *Unkräuter*, Berlin/Stuttgart ⁵1983.

Richter, G.: *Stoffwechselphysiologie der Pflanzen*, Stuttgart/New York ⁴1982.

Rohwedder, O. und Endress, P.: *Samenpflanzen*, Stuttgart/New York 1983.

Sachsse, H.: *Einheimische Nutzhölzer*, Hamburg/Berlin 1984.

Schad, W. und Schweppenhäuser, E.: *Blütenspaziergänge*, Dornach 1975.

Schad, W.: «Zur Biologie der Gestalt der mitteleuropäischen buchenverwandten und ahornartigen Bäume», in W. Schad (Hrsg.): *Goetheanistische Biologie. – Botanik*, Stuttgart 1982.

Schaette, R.: «Vergleichende Studien im Bereich der Lippenblütler», in W. Schad (Hrsg.): *Goetheanistische Biologie. – Botanik*, Stuttgart 1982.

Schmidt, G. W.: «Baum-Entwicklungen zwischen Erde, Mensch und Kosmos», in *Sternkalender 1985/1986*, Dornach 1984.

Schultz, Joachim: «Samenjahre bei Waldbäumen und Planetenperioden», in *Sternenkalender 1948*, Dornach 1947.

Schultz, J.: «Blattstellungen im Pflanzenreich als Ausdruck kosmischer Gesetzmäßigkeiten», in G. Wachsmuth (Hrsg.): *Goethe in unserer Zeit*, Basel 1949.

Schultz, J.: *Kosmische Perioden bei den Samenjahren der Waldbäume*, Dornach 1950.

Schultz, J.: *Rhythmen der Sterne*, Dornach 1963.

Schultz, Jürgen: *Die Ökozonen der Erde*, Stuttgart 1988.

Spieß, H.: *Chronobiologische Untersuchungen mit besonderer Berücksichtigung lunarer Rhythmen im biologisch-Dynamischen Pflanzenbau*, Band 3 und 4 der Schriftenreihe des Instituts für Biologisch-Dynamische Forschung, Darmstadt 1994.

Steiner, R.: *Grundlinien einer Erkenntnistheorie der Goetheschen Weltanschauung*, Gesamtausgabe (=GA) Bibl. Nr. 2, Dornach [7]1979.

Steiner, R.: *Die Philosophie der Freiheit*, GA 4, Dornach [14]1978.

Steiner, R.: *Goethes Weltanschauung*, GA 6, Dornach [5]1963.

Steiner, R.: *Die Mystik im Anfange des neuzeitlichen Geisteslebens und ihr Verhältnis zur modrnen Weltanschauung*, GA 7, Dornach [6]1987.

Steiner, R.: *Theosophie. Einführung in übersinnliche Welterkenntnis und Menschenbestimmung*, GA 9, Dornach 1973.

Steiner, R.: *Die Geistigen Wesenheiten in den Himmelskörpern und Naturreichen*, GA 136, Dornach [4]1974.

Steiner, R.: *Die Polarität von Dauer und Entwickelung im Menschenleben*, GA 184, Dornach [2]1983.

Steiner, R.: *Geisteswissenschaftliche Impulse zur Entwicklung der Physik. Zweiter naturwissenschaftlicher Kurs*, GA 321, Dornach [2]1972.

Steiner, R.: *Menschenwerden, Weltenseele und Weltengeist*, 1. Teil, GA 205, Dornach 1967.

Steiner, R.: *Geisteswissenschaft und Medizin*, GA 312, Dornach [3]1961.

Steiner, R.: *Das Zusammenwirken von Ärzten und Seelsorgern*, GA 318, Dornach [3]1984.

Steiner, R.: *Erziehungskunst – Seminarbesprechungen*, GA 295, Dornach 1959.

Steiner, R.: *Geisteswissenschaftliche Grundlagen zum Gedeihen der Landwirtschaft*, GA 327, Dornach $^{4}$1963.

Steiner, R.: *Eine okkulte Physiologie*, GA 128, Dornach $^{2}$1957.

Suchantke, A.: «Die Zeitgestalt der Pflanze», in W. Schad (Hrsg.): *Goetheanistische Naturwissenschaft. – Botanik*, Stuttgart 1982.

Thun, M. und Heinze, H.: *Anbauversuche über Zusammenhänge zwischen Mondstellungen im Tierkreis und Kulturpflanzen*, Bd. 1 und 2, Darmstadt 1973.

Troll, W.: *Vergleichende Morphologie der höheren Pflanzen*, 1. Band und 2. Band, Berlin 1937 und 1938.

Troll, W.: *Allgemeine Botanik*, Stuttgart $^{3}$1959.

Troll, W.: *Praktische Einführung in die Pflanzenmorphologie*, Bd. 1 und 2, Königstein 1973 und 1975.

Troll, W.: *Die Infloreszenzen*, 1. Bd. Stuttgart 1964; 2. Bd., 1. Teil, Stuttgart/Portland 1969.

Usteri, A.: *Versuch einer geisteswissenschaftlichen Einführung in die Botanik*, Zürich 1923.

Usteri, A.: *Geisteswissenschaftliche Pflanzenbetrachtungen*, Basel 1936.

Vareschi, V.: *Vegetationsökologie der Tropen*, Stuttgart 1980.

Walter, H.: *Vegetationszonen und Klima*, Stuttgart 1970.

Walter, H. und Breckle, S.-W.: *Ökologie der Erde*, Bd. 1-4, Stuttgart 1983, 1984, 1986 und 1991.

Warburg, O.: *Die Pflanzenwelt*, Bd. 1-3, Leipzig 1923 und 1926.

Weber, H.: *Die Bewurzelungsverhältnisse der Pflanzen*, Freiburg 1953.

Weberling, F.: *Morphologie der Blüten und der Blütenstände*, Stuttgart 1981.

Wolber, G. und Vetter, S.: *Samenjahre der Rotbuche und Planetenstellungen im Tierkreis*, in «Sternenkalender 1973», Dornach 1972.

Zeller, O.: *Blütenknospen*, Stuttgart 1983.

Zimmermann, W.: *Geschichte der Pflanzen*, Stuttgart $^{2}$1969.

# REGISTER

*Ernst-Michael Kranich*

## Pflanzen als Bilder der Seelenwelt

*Skizze einer physiognomischen Naturerkenntnis*
*196 Seiten, 59 Abbildungen, gebunden mit Schutzumschlag.*

## Wesensbilder der Tiere

*Einführung in die goetheanistische Zoologie*
*345 Seiten, 114 Abbildungen, gebunden mit Schutzumschlag.*

## Von der Gewißheit zur Wissenschaft der Evolution

*Die Bedeutung von Goethes Erkenntnismethode*
*für die Evolutionstheorie*
*112 Seiten, 15 Abbildungen, kartoniert.*

Frits H. Julius / Ernst-Michael Kranich

## Bäume und Planeten

*Beitrag zu eine kosmologischen Botanik*
*156 Seiten, 35 Abbildungen, gebunden mit Schutzumschlag.*

Verlag Freies Geistesleben